新时代创新驱动研究书系

国家社会科学基金西部项目“中国旅游扶贫技术效率与反贫困路径依赖破解研究”（批准号：16XJL006）、
应用经济学广西一流学科建设项目“‘两山’理论引领广西文旅产业高质量发展研究”资助

中国旅游扶贫：

创新实践与效率评价

李银昌　刘亚萍　蒙莉丝／著

西南财经大学出版社
中国·成都

图书在版编目(CIP)数据

中国旅游扶贫:创新实践与效率评价/李银昌,刘亚萍,蒙莉丝著.—
成都:西南财经大学出版社,2023.6
ISBN 978-7-5504-5800-0

Ⅰ.①中… Ⅱ.①李…②刘…③蒙… Ⅲ.①地方旅游业—扶贫—
研究—中国 Ⅳ.①F592.7

中国国家版本馆 CIP 数据核字(2023)第 097026 号

中国旅游扶贫:创新实践与效率评价
ZHONGGUO LÜYOU FUPIN:CHUANGXIN SHIJIAN YU XIAOLÜ PINGJIA
李银昌 刘亚萍 蒙莉丝 著

责任编辑:王 利
责任校对:植 苗
封面设计:墨创文化
责任印制:朱曼丽

出版发行	西南财经大学出版社(四川省成都市光华村街 55 号)
网　　址	http://cbs.swufe.edu.cn
电子邮件	bookcj@swufe.edu.cn
邮政编码	610074
电　　话	028-87353785
照　　排	四川胜翔数码印务设计有限公司
印　　刷	成都市火炬印务有限公司
成品尺寸	170mm×240mm
印　　张	12.75
字　　数	210 千字
版　　次	2023 年 6 月第 1 版
印　　次	2023 年 6 月第 1 次印刷
书　　号	ISBN 978-7-5504-5800-0
定　　价	78.00 元

前言

贫困始终是世界各国政府密切关注的核心问题之一。2020年底，中国如期完成了新时代脱贫攻坚任务，全面消除了绝对贫困。回顾过去，中国在反贫困的道路上付出了巨大努力，特别是西部偏远山区或边疆地区，贫困人口多、贫困程度深，极大地增大了扶贫开发难度。但是，这些地区丰富的民族文化资源和生态环境资源为旅游扶贫模式的推广提供了良好的土壤。作为扶贫开发的重要模式之一，旅游扶贫始终得到了国内外学者的广泛支持。鉴于中国旅游扶贫开发的历史经验，本书在总结国内外旅游扶贫效率相关研究和中国旅游扶贫典型案例的基础上，首先通过构建评价指标体系，采用DEA（数据包络分析）视窗分析方法分别对中国省级、市级和县级旅游扶贫效率进行了测评，然后借助门槛面板模型，分析了旅游产业规模、旅游人口密度、旅游资源禀赋和旅游投资规模等旅游发展水平指标对旅游扶贫效率影响的非线性门槛效应，最后根据上述分析，提出了促进中国旅游扶贫效率提升的有效对策。

本书经过研究得到以下主要结论：

（1）中国旅游扶贫效率总体呈上升趋势，但2013年后出现了小幅下滑。2007—2016年中国省级旅游扶贫效率测评结果显示，旅游扶贫效率总体呈上升趋势，说明旅游扶贫模式、旅游政策支持、资金投入以及景区建设等有效提高了中国旅游扶贫效率，旅游扶贫取得了显著成效。但是在2013年后，中国扶贫难度逐渐增大、扶贫政策发生变化等因素使得旅游扶贫的效率出现了小幅下滑。2011—2016年中国市级旅游扶贫效率呈现出与省级相似的特征，这也验证了上述分析结论。

（2）中国西部民族地区及边疆地区的旅游扶贫效率明显低于中部及东部地区，但差距呈逐年缩小的趋势。从2007—2016年中国省级旅游扶贫综合效率的空间分布及变化趋势来看，中国各省份的旅游扶贫效率存在明显的空间差异，东部及中部省份的旅游扶贫效率较高，而西部及边疆省份较低，这与西部民族地区及边疆地区山区较多、基础设施相对落后有关。但随着旅游扶贫的不断深入推进，特别是西部及边疆贫困地区通过不断加大旅游扶贫投入、创新旅游扶贫策略，促进了它们不断缩小与其他地区的旅游扶贫效率差距。

（3）中国旅游扶贫综合效率主要受技术效率的影响，规模效率的作用较小。中国省级、市级和县级旅游扶贫综合效率与分解效率的相关性分析结果显示，综合效率与技术效率的相关性更高，与规模效率的相关性较低。这说明，中国旅游扶贫开发已经基本完成了靠资本积累等手段提高效率的阶段，实施组织创新、增加技术投入等应是今后中国振兴乡村、提高旅游扶贫效率的主要途径。并且，分解效率的测度结果显示，中国省级、市级和县级旅游扶贫的规模效率值均超过0.9，已十分接近相对有效率，而技术效率仍有较大的提升空间，这为中国今后的旅游扶贫开发和效率提升指明了方向。

（4）旅游产业规模、旅游人口密度、旅游资源禀赋和旅游投资规模等对旅游扶贫效率的影响均表现出显著的双重门槛特征。本书通过对2007—2016年中国省级旅游扶贫效率门槛效应的分析发现，旅游产业规模、旅游人口密度、旅游资源禀赋和旅游投资规模等旅游发展水平指标与旅游扶贫效率存在显著的非线性关系：随着各旅游发展水平指标的持续提高，旅游产业规模对旅游扶贫效率的促进作用由不显著变为非常显著；旅游人口密度对旅游扶贫效率的促进作用呈先提升后下降的倒

“U”形特征；旅游资源禀赋和旅游投资规模对旅游扶贫效率的促进作用逐渐下降，超过一定门槛水平后变为不显著。

（5）我们通过对中国旅游扶贫效率的测评及非线性门槛效应的分析发现，旅游扶贫技术投入不足、过度追求规模效益而忽略了可持续发展、贫困人口参与不充分以及旅游人才培养相对滞后等是中国旅游扶贫效率提升的主要障碍。基于此，我们提出采取创新扶贫模式、注重人才培养、提高组织管理效率、保障资源合理利用以及提高旅游产业竞争力等措施以推动旅游扶贫效率的进一步提升。

本书在研究方法和研究内容上实现了一定的创新。第一，修订和完善了旅游扶贫效率的评价指标体系，使评价指标更加符合研究目的，测评结果也更加科学合理；第二，创新了 DEA 视窗分析方法在扶贫效率评价中的应用，弥补了传统 DEA 模型在旅游扶贫效率分析时无法实现跨期比较的不足；第三，对比分析了中国省级、市级和县级旅游扶贫效率状况，阐释了中国旅游扶贫效率的变化特征和波动原因；第四，分析了旅游产业规模、旅游人口密度等旅游发展水平指标对旅游扶贫效率影响的非线性门槛效应，丰富了旅游扶贫效率的研究内容。

我国已经进入全面实施乡村振兴战略的新发展阶段。但是，诸如因疫返贫、返贫风险和规模化返贫预防等问题仍然受到国内外学者的广泛关注。因此，我们认为，本书的研究内容虽然以实现全面小康前的扶贫实践样本和数据为主，但其研究结论对我国巩固脱贫攻坚成果，并与乡村振兴战略有效衔接，以及进行国际旅游扶贫开发实践都仍然具有积极的科学参考价值。

李银昌

2023 年 5 月

目录

1 绪论 / 1

1.1 研究背景及意义 / 1

1.2 研究内容及框架 / 5

1.3 研究方法 / 6

1.4 研究的创新和不足 / 8

2 文献综述及理论基础 / 10

2.1 相关研究综述 / 10

2.2 理论基础 / 30

3 中国旅游扶贫历史回顾 / 33

3.1 历史贫困人口 / 33

3.2 历史贫困地区分布 / 41

3.3 旅游扶贫政策历史变迁 / 46

3.4 旅游扶贫的特征 / 48

4 中国旅游扶贫创新实践案例 / 52

4.1 广西：创建特色旅游名县 / 52

4.2 四川：乡村旅游精准扶贫 / 55

4.3 云南：发展生态旅游 / 58

4.4 山东：文旅融合扶贫实践 / 59

5　中国省级旅游扶贫效率测度／ 63
5.1　研究设计／ 63
5.2　旅游扶贫效率测度结果及动态变化特征／ 71
5.3　旅游扶贫效率的空间分布特征／ 85

6　中国市县级旅游扶贫效率测度及比较分析／ 89
6.1　中国集中连片特困地区市级旅游扶贫效率测度／ 89
6.2　中国广西县级旅游扶贫效率测度／ 103
6.3　中国省级、市级、县级旅游扶贫效率比较分析／ 114

7　旅游扶贫效率的非线性门槛效应分析／ 123
7.1　旅游扶贫效率的影响机理／ 123
7.2　模型设定／ 127
7.3　变量说明及数据来源／ 129
7.4　实证结果及分析／ 131

8　中国旅游扶贫效率提升的障碍及对策／ 145
8.1　中国旅游扶贫效率提升的主要障碍／ 145
8.2　中国旅游扶贫效率提升的对策／ 148

9　研究结论与展望／ 155
9.1　研究结论／ 155
9.2　研究展望／ 157

参考文献／ 159

附录／ 173

1 绪论

1.1 研究背景及意义

1.1.1 研究背景

贫困，是一个尖锐的全球性问题，一直困扰着人类社会的和平稳定和可持续发展。据世界银行统计，2015 年，全球仍有超过 7 亿人生存在极端贫困线以下，贫困发生率也高达 10%，联合国提出的 2030 年实现消除极端贫困的宏伟目标可谓任重而道远。作为世界抗击贫困的中坚力量，中国在过去几十年的消除贫困进程中取得了卓越的成就。20 世纪 70 年代末，中国便开始推进农村扶贫减贫工作，试点推行农村家庭联产承包责任制，并颁布《关于帮助贫困地区改变面貌的通知》①。此后，中国相继出台了《国家八七扶贫攻坚计划（1994—2000 年）》《中国农村扶贫开发纲要（2001—2010 年）》等一系列扶贫政策，农村贫困人口收入水平明显提高，基础设施有效改善，扶贫事业取得巨大成就②。2011 年，中共中央、国务院又颁布《中国农村扶贫开发纲要（2011—2020 年）》，继续深入推进扶贫攻坚进程，为实现 2020 年全面脱贫目标提出了指引性策略。2016 年底，全国贫困人口数量已减少至 4 335 万（2010 年标准③），精准扶贫精准脱贫

① 张琦，冯丹萌. 我国减贫实践探索及其理论创新：1978—2016 年 [J]. 改革，2016 (4)：27-42.

② 中共中央，国务院. 中国农村扶贫开发纲要（2011—2020 年）[EB/OL]. http://www.gov.cn/gongbao/content/2011/content_2020905.htm.

③ 2010 年标准为国家最新修订的贫困标准，即 2010 年 2 300 元不变价的农村贫困线，各年按物价指数进行相应调整。

战略取得新的突破。2020 年底，中国脱贫攻坚战取得了全面胜利，消除了绝对贫困，中国成为世界上减贫人口最多的国家，也是世界上率先完成联合国千年发展目标的国家。具体见表 1-1。

表 1-1　2005—2019 年中国农村贫困人口统计①

年份	当年价格贫困标准 /元/(人·年)	贫困人口 /万人	贫困发生率 /%
2005	944	6 432	6.8
2006	958	5 698	6.0
2007	1 067	4 320	4.6
2008	1 196	4 007	4.2
2009	1 196	3 597	3.8
2010	2 300	16 567	17.2
2011	2 536	12 238	12.7
2012	2 625	9 899	10.2
2013	2 736	8 249	8.5
2014	2 800	7 017	7.2
2015	2 855	5 575	5.7
2016	2 952	4 335	4.5
2017	2 952	3 046	3.1
2018	2 995	1 660	1.7
2019	3 218	551	0.6

注：2009 年以前采用“2008 年贫困标准”，2010 年以后为“2010 年贫困标准”。

数据来源：笔者根据《中国扶贫开发年鉴（2016）》及国家乡村振兴局网站（https：www.nrra.gov.cn）公布的数据整理。

作为扶贫战略的重要组成部分，旅游扶贫一直受到社会各部门的广泛关注。旅游业具有广泛的经济带动性，可以依托贫困地区的有效资源推动其经济发展从而实现贫困人口脱贫的目的。据世界旅游及旅行理事会统计，旅游业 2016 年对全球 GDP 的总贡献率②为 10.2%，对就业的总贡献

① 《中国扶贫开发年鉴》编委会. 中国扶贫开发年鉴（2016）[M]. 北京：团结出版社，2017：745-762.

② 旅游业的总贡献包括其对经济的直接贡献和更广泛的诱导性影响。

率为 9.6%[①]。世界旅游组织也采取积极措施，希望通过旅游扶贫方式，在 2020 年前帮助世界 17%的贫困人口摆脱贫困。中国贵州省在 1991 年就率先提出了“旅游扶贫”的口号，此后“旅游扶贫”模式便迅速得到广泛推广并成为国家扶贫工程的一项重要举措。2014 年，国务院在《关于促进旅游业改革发展的若干意见》中指出，要大力发展乡村旅游，带动贫困地区脱贫致富[②]。旅游扶贫是中国反贫困的重要方式之一，已成为脱贫攻坚的新主力军。2020 年，旅游业对中国国民经济的综合贡献和对社会就业的综合贡献均超过 10%。

但是学者也发现，长期以来，中国在扶贫工作中暴露出严重的机制性问题，如农村实际贫困状况不清楚，贫困人口数量统计不准确，中央及地方政府扶贫资金分配不合理以及扶贫项目实际实施不到位等。这些问题都严重制约了中国扶贫减贫进程，直接影响了扶贫减贫的实际效果。因此，如何制定精准的扶贫政策，如何充分提高扶贫资金和扶贫项目的实际效率，成为社会各界广泛关注的问题。为此，2013 年 11 月，习近平总书记在湖南湘西考察时，首次提出了“精准扶贫”理念，指出扶贫要“实事求是，因地制宜，分类指导，精准扶贫”[③]。2015 年，《中共中央关于制定国民经济与社会发展第十三个五年规划的建议》提出，“实施精准扶贫、精准脱贫，因人因地施策，提高扶贫实效”，积极促进“扶真贫”和“真扶贫”，让真正的贫困人口得到帮扶[④⑤]。“精准扶贫”理念的提出，大大促进了中国扶贫效率的提升。

旅游扶贫是重要的扶贫方式之一，也应积极研究其扶贫效率及提升途径。2014 年，中共中央、国务院发布的《关于促进旅游产业改革发展的若干意见》中首次提出“旅游精准扶贫”的理念，对提升旅游扶贫配置效率和工作组织效率提出了更高的要求[⑥⑦]。在中国以往的旅游扶贫过程中，部

---

① 世界旅游及旅行理事会. 旅游和旅行：2017 年对经济的影响（全球/区域）[R]. 2017：2.

② 中共中央，国务院. 关于促进旅游业改革发展的若干意见 [EB/OL]. http://www.gov.cn/zhengce/content/2014-08/21/content_8999.htm.

③ 刘军林. 我国精准扶贫政策分析：基于公平与效率角度 [J]. 合作经济与科技，2017（4）：163-166.

④ 中国政府网. 中共中央关于制定国民经济和社会发展第十三个五年规划的建议 [EB/OL]. http://www.gov.cn/xinwen/2015-11/03/content_5004093.htm.

⑤ 王琦. 科学把握精准扶贫的三个阶段 [N]. 光明日报，2016-06-15.

⑥ 国务院. 国务院关于促进旅游业改革发展的若干意见 [J]. 辽宁省人民政府公报，2014（18）：12-20.

⑦ 胡强，沈晖. 旅游扶贫如何更精准 [J]. 人民论坛，2016（25）：92-93.

分贫困地区出现“旅游扶贫资金被挪用”“旅游扶贫项目开发不合理”“旅游资源浪费”等现象，同时“扶贫对象识别不精准”“扶贫政策无效率”等问题仍旧突出，都严重影响了旅游扶贫的效率提升，严重违背了旅游精准扶贫理念[①][②]。正是基于上述问题，本研究拟以旅游扶贫效率为研究对象，定量测度近十年来中国旅游扶贫的效率，并分析贫困地区旅游发展对旅游扶贫效率的影响，以揭示中国旅游扶贫开发中存在的主要问题，从而提出促进旅游扶贫效率提升的有效对策，为中国旅游扶贫战略的持续推进提供科学的参考依据。

1.1.2 研究意义

1.1.2.1 理论意义

从理论上讲，旅游扶贫效率研究有助于丰富扶贫理论的研究。长期以来，国内外的旅游扶贫研究主要集中于旅游扶贫开发中的宏观政策、机制设计以及扶贫模式等方面。虽然在近年有部分学者开始关注扶贫开发过程中的效率问题，但是在扶贫效率的动态变化特征以及影响因素的分析上仍存在明显不足。首先，本研究在方法上对旅游扶贫效率的动态测度进行了规范，利用数据包络方法（DEA）中的视窗分析模型对旅游扶贫效率进行了测度，实现了测算结果的跨期比较问题。其次，本研究利用门槛回归模型分析了不同旅游发展水平指标与旅游扶贫效率之间的非线性关系。因此，本研究不仅回答了中国旅游扶贫的特征、旅游扶贫效率以及旅游发展对旅游扶贫效率的影响等问题，而且规范了扶贫效率的动态研究方法，丰富了中国扶贫研究的理论内容。

1.1.2.2 实践意义

旅游扶贫已成为中国扶贫开发的重要战略之一。经过 30 多年的扶贫开发，中国减贫工作取得了显著成就，农村贫困人口在 2016 年底下降到 4 000 多万（2010 年标准），贫困发生率也下降至 4.5%。特别是中央及地方政府颁布的一系列政策文件，都积极推进了扶贫攻坚战略的深入开展。但是，面对新的经济环境和发展形势，以及贫困人口彻底摆脱贫困的迫切需求，中国长期实行的粗放型旅游扶贫模式，在扶贫实践中引发了诸多问

① 胡强，沈晖. 旅游扶贫如何更精准 [J]. 人民论坛，2016 (25)：92-93.

② 龙祖坤，罗栋，任红丹. 基于扶贫效率的旅游精准扶贫机制构建：以韶山新湖村为例 [J]. 湖南财政经济学院学报，2017 (1)：63-69.

题。如旅游扶贫中的精准度被忽视、资源利用效率不高以及生态环境遭到破坏等都严重制约了中国旅游扶贫的可持续发展。因此，结合中国旅游扶贫的实践经验，通过分析中国旅游扶贫的效率状况、对比区域旅游扶贫效率时空差异特征，进而揭示出区域旅游发展对旅游扶贫效率的影响，对于中国实施旅游精准扶贫、推进旅游扶贫模式发展转型具有重要的实践意义。本研究围绕旅游扶贫效率、精准度以及可持续发展提出的具体对策，不仅为制定和完善旅游扶贫政策以及解决扶贫开发中遇到的问题提供了可靠依据，而且对推进中国旅游扶贫实践也具有明显的现实意义。

1.2 研究内容及框架

本研究从实证比较的角度出发，从省、市、县等不同层面测算了中国旅游扶贫效率的时序变化特征，并结合 GIS 方法展现了其空间分布差异。同时，本研究运用门槛回归模型分析了不同旅游发展水平指标对旅游扶贫效率的影响。本研究的主要内容包括以下方面：

（1）国内外旅游扶贫研究综述。本研究在梳理旅游扶贫研究理论的基础上，主要从旅游扶贫宏观政策、机制设计以及扶贫效益等方面对比分析了国内外的旅游扶贫研究，并且对旅游扶贫效率的研究方法和研究成果等内容进行了总结，分析了中国扶贫攻坚阶段旅游扶贫研究存在的不足以及未来的发展趋势。

（2）中国旅游扶贫历程和典型案例。本研究从贫困标准、国家贫困县以及集中连片特困地区等方面系统分析了中国扶贫开发的基本历程，并且通过旅游扶贫案例分析，总结了中国旅游扶贫战略实践中的主要特征。

（3）旅游扶贫效率的实证测度及比较分析。本研究采集 2007—2016 年旅游扶贫投入和旅游扶贫产出数据，其中投入方面包括旅游投资、从业人数、旅游景区、旅行社以及星级饭店等指标，产出方面包括旅游收入、接待游客数量、城乡基尼系数以及城乡收入差距等指标，进而运用数据包络分析方法，测算了中国省级、市级、县级不同样本的旅游扶贫效率。本研究还借助 GIS 方法，展现了中国旅游扶贫效率的空间分布特征。

（4）旅游扶贫效率的非线性门槛效应分析。本研究通过构建门槛面板回归模型，选择旅游投资规模、旅游人口密度和旅游资源禀赋等旅游发展水平指标为门槛变量，实证检验2007—2016年不同旅游发展水平指标对旅游扶贫效率影响的非线性门槛效应，并分析其背后可能的原因。

（5）旅游扶贫效率提升对策研究。在对中国旅游扶贫效率进行测算及门槛效应实证检验的基础上，本研究分析了中国旅游扶贫开发中存在的主要问题，并提出提升旅游扶贫效率的有效对策。

综上所述，本研究的总体框架如图1-1所示。

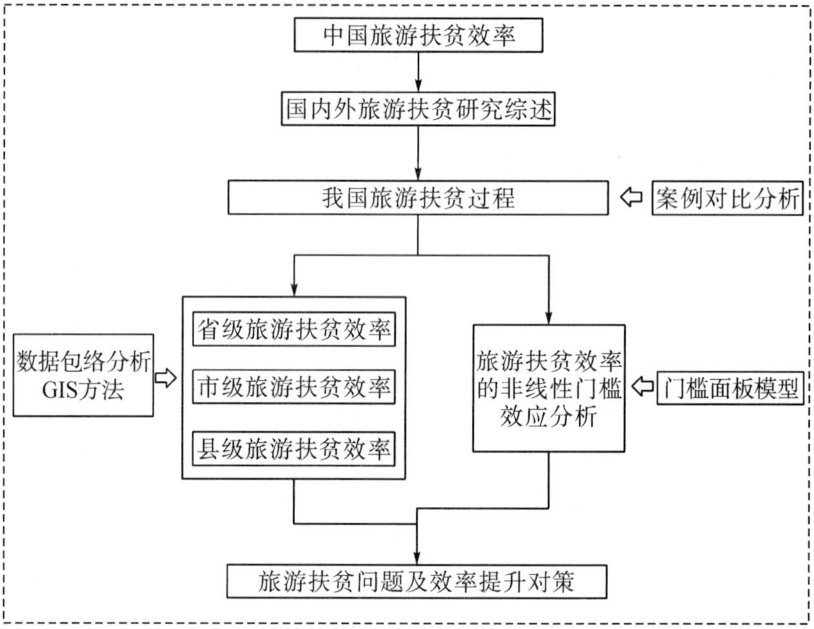

图1-1　本研究的总体框架

1.3　研究方法

本研究主要运用了以下分析方法：

（1）文献分析法。文献分析法（literature analysis method）通过对某一主题的相关研究文献进行客观、系统的搜集、梳理和分析，反映该主题研究的轨迹、现状和趋势，解释主题研究中的隐性知识。文献分析是获取所研究主题丰富信息的重要方法，也是开展主题研究的基础环节。本研究采用文献分析法，系统梳理了旅游扶贫研究的发展脉络和相关内容，揭示了国内外现有文献在旅游扶贫研究中存在的主要问题，为后续的研究建立了坚实的文献基础。

（2）案例分析法。案例分析法（case analysis method），又称个案研究法，于 1880 年由哈佛大学首先提出。该方法通过对所选案例的对比分析，最终得到案例所属类别的一般性、普遍性特征。案例分析法是一种经验性的研究方法，主要通过收集资料来分析案例间的逻辑关系。本研究对案例分析法的应用主要体现在两个方面：一是通过旅游扶贫的实践案例分析，总结归纳中国旅游扶贫模式的主要特征；二是在完成旅游扶贫效率测算后，结合案例分析揭示旅游扶贫中存在的主要问题及背后可能的原因。

（3）数据包络分析法。数据包络分析（data envelopment analysis，DEA），是在 1978 年由美国运筹学家 Charnes 提出的一种非参数前沿效率分析方法。该方法建立在"相对效率评价"的基础上，用于测评一组多投入和多产出的"决策单元"（decision making unit，DMU）的效率。数据包络分析方法无须任何权重假设、无须构建相关生产函数，且在简化运算、减少误差和避免主观因素干扰等方面表现出明显的优势，因此该方法在经济管理等领域也得到了广泛的应用。本研究运用数据包络分析方法分别测算了不同时期中国省级、市级和县级旅游扶贫的综合效率和技术效率值，并通过分析综合效率、技术效率和规模效率三者之间的关系（综合效率=技术效率×规模效率），得到旅游扶贫的规模效率值，以此衡量中国旅游扶贫效率。

（4）门槛效应模型分析法。门槛效应是指当某一变量达到某一特定值后引起解释变量与被解释变量之间相关关系发生显著变化的现象，该变量被称为门槛变量，而门槛变量的临界值即为门槛值。门槛回归（threshold regression）模型是在 1999 年由 Hansen 首次提出的一种研究变量间非线性关系的方法。该模型的基本思想是基于实证数据估计可能存在的门槛值，并进行显著性检验，求出置信区间；若存在门槛值，则根据门槛值将研究样本分组，对比分析不同样本组内解释变量与被解释变量之间相关关系的变化。与传统的非线性分析方法相比，门槛效应模型以"内生分组"代替"外生分组"的武断性，能更准确地揭示不同组别间相关关系的差异变化[①]。本研究利用门槛面板回归模型，以旅游投资规模、旅游资源禀赋和

① 齐绍洲，严雅雪. 基于面板门槛模型的中国雾霾（PM_2.5）库兹涅茨曲线研究［J］. 武汉大学学报（哲学社会科学版），2017，70（4）：80-90.

旅游人口密度等为门槛变量，分析了2007—2016年中国旅游发展对旅游扶贫效率的门槛效应。

1.4 研究的创新和不足

1.4.1 研究的创新

根据研究设计、研究内容和方法以及与已有研究成果的对比，本研究的创新之处主要体现在以下方面：

（1）修订和完善了旅游扶贫效率评价指标体系。现有文献在旅游扶贫效率评价指标的设计中，大多仅以旅游收入和游客数量为投入指标、以城乡居民收入为产出指标，不仅对贫困状况和效率水平的衡量十分不准确，而且无法真正体现分配公平、贫困人口减少等核心内容。本研究在旅游扶贫效率评价指标体系设计中，加入星级酒店、旅游从业人口等体现规模和技术投入的指标，还加入城乡居民恩格尔系数、城乡收入差距等指标，以期更全面和准确地体现旅游扶贫实现的生活水平改善和贫富差距缩小。

（2）创新了DEA视窗分析方法在扶贫效率评价中的应用。传统的数据包络分析模型仅适用于横截面数据，无法分析效率状况在时间维度上的动态变化特征。本研究基于面板数据，采用DEA视窗分析方法，科学分析了中国旅游扶贫效率的动态变化特征，弥补了传统DEA模型无法实现跨期比较的不足。

（3）对比分析了中国省级、市级和县级旅游扶贫效率的变化特征。现有文献主要是针对某一区域旅游扶贫效率的研究，而缺少从宏观到微观范围的效率特征对比分析，缺少对中国旅游扶贫效率整体特征的概括。本研究选择不同样本，分别对中国省级、市级和县级旅游扶贫效率状况进行了测度，并通过对比分析总结了中国旅游扶贫效率的变化特征和波动原因。

（4）分析了旅游扶贫效率的非线性门槛效应。已有研究成果主要关注旅游发展与贫困减缓之间的非线性关系，但尚未有关于旅游扶贫效率的门槛效应的研究。基于此，以及为回答“旅游扶贫效率的影响因素”“如何提高旅游扶贫效率”等问题，本研究利用2007—2016年中国省级旅游扶贫效率面板数据，采用门槛回归模型，分析了旅游产业规模、旅游人口密度、旅游资源禀赋和旅游投资规模等旅游发展水平指标对旅游扶贫效率影响的非线性门槛效应，以便为实施旅游扶贫策略提供科学参考。

1.4.2 研究的不足

与已有的研究成果相比，本研究在方法应用以及研究内容上进行了一定的创新。但是由于时间、条件等方面的约束，本研究的部分内容仍有待进一步完善。

首先，中国的扶贫数据统计十分不系统，关于贫困状况以及扶贫投入的相关数据非常缺乏，给旅游扶贫效率的实证分析造成了很大的困难。数据获取的困难也导致了旅游扶贫效率测度指标体系构建面临诸多约束。如旅游扶贫投资和旅游减贫人口两个指标最终只能选择第三产业投资占比以及低保人口比重指标作为替代指标使用，而且省级、市级、县级三个层面样本的指标数据可获取情况不同，也导致所构建指标体系存在部分差异，这些状况都可能增大了实证测算结果的误差。

其次，由于中国幅员辽阔，各个省份之间的贫困状况、基础条件以及经济水平等存在较大差异，而且旅游扶贫效率差异背后的原因也可能各异，这就为原因分析及对策建议设计带来了非常大的困难，因此本研究中所提出的旅游扶贫效率提升对策在各区域的普适性上可能存在一定的不足。

2 文献综述及理论基础

本研究拟采用数据包络分析方法对近十年中国旅游扶贫的效率进行测度，并利用门槛效应回归模型分析旅游发展对旅游扶贫效率的影响，最后提出旅游扶贫效率提升对策。本章对旅游扶贫相关研究的发展现状和发展趋势等相关内容进行分析评述。

2.1 相关研究综述

2.1.1 贫困相关概念研究

经过100多年的研究，学者对于贫困相关概念的研究已经十分深入和广泛①。

2.1.1.1 贫困的含义及发展历程

在早期阶段，国内外学者对贫困问题的研究，主要是从经济收入角度进行的分析，并以此作为衡量贫困的基本标准。基于家庭或个人经济收入角度定义的贫困，也被称为收入贫困（income poverty）。1901年，英国学者朗特里（S. Rowntree）最早提出贫困的定义。他指出，贫困是“家庭总收入不足以支付仅仅维持家庭成员生理正常功能所需的最低量正常生活必需品的开支”，基于这种“一篮子”方法，朗特里还划定了家庭收入贫困线②。1965年，美国经济学家库赞斯基（Qusanski）引入恩格尔系数指标，改进了朗特里的贫困线计算方法。Qusanski的方法得到了学者们的普遍认

① 杨国涛，周慧洁，李芸霞. 贫困概念的内涵、演进与发展述评［J］. 宁夏大学学报（人文社会科学版），2012（6）：139-143.

② 王春萍. 福利与贫困：贫困的内涵及其概念基础的演变［J］. 商业研究，2007（4）：108-110.

可并被社会组织广泛应用，但该方法的本质仍然是以家庭经济收入为基础，由收入的多少来衡量贫困状况。

随着研究的深入，学者们逐渐认识到，受生理、环境、社会和文化等因素的影响，在不同的条件下和不同的时间阶段，人们的生活基本需求是不一样的，因此，基于最低收入水平的贫困不仅在货币计算上而且在衡量标准上也面临了极大的挑战[①②③]。1996 年，联合国开发计划署（The United Nations Development Programme，UNDP）在《人类发展报告》中首次使用“能力贫困”（capability poverty）的概念，强调贫困更重要的是基本生存和发展能力的匮乏和不足[④]。1999 年诺贝尔经济学奖获得者阿马蒂亚·森（Amartya Sen）提出了能力贫困理论，认为“贫困可以用可行能力的被剥夺来合理识别，反贫困的关键是提高人的可行能力，如享受教育、医疗保健、社会参与、政治权益等”[⑤]。同时，中国学者对贫困的研究也逐渐转向能力贫困视角，如于素云认为“资源、能力和机制是主体获得发展的可能与可靠基础，缺少任何一个都可能带来贫困”[⑥]。这种从社会学角度对贫困内涵的认识，无疑大大突破了从传统经济收入角度对贫困的单一维度理解。

虽然相较于收入贫困，能力贫困的内涵已更加丰富和完善，但仍有学者提出质疑，认为“能力理论”只强调了主观能力却忽略了客观机会。因此，在对贫困问题的研究中，不少学者进一步引入“社会排斥”的概念，将贫困扩展到权利贫困（entitlement poverty），即贫困不仅仅是收入水平低下，不仅仅是教育、健康和营养状况不好，还包括脆弱性、无发言权和社会排斥这些现象。阿马蒂亚·森向传统的贫困观念发起挑战，将贫困定义为一种权利欠缺，认为贫困的根源乃是权利的缺失[⑦]。姜国强也指出，收入分配不平等的深层次原因不仅仅在于经济要素分配的不平等，更重要的是权利的失衡[⑧]。因此，权利贫困是一种更高层次的贫困，其相对于贫困

---

① 冯瑛. 贫困定义的演化及对中国贫困问题的思考［J］. 经济研究导刊，2010（18）：6-8.

② MINGIONE E. Urban poverty and the underclass：A reader［M］. New Jersey UK：Wiley & Sons Inc.，1996：1-40.

③ SHARP，MIREE A，REGISTER，et al. Economics of social issues［M］. 2012.

④ 马用浩. 消除能力贫困：解决城市贫困问题的新视角［J］. 理论与改革，2003（2）：113-116.

⑤ 王春萍. 福利与贫困：贫困的内涵及其概念基础的演变［J］. 商业研究，2007（4）：108-110.

⑥ 于素云. 提高贫困主体的发展能力是扶贫攻坚的一项根本措施：吕梁地区调查报告［J］. 中国贫困地区，1998（8）：45-49.

⑦ SEN A. Development as freedom［M］. London：Oxford University Press，2001.

⑧ 姜国强. 权利贫困、收入分配失衡及其矫正对策［J］. 社会科学家，2013（10）：48-51.

定义的角度，已经转移到精神和政治层面。权利贫困成为越来越多学者研究贫困问题的重要视角。

贫困是一种动态的概念，收入贫困、能力贫困和权利贫困是从不同角度对贫困进行的定义，任何一种定义都不是对另一种定义的否定，三者是互补和互动的关系。收入贫困是贫困的表现形式，能力贫困是贫困的直接原因，权利贫困则是贫困的社会后果[①]。除上述的贫困定义之外，诸多学者也从不同的角度提出了不同的贫困分类方式，如相对贫苦与绝对贫困[②]、客观贫困与主观贫困[③]、个体贫困与区域贫困[④]等。

2.1.1.2 旅游扶贫（PPT 与 ST-EP）

旅游扶贫的相关研究，主要起步于国外关于旅游和贫困关系的研究。20 世纪 60—70 年代，国外学者在研究旅游经济问题的过程中，认为贫困是影响其乘数效应的一个重要因素[⑤⑥]。Kim 和 Song 等学者基于 1995—2012 年的面板数据对全球 69 个发展中国家旅游、贫困和经济发展之间的关系进行分析，肯定了旅游业在提高贫困人口经济收入、降低贫困比率中的积极作用[⑦⑧]。国内的相关研究起步较晚，我们通过检索文献数据库发现，国内最早将旅游和贫困进行关联研究的文献为 1986 年蓝舒发表在《求实》上的《实行全面改革，振兴山区经济》。该作者指出，旅游资源的充分利用开发可以成为贫困地区（崇义县）实现脱贫改革的重要模式[⑨]。虽然对旅游与贫困关系的研究很早已经出现，但“旅游扶贫”概念在 20

① 梁树广，黄继忠. 基于贫困含义及测定的演进视角看我国的贫困［J］. 云南财经大学学报，2011（1）：55-61.

② 陈宗胜，沈扬扬，周云波. 中国农村贫困状况的绝对与相对变动：兼论相对贫困线的设定［J］. 管理世界，2013（1）：67-75.

③ 郭君平，张斌，吴国宝. 宗教信仰、宗教参与影响农民主观贫困和福利吗?：来自全国 5 省 1 000 个农户调查的证据［J］. 经济与管理评论，2016（3）：14-24.

④ 陆益龙. 农村的个体贫困、连片贫困与精准扶贫［J］. 甘肃社会科学，2016（4）：7-13.

⑤ 张伟，张建春. 国外旅游与消除贫困问题研究评述［J］. 旅游学刊，2005（1）：90-96.

⑥ MEDINAMUNOZ D R, GUTIERREZPEREZ F J. The impacts of tourism on poverty alleviation: an integrated research framework［J］. Journal of sustainable tourism, 2016, 24（2）: 270-298.

⑦ KIM N, SONG H, PYUN J H. The relationship among tourism, poverty, and economic development in developing countries［J］. Tourism economics, 2016, 22（6）: 1174-1190.

⑧ DAVIDSON L, SAHLI M. Foreign direct investment in tourism, poverty alleviation, and sustainable development: a review of the Gambian hotel sector［J］. Journal of sustainable tourism, 2015, 23（2）: 167-187.

⑨ 蓝舒. 实行全面改革 振兴山区经济［J］. 求实，1986（3）：48-50.

世纪90年代初才被提出。1991年，中国贵州省旅游局率先提出“旅游扶贫”的口号，而且在实践运用中成效显著①。在旅游扶贫内涵的分析上，国内诸多学者的认识基本一致，认为旅游扶贫就是基于贫困地区丰富的旅游资源，通过旅游开发等手段和方法，推动旅游业的发展，最终实现贫困地区的人们脱离贫困的目标的一种方法②。随着国内外旅游业的快速发展，以及专家学者对旅游扶贫相关问题的持续研究，旅游扶贫的内涵也在不断地得到丰富和深入。如学者陈友华根据参与主体角色的不同，将旅游扶贫模式分为造血型、混血型、补血型和换血型，提出了旅游扶贫模式转型升级的新思路③。在与传统扶贫模式的比较中，旅游扶贫模式也展现出了自身的特点和优势，如较大的乘数效应、较强的就业带动能力④⑤以及显著的生态环境效益⑥等。Haretsebe 和 Farai 通过对博茨瓦纳森林旅游扶贫的研究发现，该森林保护区的生态旅游有可能通过直接（就业、中小型企业）、次级（联系/伙伴关系）和动态影响（可持续生计）来减少贫困并提高当地社区居民的生活质量，这也印证了旅游扶贫模式的减贫效用⑦⑧。

1999年4月，英国国际发展署（Department For International Development，DFID）在可持续发展委员会报告中，正式提出了有利于贫困人口的旅游（Pro-Poor Tourism，PPT）的概念，并在其后资助了一系列PPT战略项目⑨。PPT致力于通过发展旅游业来提高贫困人口的净收益⑩。时至今日，PPT已经成为国际普遍认可的“通过旅游来消除贫困”的主要理念、

---

① 张遵东，章立峰. 贵州民族地区乡村旅游扶贫对农民收入的影响研究：以雷山县西江苗寨为例［J］. 贵州民族研究，2011（6）：66-71.

② 赵霞. 旅游扶贫的原则与实施策略探析［J］. 旅游纵览（下半月），2016（10）：183-185.

③ 陈友华. 我国旅游扶贫模式转型升级新思路［J］. 资源开发与市场，2014，30（6）：717-721.

④ 龙江智，段浩然. 旅游扶贫的优势、困境和策略［J］. 大连民族大学学报，2016，18（4）：364-369.

⑤ 毛峰. 乡村旅游扶贫模式创新与策略深化［J］. 中国农业资源与区划，2016，37（10）：212-217.

⑥ 赵霞. 旅游扶贫的原则与实施策略探析［J］. 旅游纵览（下半月），2016（10）：183-185.

⑦ MANWA H，MANWA F. Poverty alleviation through pro-poor tourism：The role of Botswana forest reserves［J］. Sustainability，2014，6（9）：5697-5713.

⑧ WINTERS P，CORRAL L，MORA A. Assessing the role of tourism in poverty alleviation：A research agenda［J］. Development policy review，2013，31（2）：177-202.

⑨ 毛焱，梁滨. PPT战略：基于人口发展的旅游扶贫观［J］. 求索，2009（6）：65-67.

⑩ ASHLEY C，ROE D，GOODWIN H. Pro-poor tourism strategies：making tourism work for the poor：A review of experience［Z］. 2001：1-64.

原则和途径。由于中国较早提出了“旅游扶贫”的口号，同时与 PPT 的理念又十分贴近，国内普遍视“PPT”为“旅游扶贫”。但是，从本质和原则等方面来看，PPT 战略与中国旅游扶贫还是存在多方面区别，如 PPT 战略的理论基础是发展经济学，旅游扶贫的提出是基于一般经济增长理论；PPT 的目标是实现贫困人口的综合收益，旅游扶贫则主要关注贫困地区的经济增长；PPT 的推行主体是非政府组织（NGO）或专门机构，而中国旅游扶贫的推行主体是政府机构[①②]。随着中国旅游扶贫工作的不断推进，以及对扶贫过程中新问题的分析与研究，国内旅游扶贫也吸收了许多 PPT 战略的优势，如关注贫困人口的综合发展[③]、贫困地区的生态效益[④]以及旅游扶贫中社区参与[⑤]等。

2002 年 8 月，在南非召开的世界可持续发展峰会（the World Summit on Sustainable Development，WSSD）上，世界旅游组织（the World Tourism Organization，WTO）又提出另一种扶贫模式—ST-EP（Sustainable Tourism as an effective tool for Eliminating Poverty），即“可持续旅游与消除贫困”。ST-EP 既不是一个新的旅游类型，也不是一种新的旅游产品，它表示的是一种依靠可持续旅游发展规划和项目实现消除贫困的途径[⑥]。与 PPT 战略相比，ST-EP 同样重视贫困人口的能力发展，但 ST-EP 也更加关注旅游业的可持续发展，认为在减贫的同时应该合理解决旅游业发展中出现的问题[⑦]。邓小海强调“ST-EP 在 PPT 的基础上进一步强调旅游发展的可持续性，是对可持续旅游和 PPT 的进一步深化和丰富”[⑧]。国内大多数反贫困

---

① 王婷婷. 基于机制设计理论的我国旅游扶贫机制调适［J］. 旅游纵览（下半月），2015（4）：55.

② 覃建雄，张培，陈兴. 旅游产业扶贫开发模式与保障机制研究：以秦巴山区为例［J］. 西南民族大学学报（人文社会科学版），2013（7）：134-138.

③ 张伟，张建春，魏鸿雁. 基于贫困人口发展的旅游扶贫效应评估：以安徽省铜锣寨风景区为例［J］. 旅游学刊，2005，20（5）：43-49.

④ 杨德进，白长虹. 我国旅游扶贫生态效率的提升路径［J］. 旅游学刊，2016，31（9）：12-14.

⑤ 卡茜燕. 精准扶贫视野下的社区参与旅游扶贫研究：基于大理双廊村的调查［J］. 旅游研究，2017（1）：74-82.

⑥ SOFIELD T，DE LACY T，LIPMAN G，et al. Sustainable tourism - eliminating poverty：An overview［R］. 2004：1-65.

⑦ 李会琴，侯林春，杨树旺，等. 国外旅游扶贫研究进展［J］. 人文地理，2015（1）：26-32.

⑧ 邓小海. 旅游扶贫精准帮扶探析［J］. 新疆大学学报（哲学·人文社会科学版），2015（6）：21-27.

实践和研究主要受 PPT 模式的影响，对 ST-EP 模式的研究仍相对较少，直到 2008 年才实施了国内首个 ST-EP 扶贫项目①。

2.1.2 旅游扶贫宏观问题研究

自开展旅游扶贫问题研究以来，政策、机制等宏观问题便是学者们持续关注的热点。对这些宏观问题的研究，为旅游扶贫的作用和实施做了诸多方向性的解读和阐释。

2.1.2.1 旅游扶贫模式研究

在旅游扶贫模式研究方面，由于研究对象自身资源、区位以及环境等方面的不同，在旅游扶贫模式的选择上，不同学者提出了不同的建议。其中，政府主导型旅游扶贫模式一直是中国旅游扶贫传统模式，在当今的扶贫开发进程中仍占有重要地位。政府主导型旅游扶贫模式，是指政府作为旅游扶贫工作的主体，向贫困地区提供资金、政策等支持，以完善其旅游基础设施、提高旅游经济收入，最终实现贫困人口脱离贫困的目的。在该模式中，政府处于核心地位，凭借其强大的财政能力和管辖能力，通过政策、指令等引导和支持贫困地区旅游业发展。政府主导型旅游扶贫模式协调性强、扶贫效果显著，对中国贫困地区脱贫致富起到了至关重要的作用。但是，随着经济环境的不断变化以及扶贫工作面临的新形势，部分学者也对该模式提出了质疑，如长期效果有限、整体效率不高以及生态环境受到破坏等问题。为此，龚艳等提出了有限政府主导型旅游扶贫开发模式，由政府、企业、市场、社区居民和旅游者共同组成组织体系，企业成为旅游扶贫主体，政府主要起帮扶作用，市场则搭建起生产者和消费者之间的桥梁，从而形成一种"政府引导、企业投资、市场调节、社会参与"的整合模式②。

除政府主导外，企业主导型旅游扶贫模式也是诸多贫困地区扶贫开发工作的选择之一。与有限政府主导型模式类似，企业主导型旅游扶贫模式强调企业的主导作用，关注企业在旅游扶贫中的社会责任和企业使

---

① 罗盛锋，代新洋，黄燕玲. 生态旅游扶贫研究动态及展望［J］. 桂林理工大学学报，2015，35（3）：642-648.

② 龚艳，李如友. 有限政府主导型旅游扶贫开发模式研究［J］. 云南民族大学学报（哲学社会科学版），2016（6）：115-121.

命[1][2]。当然，企业主导也并不意味着企业的唯一性，同样需要政府、居民等多方参与，如政府的监管和村企合作等。很多学者便是从政企合作[3][4]、企民联动[5][6]以及企业经济行为的产业化[7]等角度来分析企业主导型旅游扶贫模式的适用性和扶贫效应的。从扶贫效果上来看，企业主导型模式不仅能保障旅游扶贫工作的持续性和高效率，保障旅游扶贫的资金基础，还能保证贫困人口的经济效益和社会效益最大化，从而实现精准扶贫。但 Diego 和 Rita 也指出，企业的社会责任和组织规模都会影响企业的减贫贡献效果[8]。

相较于上述两种模式，产业驱动旅游扶贫模式则更注重依托贫困地区已有的资源、产业等基础条件，培植特色支柱产业，推进旅游扶贫，因此，该模式关联性和可持续性更强。简单来讲，产业扶贫就是以发展贫困地区特色产业为手段的一种扶贫方式，其实质是以开发式的扶贫为指导，结合当地特色，整合当地资源，构建当地产业化经济体系，最终达到促进贫困人口持续稳定创收增收的目的[9][10]。Pillay 和 Rogerson 以南非城市沿海 KwaZulu-Natal 为例的研究就指出，旅游业和农业的融合发展可以为贫困人口的脱贫致富创造良好的机遇[11]。基于产业驱动扶贫模式，部分学者还从

---

① 杨德进，白长虹，牛会聪. 民族地区负责任旅游扶贫开发模式与实现路径［J］. 人文地理，2016（4）：119-126.

② LI P，RYAN C，CAVE J. Chinese rural tourism development：Transition in the case of Qiyunshan，Anhui，2008—2015［J］. Tourism management，2016（55）：240-260.

③ 李敏，张凤华，李荣. 安庆市旅游扶贫模式研究［J］. 宿州学院学报，2017，32（2）：38-44.

④ 龙祖坤，杜倩文，周婷. 武陵山区旅游扶贫效率的时间演进与空间分异［J］. 经济地理，2015（10）：210-217.

⑤ 邓小海. 旅游扶贫精准帮扶探析［J］. 新疆大学学报（哲学·人文社会科学版），2015（6）：21-27.

⑥ 饶勇，徐圆. 旅游扶贫开发背景下的村民直选、社区增权与联合治理机制研究：以广东省新丰县利坑村为例［J］. 中国集体经济，2016（1）：10-12.

⑦ 殷红梅，徐燕. 贵州省贫困地区乡村旅游产业化扶贫建设模式探讨［J］. 贵州农业科学，2011（10）：197-200.

⑧ MEDINA-MUNOZ D R，GUTIERREZ-PEREZ F J. A sustainable development approach to assessing the engagement of tourism enterprises in poverty alleviation［J］. Sustainable development，2016，24（4）：220-236.

⑨ 李荣梅. 精准扶贫背景下产业扶贫的实践模式及经验探索［J］. 青岛农业大学学报（社会科学版），2016，28（4）：1-4，20.

⑩ 柳颖. 积极福利视角下民族地区反贫困模式选择：以内蒙古兴安盟为例［J］. 湖南工程学院学报（社会科学版），2015，25（1）：73-78.

⑪ PILLAY M，ROGERSON C M. Agriculture-tourism linkages and pro-poor impacts：The accommodation sector of urban coastal KwaZulu-Natal，South Africa［J］. Applied geography，2013（36）：49-58.

产业链的角度分析了旅游扶贫进程中的问题和对策，认为中国旅游扶贫存在“高附加值产业环节薄弱、核心旅游产品带动力不足、旅游扶贫产业链本地化不足等”问题，同时提出了“产业转移、核心旅游企业培育、旅游扶贫产业链整合”等对策①②。当然，产业驱动也不是一种完美的旅游扶贫模式，也存在一定的局限性，如陈希勇就指出，中国产业扶贫存在“产业定位趋同”和“产业发展政策落实不准”的问题③。除此之外，其他学者还认为产业驱动模式在贫困者能力提升④、联动机制建设⑤和政府角色⑥等方面也存在诸多亟待解决的问题。

如前所述，政府主导、企业主导和产业驱动旅游扶贫模式在中国旅游扶贫进程中都发挥了举足轻重的作用，也做出了巨大贡献。部分学者还根据特定区域的独特性提出了诸多具有针对性的旅游扶贫模式，如“旅游+片区”开发模式、旅游城镇带动模式、大区带动模式、旅游者驱动模式、社区参与扶贫模式、低碳旅游扶贫模式以及边境旅游扶贫模式等⑦⑧⑨⑩。

2.1.2.2 旅游扶贫机制研究

机制（mechanism）是指为实现某一功能或作用，一定的社会机体内的各事物、各要素相互作用、协调运行的原理、方法和过程。随着经济机制研究的兴起，越来越多的旅游扶贫领域学者开始关注机制建设问题，即

① 邓小海，曾亮，罗明义. 产业链视域下旅游扶贫问题诊断及对策研究［J］. 当代经济管理，2014（11）：56-59.

② 王淑娟，李国庆. 环京津贫困带旅游扶贫困境分析：基于旅游产业链的视角［J］. 河北经贸大学学报，2015（6）：121-124.

③ 陈希勇. 山区产业精准扶贫的困境与对策：来自四川省平武县的调查［J］. 农村经济，2016（5）：87-90.

④ 梁晨. 产业扶贫项目的运作机制与地方政府的角色［J］. 北京工业大学学报（社会科学版），2015（5）：7-15.

⑤ 李捷，罗庆华，郑昭峰，等. 张家界市大鲵产业扶贫的调查与思考［J］. 资源开发与市场，2015，31（8）：999-1002.

⑥ 黄文宇. 产业扶贫项目主体行为及其运行机制的优化：基于P县“万亩有机茶园”项目的考察［J］. 湖南农业大学学报（社会科学版），2017，18（1）：56-61.

⑦ 杨德进，白长虹，牛会聪. 民族地区负责任旅游扶贫开发模式与实现路径［J］. 人文地理，2016（4）：119-126.

⑧ 孙猛，刘娜，张政，等. 基于低碳经济背景下的低碳旅游扶贫模式构建研究：以莫莫格国家级自然保护区为例［J］. 经济研究导刊，2011（14）：101-104.

⑨ 胡锡茹. 云南旅游扶贫的三种模式［J］. 经济问题探索，2003（5）：109-111.

⑩ YANG X, HUNG K. Poverty alleviation via tourism cooperatives in China: the story of Yuhu［J］. International journal of contemporary hospitality management, 2014, 26（6）: 879-906.

旅游扶贫机制研究。例如，旅游扶贫主体间的协调运行问题，贫困人口的利益分配问题等都涉及扶贫机制的完善。王婷婷指出，中国旅游扶贫机制还存在调适不合理以及监督缺失等问题①。

目前，国内外旅游扶贫机制构建的相关研究，主要包含以下方面：

（1）旅游扶贫动力机制研究。对于旅游扶贫动力机制的研究，学者分析问题的角度不同，所提出的动力机制体系也不一样。一方面，有学者从旅游市场的角度指出，应从旅游产品的供给、需求和营销等方面完善旅游扶贫动力机制②。旅游产品是旅游产业发展的基础，消费者对旅游产品的需求将对旅游扶贫产生推动力；同时，由于旅游产品具有广泛联动性，其又对旅游扶贫产生了积极的拉动力；市场营销则在扩大市场需求和促进市场供给两个环节中起到重要的推动作用。另一方面，另一部分学者则从旅游扶贫主体的角度出发，认为应从政府、企业、社区等方面构建旅游扶贫动力机制③。中国多数贫困地区扶贫仍以政府主导型旅游扶贫模式为主，政府在扶贫工作中的引导、决策作用尤为关键，同样，作为扶贫主体的企业、社区对于旅游扶贫的效率提升和可持续发展也至关重要。因此，可以说政府、企业和社区是旅游扶贫开展的直接推动力量。目前来看，学者们对于旅游扶贫动力机制的研究主要是从上述两个角度分别展开进行的，虽然有部分交叉分析，但还没有学者将这两个角度置于“旅游市场—扶贫主体”的二维结构中进行扶贫动力机制的构建研究。这也说明，中国旅游扶贫动力机制的研究尚不成熟，仍处在探索阶段。

（2）旅游扶贫利益分配机制研究。利益分配是旅游扶贫开发相关利益主体关注的焦点，如何协调各主体之间的利益关系也是决定旅游扶贫工作能否顺利开展的关键环节。影响利益分配的主要因素有可分配的收益、分配原则和分配方式，因此，只有在明确了可分配收益、合理的分配原则以及灵活的分配方式的条件下，才能解决旅游扶贫中的利益分配问题。King 和 Dinkoksung 指出，市场体制以及供应关系可能会影响贫困人口参与到旅

① 王婷婷. 基于机制设计理论的我国旅游扶贫机制调适 [J]. 旅游纵览（下半月），2015（4）：55.

② 王丽. 基于系统论的旅游扶贫动力机制分析 [J]. 商业经济，2008（9）：111-112.

③ 耿宝江，庄天慧，彭良琴. 四川藏区旅游精准扶贫驱动机制与微观机理 [J]. 贵州民族研究，2016（4）：157-160.

游产业发展中，从而影响到旅游扶贫利益的分享①。国内外学者对旅游扶贫利益分配机制的研究，主要表现在文献中所提出的完善或构建机制的建议或要求②，但很少有学者系统地讨论怎样构成合理的利益分配机制③。在可查的相关文献中，张笑薇认为利益分配机制应包括分配利益原则、分配利益途径和监督保障协调措施④；与其相似，李会琴也提出旅游扶贫利益分配机制的建立至少应包括利益相关者、分配制度和分配途径等方面。虽然现有文献仍没有明确的描述，但是通过对相关文献的对比分析也不难发现，旅游扶贫利益分配机制基本应由利益相关主体、分配原则、分配方式和制度保障四部分构成⑤。

（3）贫困人口参与机制。使贫困人口在旅游发展中获益以及增加发展机会，是旅游扶贫工作的最终目的⑥。贫困人口参与到扶贫旅游开发中，则是其实现脱贫致富的最主要途径。Ghasemi 的研究也印证了贫困人口在旅游扶贫中的重要影响。他与其他学者通过定量和定性分析发现，当地居民的观念和对利益的感知都会影响乡村旅游的顺利开展⑦。因此，贫困人口参与机制，即贫困人口将如何参与到旅游扶贫开发中，便成为学者们普遍关注的重点。Ab. Hadi 和 Roddin 等学者在对马来西亚土著居民经济生活的研究中指出，他们可以通过职业教育，依靠森林资源和土著文化从事旅游活动，从而提高生活水平⑧。Carmen María 等学者通过对不同地区旅游扶贫行动的实证分析认为，除了宏观的社会经济环境外，较低的社区参与

---

① KING R，DINKOKSUNG S. Agriculture and tourism linkage constraints in the Siem Reap-Angkor region of Cambodia ［J］. Tourism Geographies，2014，16（4）：687-703.

② 王京传，李天元. 包容性旅游增长的概念内涵、实现机制和政策建议［J］. 旅游科学，2011（5）：10-22.

③ ADAM Y O，ELTAYEB A M. Forestry decentralization and poverty alleviation：A review［J］. Forest Policy and Economics，2016（73）：300-307.

④ 张笑薇. 西部地区旅游扶贫机制选择与绩效评价［J］. 改革与战略，2016（11）：101-106.

⑤ 李会琴. 基于社区参与的鄂西旅游扶贫开发模式研究：以湖北省襄樊市襄阳区为例［J］. 国土资源科技管理，2011（1）：91-95.

⑥ 谷丽萍，方天堃. 旅游扶贫开发新论［J］. 云南财贸学院学报（社会科学版），2006（3）：94-95.

⑦ GHASEMI M，HAMZAH A. An investigation of the appropriateness of tourism development paradigms in rural areas from main tourism stakeholders' point of view［J］. Procedia - Social and Behavioral Sciences，2014（144）：15-24.

⑧ AB HADI M Y，RODDIN R，RAZZAQ A R A，et al. Poverty Eradication through Vocational Education（Tourism）among Indigenous People Communities in Malaysia：Pro-poor Tourism Approach（PPT）［J］. Procedia - social and behavioral sciences，2013（93）：1840-1844.

度也是阻碍旅游业减贫的关键因素[①②]。中国学者对该问题的研究相对较早，如许光洪在1998年就提出，应采取动员、培训、让利等方式引导农民参与旅游业，这样才能使旅游扶贫的效果直接体现出来[③]。从文献的演进来看，学者们对该问题的研究从最初贫困人口参与的“必要性”研究，逐渐过渡到扶贫攻坚阶段的“参与机制”研究上，研究对象、研究方法、研究观点都更加全面和细致[④⑤]。从文献的研究内容来看，学者们对该问题的研究重点集中于贫困人口的能力提升和参与途径方面[⑥]，仍然缺乏对参与机制的系统性设计研究。除此之外，也有部分学者针对不同的旅游类型提出了有利于贫困人口参与的针对性对策[⑦]。从问题的本质来看，学者们普遍将贫困人口参与视为旅游扶贫的核心问题，认为只有使贫困人口的自身能力得到提升，在旅游扶贫中承担重要角色，才能实现旅游的可持续发展，最终实现贫困人口的永久脱贫。

（4）旅游扶贫协同机制研究。国内学者对旅游扶贫中的协同机制研究，主要集中于主体协同和系统协同两方面。其中，主体协同的研究文献更为集中，而且观点相对统一。学者们普遍认为，旅游扶贫工作需要各个参与主体之间的协调联动，只有通过政府、市场和贫困人口之间的良性互动才能保障各主体目标与旅游扶贫总目标相一致，保证扶贫工作的持续有效开展[⑧⑨]。在系统协同研究中，学者们将旅游扶贫视为一个复杂系统，并将其分为动力、信息、监控等子系统，以此来分析子系统间的联动运行机

---

① LLORCA-RODRIGUEZ C M, CASAS-JURADO A C, GARCIA-FERNANDEZ R M. Tourism and poverty alleviation: An empirical analysis using panel data on Peru's departments [J]. International journal of tourism research, 2017, 19 (6): 746-756.

② ZAPATA M, HALL C, LINDO P, et al. Can community-based tourism contribute to development and poverty alleviation? Lessons from Nicaragua [J]. Current issues in tourism, 2011, 14 (8): 725-749.

③ 许光洪. 重庆市黔江地区的旅游扶贫 [J]. 国土与自然资源研究, 1998 (4): 39-41.

④ 李菊霞, 林翔. 当前西部旅游开发热潮下的冷思考 [J]. 旅游科学, 2000 (3): 5-7.

⑤ 赵伦, 李丹妮, 苟文峰. 扶贫模式变迁视域下旅游扶贫的机制演化 [J]. 开发研究, 2017 (2): 30-34.

⑥ 卡茜燕. 精准扶贫视野下的社区参与旅游扶贫研究: 基于大理双廊村的调查 [J]. 旅游研究, 2017, 9 (1): 74-82.

⑦ 马奔, 温亚利. 生态旅游对农户家庭收入影响研究: 基于倾向得分匹配法的实证分析 [J]. 中国人口·资源与环境, 2016 (10): 152-160.

⑧ 冯伟林. 重庆武陵山片区旅游扶贫中贫困人口受益模式研究 [J]. 改革与开放, 2016 (3): 45-47.

⑨ 唐丹, 胡卫卫, 田富俊, 等. 福建扶贫开发重点县生态扶贫的问题及其对策 [J]. 中南林业科技大学学报 (社会科学版), 2016, 10 (4): 28-31.

制，认为只有子系统实现了协同发展，才能实现旅游扶贫的可持续运行。除此之外，少数学者还从区域协同角度进行了旅游扶贫协同机制研究。如王淑娟、赵海涛①和田菲、孙怡等②都对京津冀地区旅游扶贫中的区域协同问题提出了针对性建议，认为区域之间的去封闭化、营销协作和产品互补等都可以推动旅游扶贫的长效发展。总之，对旅游扶贫协同机制的研究还处在相对初级的研究阶段，对它的研究，学者们也是更多地从系统论和宏观角度进行解读。

随着旅游扶贫开展中新问题的不断出现，除上述动力机制、利益分享机制、贫困人口参与机制和协同机制研究外，学者们也越来越关注扶贫融资、监督评价等领域的机制建设问题。如曹务坤、辛纪元等以云南民族村寨为例，探讨了旅游扶贫中的法律机制缺失问题，建议从民事主体法律制度、财产法律制度和金融法律制度等方面完善旅游扶贫法律机制③。王玉玲和汪惠萍还关注了旅游扶贫中的土地经营权估值机制、抵押机制和确权机制等问题④。

2.1.3 旅游精准扶贫研究

党的十八大提出了“精准扶贫”脱贫攻坚战略。精准扶贫，是根据精细化管理要求，实现扶贫过程中的对象、方法、资源配置和成效等的多维精准，以更加深入解决贫困问题⑤。作为脱贫攻坚的有效途径，旅游业也积极探索精准扶贫模式，可以说，旅游精准扶贫，就是“精准扶贫”理念在旅游扶贫领域的科学应用⑥。学者们的相关研究主要集中于以下方面：

2.1.3.1 旅游精准扶贫内涵研究

自2014年国务院出台的《关于促进旅游产业改革的若干意见》中首

---

① 王淑娟，赵海涛. 旅游扶贫视角下环京津贫困带休闲旅游发展研究［J］. 农村经济与科技，2015（3）：71-73，162.

② 田菲，孙怡，邢志勤. 帕累托改进还是卡尔多改进：论旅游扶贫视角下京津冀旅游产业链协同发展［J］. 经济研究导刊，2015（17）：100-101.

③ 曹务坤，辛纪元. 民族村寨社区参与旅游扶贫的法律机制完善［J］. 云南社会科学，2014（6）：130-133.

④ 王玉玲，汪惠萍. 深化农村土地制度改革背景下旅游扶贫及其配套机制建设［J］. 安徽农学通报，2014（Z2）：8-9.

⑤ 杨伟智. “用绣花的功夫实施精准扶贫”：学习习近平关于精准扶贫精准脱贫的重要论述［J］. 党的文献，2017（6）：47-53.

⑥ 张乐. 供给侧改革背景下旅游精准扶贫基本理论分析［J］. 时代经贸，2016（34）：36-38.

次提出“旅游精准扶贫”理念后，学者们对其内涵的研究便成为热点。高兴[①]、陈小宁等[②]、李喜梅[③]和张乐[④]等学者都对旅游精准扶贫的理念进行了科学描述，认为旅游精准扶贫就是依托贫困地区的旅游资源基础，通过对贫困对象精准识别、精准帮扶，对扶贫项目精准开发和精准管理等，有效实现“真扶贫、扶真贫”的目标。旅游资源基础、扶贫精准识别前提以及扶贫精准管理是旅游精准扶贫的关键点，学者对其概念的认识基本一致。张乐等还指出，系统理论、比较优势理论和社会资本理论等是旅游精准扶贫的理论基础，贫困人口的理性诉求以及扶贫参与主体的社会责任共同构成了旅游精准扶贫的动力源泉[⑤]。旅游精准扶贫的内涵被不断深化。从概念和实施过程来看，旅游精准扶贫主要由三部分构成，即旅游精准扶贫识别、旅游精准扶贫帮扶和旅游精准扶贫管理，其中的旅游精准扶贫管理是指对旅游精准扶贫过程中资金、项目和主体等进行的有效组织和合理协调等活动[⑥]。

2.1.3.2　旅游扶贫精准识别研究

对贫困人口的精准识别，一直是国内外扶贫开发工作的难点问题，也是学者们关注的重点和焦点问题。梁文凤指出，精准扶贫的“对象精准”“方法精准”“成效精准”，可以实现社会“起点公平”“机会公平”“结果公平”，最终实现社会的可持续和健康发展。高效、准确的贫困识别机制，成为开展旅游精准扶贫的前提和基础。在旅游扶贫精准识别方面，学者提出了多种识别策略。如 Alkire 和 Apablaza 等学者认为，教育、收入和居住条件等是衡量贫困的主要标准，并基于此构建了慢性多维贫困的测度指标体系，分析了 1996—2006 年智利跨时期的多维贫困持久性特征[⑦]。中国学者陈潇阳认为，扶贫资源配置的过度集中、扶贫监管的相对滞后以及贫困

---

① 高兴. 我国旅游精准扶贫公正性问题论析［J］. 湖南社会科学，2017（2）：124-132.

② 陈小宁，郭进，李俊松，等. 基于大数据的旅游精准扶贫信息系统设计研究［J］. 科技展望，2016（36）：7.

③ 李喜梅. 全域旅游视角下旅游精准扶贫研究［J］. 江西农业，2017（7）：128-129.

④ 张乐. 供给侧改革背景下旅游精准扶贫基本理论分析［J］. 时代经贸，2016（34）：36-38.

⑤ 耿宝江，庄天慧，彭良琴. 四川藏区旅游精准扶贫驱动机制与微观机理［J］. 贵州民族研究，2016（4）：157-160.

⑥ 邓小海，曾亮，肖洪磊. 旅游精准扶贫的概念、构成及运行机理探析［J］. 江苏农业科学，2017（2）：265-269.

⑦ ALKIRE S，APABLAZA M，CHAKRAVARTY S，et al. Measuring chronic multidimensional poverty［J］. Journal of policy modeling，2017，39（6）：983-1006.

的统计口径不一等都导致了贫困状况的识别偏差，并提出从“进入”和“退出”维度建立“贫困对象自愿申请+政府部门自动识别+脱贫对象主动退出+公众参与评议”的动态甄别机制①。杨建等②和边恕等③也都强调扶贫精准识别的动态性特征。边恕等在设计了多维贫困指标体系的基础上，构建了 D—A—F 多维动态贫困测度模型，分析了 2000—2011 年中国农村贫困状况。信息技术的不断发展，也为旅游扶贫精准识别提供了新的途径，陈小宁等就提出采用基于 Hadoop 技术的大数据挖掘旅游扶贫精准识别策略④。从总体来看，学者们提出的旅游扶贫精准识别策略，仍以构建多维贫困指标体系为主，而且政府部门仍是贫困状况识别的核心主体。因此，我们认为，在识别方法和识别主体的选择上仍需不断拓展和创新。

2.1.3.3　旅游精准扶贫策略研究

在旅游精准扶贫策略方面，学者们贡献了相对丰富的研究成果。政府的引导作用、技能培训对贫困人口参与能力的有效提升以及企业的广泛参与对扶贫开发的积极推动等策略都得到了学者们的认可。何茜灵等认为，基于贫困地区的各自特殊条件，当地政府和村委会应积极做好协调、组织和引导工作，聘请专家指导扶贫工作，招商引资，牵引企业参与扶贫开发，并合理解决各方利益矛盾问题⑤。张春美等通过利用多元有序 Probit 回归模型分析发现，文化程度因素可以对居民的扶贫满意度产生显著的影响，在旅游精准扶贫策略上应加强贫困人口技能培训，提升其自身的“造血”能力，以实现自身的可持续发展⑥⑦。国外学者较多地关注扶贫项目的推广，如减少森林砍伐和森林退化（REDD）是否真正有利于穷人，以及

---

① 陈潇阳. 我国农村扶贫对象动态甄别机制的构建路径［J］. 河北大学学报（哲学社会科学版），2014（1）：38-41.

② 杨建，韩宗伟，张翊红. 旅游精准扶贫的作用机理和推进策略［J］. 云南社会科学，2016（6）：52-56.

③ 边恕，黎蔺娴，孙雅娜. 中国农村精准扶贫的动态测度［J］. 统计与决策，2017（22）：94-99.

④ 陈小宁，郭进，李俊松，等. 基于大数据的旅游精准扶贫信息系统设计研究［J］. 科技展望，2016（36）：7.

⑤ 何茜灵，宋亮凯. 旅游扶贫试点村背景下旅游精准扶贫调查研究：以葫芦岛市建昌县玉带湾村为例［J］. 国土与自然资源研究，2015（6）：81-83.

⑥ 张春美，黄红娣. 农村居民对乡村旅游精准扶贫政策的满意度及影响因素：基于婺源旅游地搬迁移民和原住居民的调查［J］. 江苏农业科学，2017，45（13）：311-314.

⑦ 张春美，黄红娣，曾一. 乡村旅游精准扶贫运行机制、现实困境与破解路径［J］. 农林经济管理学报，2016（6）：625-631.

实施效果如何等[①]。

邓小海和陈丽琴等学者还关注了旅游精准扶贫微观层面的问题，认为产业链资源整合不力严重降低了旅游精准扶贫的效率[②③]。从产业链角度来看，旅游扶贫产业链存在附加值低、带动作用弱、功能单一以及本地化不足等问题，基于此，邓小海等提出了产业链整合、加强区域合作、培育核心旅游扶贫企业等对策。在产业链层面，林移刚等则基于生产要素视角分析了中国乡村旅游精准扶贫的现实困境，将旅游精准扶贫生产要素分为包括劳动、土地和旅游资源的初级生产要素，以及包括企业家才能、技术和信息的高级生产要素，认为要实现旅游精准扶贫效率提升，应在努力提升初级生产要素利用效率的同时，积极创新和发展高级生产要素[④]。随着"互联网+""全域旅游"等理念的广泛推广，旅游精准扶贫也在积极探索这些创新理念的深入应用。如方澜[⑤]、胡柳[⑥]等学者认为，"互联网+"可以为旅游精准扶贫带来信息红利，而且在营销方面具有成本低、范围广和效果好等特点，建议积极推动"互联网+旅游"的扶贫开发模式。李永华[⑦]、李喜梅[⑧]等学者还指出，旅游精准扶贫的"出路在全域旅游"，在旅游精准扶贫策略上应拓展旅游总量空间，丰富旅游产品，通过区域内旅游资源的整合、融合、共享和攻坚，促进全域经济发展，从而带动贫困地区实现脱贫目标。旅游精准扶贫通过多维度、多途径实现了与多种经济发展理念的交互融合发展。

2.1.4 旅游扶贫效率相关研究

旅游扶贫效率是指在既定的技术条件下，投入的旅游扶贫资源所能实现的最大可能性产出，即旅游扶贫资源的配置效率。其已成为我国旅游扶

---

① ATELA J O, QUINN C H, MINANG P A. Are REDD projects pro-poor in their spatial targeting? Evidence from Kenya [J]. Applied geography, 2014 (52): 14-24.

② 邓小海，曾亮，罗明义. 产业链视域下旅游扶贫问题诊断及对策研究 [J]. 当代经济管理，2014 (11): 56-59.

③ 陈丽琴. 少数民族村寨旅游精准扶贫中的多维排斥与化解之道 [J]. 黔南民族师范学院学报，2017 (3): 80-84.

④ 林移刚，杨文华. 我国乡村旅游精准扶贫困境与破解研究：基于生产要素视角 [J]. 云南民族大学学报（哲学社会科学版），2017 (2): 121-127.

⑤ 方澜. "互联网+" 视域下茶乡乡村生态旅游精准扶贫模式研究 [J]. 福建茶叶，2017 (5): 105-106.

⑥ 胡柳. 乡村旅游精准扶贫研究 [D]. 武汉：武汉大学，2016.

⑦ 李永华. "旅游+" 精准扶贫，产业空间巨大 [J]. 金融经济（市场版），2016 (12): 39-40.

⑧ 李喜梅. 全域旅游视角下旅游精准扶贫研究 [J]. 江西农业，2017 (7): 128-129.

贫研究的重点内容之一[①]。与之相近的，还有旅游扶贫效应、旅游扶贫绩效等概念。从相应关键词及研究内容的对比来看，旅游扶贫效应、旅游扶贫绩效和旅游扶贫效率三者之间既有相似性，又存在较明显差异。从时间维度上看，国内外的相关研究主要经历了从扶贫效应到扶贫绩效再到扶贫效率的延续发展过程。

2.1.4.1　旅游扶贫效应研究

旅游扶贫效应，即旅游业发展对贫困地区经济、人口、社会和环境的作用及效果[②]，既包括作用的过程和机理，还包括作用的结果，如收入水平提高等。在该领域，国内外学者均贡献了较为丰富的研究成果[③④⑤]。从研究内容来看，学者们主要关注旅游扶贫区域宏观层面的效应研究，如党红艳等[⑥]和邓小海等[⑦]分别对陕西左权县和云南乌蒙山区的旅游扶贫效应进行了评估分析，贫困县或者扶贫片区成为该领域研究的主要热点区域。随着研究的不断深入，该领域学者也注意到了旅游扶贫过程中贫困人口的感知和态度变化现象[⑧⑨⑩]。蒋莉等[⑪]认为贫困人口是扶贫开发的核心主体，

① ZENG B，RYAN C. Assisting the poor in China through tourism development：A review of research [J]. Tourism management，2012，33 (2)：239-248.

② 郝冰冰，罗盛锋，黄燕玲，等. 国内外旅游扶贫效应文献量化分析与研究综述（2000—2016年）[J]. 中国农业资源与区划，2017 (9)：190-198.

③ CROES R，RIVERA M. Tourism's potential to benefit the poor：A social accounting matrix model applied to Ecuador [J]. Tourism economics，2017，23 (1)：29-48.

④ GASCON J. Pro-poor tourism as a strategy to fight rural poverty：A critique，2015 [M]. Wiley-Blackwell，111 River ST，Hoboken 07030-5774，NJ，USA，2015.

⑤ MANWA H，MANWA F. Poverty alleviation through pro-poor tourism：The role of Botswana forest reserves [J]. Sustainability，2014，6 (9)：5697-5713.

⑥ 党红艳，金媛媛. 旅游精准扶贫效应及其影响因素消解：基于山西省左权县的案例分析 [J]. 经济问题，2017 (6)：108-113.

⑦ 邓小海，曾亮，罗明义，等. 云南乌蒙山片区所属县旅游扶贫效应分析 [J]. 生态经济，2015 (2)：134-138.

⑧ 李佳，田里. 连片特困民族地区旅游扶贫效应差异研究：基于四川藏区调查的实证分析 [J]. 云南民族大学学报（哲学社会科学版），2016，33 (6)：96-102.

⑨ 李会琴，李晓琴，侯林春. 黄土高原生态环境脆弱区旅游扶贫效应感知研究：以陕西省洛川县谷咀村为例 [J]. 旅游研究，2012 (3)：1-6.

⑩ WANG X，ZHEN F，ZHANG J，et al. Exploring factors influencing residents' satisfaction with tourism development in poverty-stricken areas：A case study of five poor villages in China [J]. Asia pacific journal of tourism research，2014，19 (5)：517-537.

⑪ 蒋莉，黄静波. 罗霄山区旅游扶贫效应的居民感知与态度研究：以湖南汝城国家森林公园九龙江地区为例 [J]. 地域研究与开发，2015 (4)：99-104.

在提高经济水平的同时不能忽视贫困人口获得发展机会的重要性。Zarandian 和 Shalbafian 等学者认为旅游扶贫可以促进当地贫困人口对贫困、生活态度、个人和社会技能的认识态度产生积极的转变[①]。Truong 和 Hall 等[②]在研究越南沙巴的旅游扶贫案例时，也指出旅游开发利益分配不均导致了当地贫困人口间的利益冲突。只有实现旅游扶贫利益合理分配，才能提高当地贫困人口的旅游扶贫正向效应感知，这也是扶贫政策制定的重要影响因素。杨秋宁还以广西贫困地区的女性贫困人口为研究对象，通过调查、访谈等方式，了解了女性贫困人口对旅游扶贫效应的感知程度[③]。在研究方法上，学者们对于旅游扶贫效应研究采用较多的仍是基于实地调查的定性分析，但是近年来在微观数据基础上的定量研究也取得了一定的突破。其中，Thomas[④] 和郭舒[⑤]都基于产业链的角度，分别对老挝、马里和中国东北贫困地区的旅游扶贫效应进行了定量分析。吴华增等还利用面板门槛模型，分析了不同数值区间内的农村金融发展扶贫效应差异[⑥]。另外，部分学者也尝试采用灰色关联方法分析贫困地区经济、社会和生态环境的综合旅游扶贫效应差异。

2.1.4.2　*旅游扶贫绩效研究*

旅游扶贫绩效就是旅游扶贫的功能和意义，体现为对扶贫地区经济、社会和生态环境所起的作用及影响等。从与旅游扶贫效应的对比来看，旅游扶贫绩效是从宏观层面上对旅游扶贫效果的定量评价，更关注旅游扶贫的最终结果表现。陈友莲认为，按照旅游扶贫绩效的内容不同，可以分为旅游扶贫经济绩效、旅游扶贫社会绩效和旅游扶贫生态环境绩效三个部分[⑦]。该领域学者也主要利用层次分析方法，从经济、社会和生态环境三

---

① ZARANDIAN N, SHALBAFIAN A, RYAN C, et al. Islamic pro-poor and volunteer tourism — The impacts on tourists: A case study of Shabake Talayedaran Jihad, Teheran — A research note [J]. Tourism management perspectives, 2016 (19): 165-169.

② TRUONG V, HALL C, GARRY T. Tourism and poverty alleviation: perceptions and experiences of poor people in Sapa, Vietnam [J]. Journal of sustainable tourism, 2014, 22 (7): 1071-1089.

③ 杨秋宁. 贫困地区女性居民对旅游扶贫效应感知研究 [D]. 南宁：广西大学，2016.

④ THOMAS F. Addressing the measurement of tourism in tterms of poverty reduction: Tourism value chain analysis in Lao PDR and Mali [J]. International journal of tourism research, 2014, 16 (4): 368-376.

⑤ 郭舒. 基于产业链视角的旅游扶贫效应研究方法 [J]. 旅游学刊，2015 (11): 31-39.

⑥ 吴华增，兰庆高. 基于面板门槛模型的农村金融发展扶贫效应检验 [J]. 统计与决策，2017 (23): 172-175.

⑦ 陈友莲，向延平. 旅游扶贫绩效评价概念、类型、流程与重要性分析 [J]. 湖南商学院学报，2012 (4): 78-80.

个方面来构建指标体系，从而实现对贫困地区旅游扶贫绩效的评价①。如冯伟林等以中国西南民族地区为样本区，通过构建指标体系的方法进行分析，认为该地区的旅游扶贫整体上取得了很好的绩效。在经济绩效方面，旅游扶贫拓宽了贫困人口的经济收入渠道；在环境绩效上，旅游扶贫改善了当地社区环境；在社会绩效上，旅游扶贫为当地贫困人口带来了新的思想观念②。Koens 和 Thomas 通过对南非的两个旅游扶贫小镇的实证分析发现，小型旅游企业的行为不当以及决策者的监管不力是阻碍旅游扶贫绩效提升的重要因素③。随着旅游扶贫进入新阶段，有的学者在旅游扶贫绩效的研究内容上也进行了一定的拓展。如张笑薇利用定性方法，分析了中国西部地区政府主导型、企业主导型和社区主导型旅游扶贫模式的特点及绩效差异，提出应从优化绩效水平、平衡利益分配等方面进行旅游扶贫模式选择④。也有学者在研究方法上进行新的探索，如张岚等⑤基于时间序列数据，利用线性回归方法，定量分析了中国集中连片特困地区企业旅游扶贫的绩效特征，吴国琴⑥则采用模糊综合法构建了大别山区旅游扶贫生态绩效评价指标体系。总体而言，学者们对旅游扶贫绩效的研究，内容上相对集中于经济、社会和生态环境三个方面，方法上虽然有一定的创新探索，但仍以构建指标体系的定量方法为主。

2.1.4.3 旅游扶贫效率研究

自 2013 年习近平总书记提出“精准扶贫”理念以后，学者们逐渐关注旅游扶贫效率问题。根据效率的相关含义，旅游扶贫效率是指在特定的时间内，组织的各种旅游扶贫投入与旅游扶贫产出之间的比率关系。旅游扶贫效率与投入呈反比，与产出呈正比⑦。我们通过搜索现有文献数据库

---

① 陈小丽. 基于多层次分析法的湖北民族地区扶贫绩效评价 [J]. 中南民族大学学报（人文社会科学版），2015（3）：76-80.

② 冯伟林，陶聪冲. 西南民族地区旅游扶贫绩效评价研究：以重庆武陵山片区为调查对象 [J]. 中国农业资源与区划，2017（6）：157-163.

③ KOENS K, THOMAS R. "You know that's a rip-off": policies and practices surrounding micro-enterprises and poverty alleviation in South African township tourism [J]. Journal of sustainable tourism, 2016, 24 (10-12): 1-14.

④ 张笑薇. 西部地区旅游扶贫机制选择与绩效评价 [J]. 改革与战略，2016（11）：101-106.

⑤ 张岚，田雅翔. 连片特困地区旅游创业企业扶贫绩效评价：以 FH 县为例 [J]. 商，2016（6）：265-266.

⑥ 吴国琴. 大别山区旅游扶贫生态绩效的实证分析：以豫南 4 个旅游扶贫村为例 [J]. 信阳师范学院学报（自然科学版），2016（3）：376-380.

⑦ 徐宝贵. 要正确分析效率与效能的关系 [J]. 组织人事学研究，1994（3）：48.

发现，虽然经济效率分析在农业、环境等领域得到了较为广泛的应用，但由于研究时间较短，关于旅游扶贫效率的研究在2015年以后才逐渐出现，成果仍十分缺乏[①②③④]。通过分析所获得的相关文献，我们发现其在研究内容上基本是基于样本区的年度数据，定量测算其综合效率、技术效率和规模效率，并从时间维度上比较样本区之间的效率差异及变化趋势，最后以此为依据提出提高旅游扶贫效率的对策。如龙祖坤、杜倩文等运用数据包络分析（DEA）方法，测算了武陵山区2009—2013年的旅游扶贫效率，并根据效率值的时序变化特征将其分为往复式、渐进式和复杂式演进[⑤]。在研究方法上，数据包络分析方法（DEA）已经成为主流。同时，学者们也在积极探索与其他方法的结合，以实现旅游扶贫效率研究在结果准确性以及直观性上的进一步完善。如黎巧荣等[⑥]和龙祖坤等在测算样本区旅游扶贫效率的基础上，借助GIS分析方法进一步从空间维度分析了旅游扶贫效率状况。并且，李光明等[⑦]和丁煜等[⑧]学者也注意到DEA方法在时间序列结果对比上的缺陷，在方法上加入Malmquist指数方法，以考察对比样本区跨期动态旅游扶贫效率。综合来看，旅游扶贫效率研究目前仍是旅游扶贫研究中较新的一个领域，主要以综合效率、技术效率和规模效率为研究内容，方法上以数据包络分析法为主导，并从时间和空间维度展现效率水平的演变和分异特征。

---

① 李光明，马磊. 旅游精准扶贫效率测度及空间分异研究：以新疆阿勒泰地区为例［J］. 新疆社科论坛，2016（5）：22-28.

② 龙祖坤，罗栋，任红丹. 基于扶贫效率的旅游精准扶贫机制构建：以韶山新湖村为例［J］. 湖南财政经济学院学报，2017（1）：63-69.

③ 吴睿，王德祥. 教育与农村扶贫效率关系的实证研究［J］. 中国人力资源开发，2010（4）：5-9.

④ 胡祥勇，范永忠. 中国农村扶贫资金使用效率实证分析［J］. 中南林业科技大学学报（社会科学版），2014（3）：76-80.

⑤ 龙祖坤，杜倩文，周婷. 武陵山区旅游扶贫效率的时间演进与空间分异［J］. 经济地理，2015（10）：210-217.

⑥ 黎巧荣，杨效忠. 基于DEA模型的安徽省大别山贫困片区旅游扶贫效率［J］. 皖西学院学报，2017，33（2）：119-124.

⑦ 李光明，马磊. 旅游精准扶贫效率测度及空间分异研究：以新疆阿勒泰地区为例［J］. 新疆社科论坛，2016（5）：22-28.

⑧ 丁煜，李啸虎. 基于DEA和Malmquist指数的旅游扶贫效率评价研究：以新疆和田地区为例［J］. 新疆财经大学学报，2017（4）：56-65.

2.1.5 旅游扶贫研究述评

通过分析国内外学术成果，我们发现旅游扶贫相关研究主要呈现出以下特征：

（1）国内外学者长期关注旅游扶贫宏观问题的研究，如政策、战略、机制、模式等。国内外学者通过对这些旅游扶贫宏观问题的关注，获得了丰富的研究成果，对旅游扶贫的作用和实施做了某些方向性的解读和阐释。

（2）国外学者更加关注旅游与减贫的关系研究，且部分学者仍质疑旅游的减贫效应。20 世纪 70 年代，国外学者就提出了旅游与减贫关系的问题，此后众多国内外学者也对该问题进行了深入研究。尽管旅游的减贫作用在国内外研究中获得了肯定，但并未达成共识，部分研究者仍对旅游的减贫效应提出了质疑。部分学者还通过实证研究得到了旅游发展与经济增长之间负相关的证据。

（3）国内外学者基于经济学及社会学理论，逐步采用定量化的研究方法。国内采用定量方法研究最多的是旅游扶贫绩效评价；其次是从感知、旅游产业链、旅游扶贫对财政的税收贡献率以及构建多维度指标体系等视角对旅游扶贫效应的评价；另有研究者从乘数理论、时空分异理论、自我发展能力等视角探讨旅游扶贫效应。国外研究者则试图通过经济学的分析方法，采用计量模型诠释旅游的减贫效应。

（4）旅游扶贫效率方面的研究文献仍然严重不足，而且现有少量文献也存在明显的应用不规范、模型构建错误等问题。在旅游扶贫绩效或效应的研究上，国内外学者已经积累了丰富的成果，但是对于旅游扶贫效率的定量研究却甚少。而且在研究方法上，国内学者在研究旅游扶贫绩效时，采用最多的就是构建评价指标体系和问卷调查等方法。在仅有的几篇旅游扶贫效率的研究文献中，采用的都是数据包络分析方法，但是对该方法的应用并不规范。

2.2 理论基础

2.2.1 内生增长理论

内生增长理论（endogenous growth theory）是基于新古典增长理论发展出来的一个宏观经济理论分支。新古典增长理论将资本、人力和技术进步等都作为经济增长的外生变量，认为若要实现经济的可持续增长，需要人力和资本等外部力量的持续推动，若推动力消失，经济也将停止增长。但是，对于实际社会经济环境中，人均产出的持续增长以及人均收入水平的区域差异等事实，新古典增长理论却无法做出科学的经济学解释。20 世纪 80 年代中期，Romer、Lucas 等西方经济学家发展了新古典理论的思想，将知识积累或技术进步作为经济增长的内生变量，从而建立了内生增长理论。相较于新古典增长理论，内生增长理论的核心思想是认为技术进步是经济增长的内生机制，在没有外力推动的情况下，仍然可以依靠内生的技术进步、知识积累等核心变量的作用实现区域经济的持续增长。Romer、Lucas 和 Young 等学者提出了 AK（一种内生增长理论，即技术进步+资本投入）模型、“干中学”模型、知识溢出模型和 R&D（研发）模型等，丰富和推动了内生增长理论的发展。

内生增长理论强调规模收益递增、知识溢出效应以及专业化人力资本积累等，对传统的经济增长理论实现了重大突破①。借助该理论，不仅可以对现实中的某些经济发展事实做出更合理的经济学解释，而且也为区域经济政策制定提供了科学的参考依据。基于内生增长理论，中国要想在旅游扶贫开发实践中实现贫困地区的经济持续增长，应在技术进步、人力资本积累等方面完善政策支持，优化扶贫投资结构，从而提高旅游扶贫开发的技术效率。

2.2.2 比较优势理论

比较优势理论（comparative advantage theory）是在绝对优势理论的基础上提出来的一个重要分析方法。Adam Smith 在 1776 年出版的《国民财

---

① 刘剑. 内生增长理论：综合分析与简要评价［J］. 审计与经济研究，2005（2）：67-72.

富的性质和原因的研究》（简称《国富论》）中系统地提出了绝对优势理论，认为不同国家商品生产的绝对成本优势成就了国家之间的贸易往来，因此，各个国家应选择具有绝对优势的商品进行生产。但是在实际国际贸易来往中，每个国家并不能保证其产品的成本绝对优势，对于这一现象，绝对优势理论无法给出合理的解释。根据当时的贸易情况，David Ricardo 于 1817 年在他的代表作《政治经济学及赋税原理》中正式提出了比较优势理论，认为产品生产成本的相对差异才是实现国际贸易来往的基础，因此，各个国家应选择具有比较优势的产品进行生产并出口，对于具有比较劣势的产品则放弃生产而进行进口。

比较优势是区域分工和区域贸易的基础，各国家（地区）应大力发展具有比较优势的产业，提高资源配置的效率①。比较优势理论为区域社会发展、经济增长的政策制定与实施提供了科学的参考依据。在中国旅游扶贫开发过程中，各扶贫区域也应该借助比较优势理论，着重发掘自身旅游发展优势，不断提高自身竞争力，推进区域旅游合作及产业融合发展，提高旅游产业发展质量，进而提升旅游扶贫效率。

2.2.3 利益相关者理论

利益相关者理论（stakeholder theory）是由 Freeman 于 1984 年在他出版的《战略管理：利益相关者管理的分析方法》一书中提出的企业管理理论。随着利益相关者理论的影响不断扩大，该理论在经济管理领域得到了广泛的应用。利益相关者理论认为，随着企业的发展，企业不仅受所有者的影响，同时也受各利益相关者的影响，这些利益相关者包括企业的股东、员工、消费者、供应商以及政府机构、社区居民等。这些利益相关者不仅受一个组织的目标活动的影响，同时也可以对组织目标的实现产生重要作用。

因此，在各项经济活动的过程中，应充分考虑核心利益相关者的诉求，调动各利益主体的积极性，为实现最终目标而共同贡献力量。作为一项复杂的系统工程，旅游扶贫开发的扶贫质量和效率同样受各利益相关者（参与主体）的影响，如政府部门、贫困人口、旅游企业以及旅游者等。在旅游扶贫过程中，只有合理满足各利益主体的利益诉求，有效协调各利

---

① 姜开宏，陈江龙，陈雯. 比较优势理论与区域土地资源配置：以江苏省为例［J］. 中国农村经济，2004（12）：16-21.

益主体的扶贫行为，充分调动各利益主体参与扶贫减贫的热情，才能推进旅游扶贫的健康发展，最终完成贫困人口脱贫目标。

2.2.4 可持续发展理论

可持续发展理论（sustainable development theory）对人类经济与社会的发展产生了重要而深远的影响。1962 年，Rachel Carson 发表的著作《寂寞的春天》(*Silent Spring*)，引起了社会各界对生态环境问题的广泛关注。她在著作中指出，由于农药污染等人类行为，可能会使我们失去“春光明媚的春天”。1987 年，联合国世界与环境发展委员会发表了《我们共同的未来》(*Our Common Future*) 报告，正式提出了“可持续发展”的概念。随着社会发展理论的不断普及，可持续发展已逐渐成为一种价值观而被社会广泛接受①。可持续发展是指，在满足当代人生存与发展的需要的同时又不会对满足后代人的生存与发展的需要造成危害的发展。公平性、持续性和共同性构成了可持续发展的基本原则，社会、经济和生态是可持续发展的三个核心组成部分。可持续发展理论强调经济的可持续、社会的可持续和生态的可持续，并努力实现三者的协调统一。

根据可持续发展理论的基本思想，人类在生产与生活过程中应主动推进社会公平、经济效率和生态和谐，这样才能实现可持续发展目标。在实施旅游扶贫开发战略过程中，一方面应追求旅游经济质量，推进旅游产业的可持续发展；另一方面还应积极关注贫困地区社会、经济和生态环境的协调统一和可持续发展。只有在推进扶贫减贫目标的过程中，实现贫困人口素质、能力的可持续提高，才能提高旅游扶贫质量和效率。

---

① 章杰宽，姬梅，朱普选. 国外旅游可持续发展研究进展述评 [J]. 中国人口·资源与环境，2013 (4)：139-146.

3　中国旅游扶贫历史回顾[①]

自实施扶贫开发战略以来，中国减贫事业取得了显著成就。旅游扶贫是中国脱贫攻坚的重要模式之一，依托旅游业发展的就业带动性和产业融合性等优势，取得了显著的成效，从而使旅游扶贫模式成了许多贫困地区实现脱贫致富的有效途径。本章在回顾中国历史贫困状况和扶贫政策的基础上，对比分析了实施旅游扶贫开发战略的特征和优势。

3.1　历史贫困人口

3.1.1　历史贫困测算标准

贫困线，又称贫困标准，是居民或家庭为维持基本生活而实现的物品或服务的最低消费水平，通常用货币数量衡量。贫困线作为贫困识别的定量标准，反映了居民或家庭的贫困状态。国内外学者公认，对贫困线的相关研究始于百年前的英国学者 Booth 和 Rowntree。国际上许多国家，特别是印度、越南、印度尼西亚等发展中国家，为了解本国贫困状况，为制定扶贫策略提供合理依据，也相继出台了适用于本国的贫困线标准。但是在贫困线制定中，由于各国状况、测算依据等方面存在诸多差异，所以对各国的贫困状况进行比较十分困难。为此，1990 年，世界银行综合 15 个国家的贫困线标准，通过购买力平价计算后得到了每人每天 1 美元的国际贫困线（以 1985 年为价格基期）。此后，国际贫困线被广泛接受，成为衡量

① 鉴于数据可得性以及前后章节内容衔接需要，本书主要基于 2011—2016 年中国脱贫相关数据进行历史经验的实证分析。

各国贫困水平以及提供国际扶贫的重要标准。

王荣党[①]等学者指出，贫困线具有动态性特征，也就是说受通货膨胀、购买力平价等因素的影响，贫困线应该相应进行调整，且调整后贫困人口的数量可能出现大幅增加的结果。事实正是如此。1994 年，考虑到 1993 年通货膨胀及购买力平价等因素，世界银行将国际贫困线调整为每人每天 1.08 美元。由于该标准与 1 美元标准十分接近，因此“1 美元国际贫困线标准”的传播仍十分广泛。2005 年，世界银行又一次对国际贫困线进行了调整，经过通货膨胀和购买力平价因素的影响测算后，将国际贫困线由 1.08 美元提高到 1.25 美元。2015 年，世界银行根据 2011 年国际购买力平价，再次将国际贫困线上调到 1.90 美元，以维持穷人的购买力水平不变。由此可以看出，贫困线并不是固定不变的，反而应该根据社会经济状况的变化及时进行调整，以便更准确地反映贫困状况，并为进一步扶贫开发政策的实施提供可靠依据。

20 世纪 80 年代，中国为了解国内实际贫困状况、推进扶贫开发工作，通过住户调查等方法制定了以满足基本生存需要为目的的农村贫困标准，该标准根据居民的食物消费和非食物（包括服务）消费的加权计算而得。1985 年，中国国家统计局以农村人均纯收入为标识指标，根据全国农村住户调查资料制定了第一个正式的贫困标准[②]，为一年 206 元。在 1985 年当年价格 206 元的贫困标准中，以每人每天 2 100 大卡的营养标准以及 20%的低收入人群的消费结构来测算食物消费标准，以低收入人群的恩格尔系数来确定非食物消费标准。此后，每 3~5 年，国家统计局会根据农村居民消费价格指数的变化对贫困标准进行更新。根据农村消费价格指数变化，推算出来 1978 年的贫困线为一年 100 元。但是，该计算方法也存在明显的不足，一方面测算标准偏低，仅能维持居民的基本生存；另一方面在非食物消费比重的选择上具有明显的主观性。1997 年，中国采用了世界银行推荐的方法[③④]，利用食品消费支出函数计算非食品最低支出水平，测算得到当年价格的农村贫困标准为一年 640 元。

---

① 王荣党. 效率与公平视角下贫困线优化的哲学支点决断 [J]. 社会科学，2017 (8)：51-58.

② 张全红，张建华. 中国农村贫困变动：1981—2005：基于不同贫困线标准和指数的对比分析 [J]. 统计研究，2010 (2)：28-35.

③ 张全红，张建华. 中国农村贫困变动：1981—2005：基于不同贫困线标准和指数的对比分析 [J]. 统计研究，2010 (2)：28-35.

④ 王小林. 贫困测量：理论与方法 [M]. 北京：社会科学文献出版社，2012：45-66.

随着经济水平以及消费结构的不断变化，为更合理地反映贫困状况和贫困人口规模，中国在2008年和2011年先后进行了两次农村贫困标准调整，以满足农村居民基本的生活需要。因此，中国历史上共经历了三个农村贫困标准，分别是“1978年标准”“2008年标准”和“2010年标准”，如图3-1所示。其中，“1978年标准”，即1978年当年价格的100元的贫困线，如前文所述，是由2 100大卡热量的食品支出以及非食品支出占比等指标测算而得的，是只能让一个人勉强果腹的低水平生存标准。“2008年标准”则是在“1978年标准”的基础上适当增加非食品支出比重，以满足居民的基本温饱需求，在该标准下，2008年当年价格的贫困线为1 196元。“2010年标准”于2011年确定，是健康生存与保障义务教育、基本医疗和住房（“三保障”）的“不愁吃、不愁穿”（“两不愁”）的稳定温饱标准①②③。按照“2008年标准”，2010年的当年价格贫困线为1 274元；而按照“2010年标准”，2010年的当年价格贫困线为2 300元，比“2008年标准”提高了80.5%。根据购买力平价对比，三个标准代表了居民生活水平的不断提高，但同一标准下所表现出的年度数值差异代表的仍是相当的实际生活水平。按照当年标准，2014年、2015年和2016年的当年价格贫困线分别为2 800元、2 855元和2 952元。

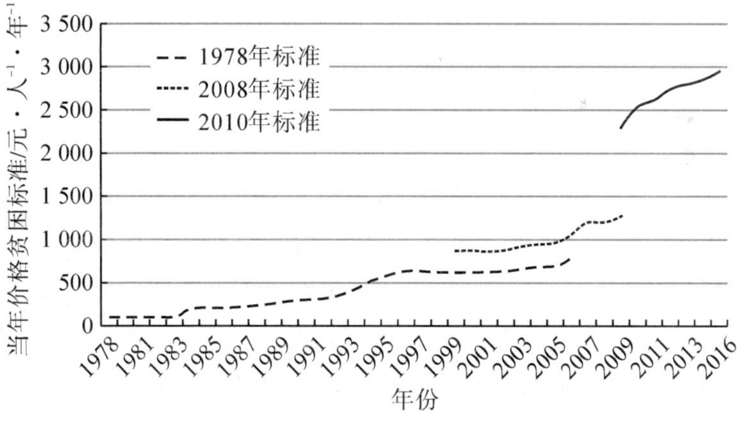

图3 1　1978—2016年中国农村贫困标准变化曲线

资料来源：国家乡村振兴局网站（https:www.nrra.gov.cn）及《中国扶贫开发年鉴（2016）》。

---

① 《中国扶贫开发年鉴》编委会. 中国扶贫开发年鉴（2016）［M］. 北京：团结出版社，2017：785.

② 《中国扶贫开发年鉴》编委会. 中国扶贫开发年鉴（2015）［M］. 北京：团结出版社，2016：749.

③ 鲜祖德，王萍萍，吴伟. 中国农村贫困标准与贫困监测［J］. 统计研究，2016，33（9）：3-12.

在区域贫困状况比较中，国际上实行的 1.90 美元/(人·天）标准为极端贫困线。2008 年，中国已将贫困标准和低收入标准合并为一个扶贫标准①，即中国实行的“农村贫困标准”。而有部分学者在将中国贫困标准与国际贫困标准进行比较时，常存在年份、来源以及测算方法不统一的问题，从而产生了中国贫困线过低、贫困人口测算偏少等诸多问题。在现行标准中，国际贫困标准按 2011 年价格为 1.90 美元/(人·天)。根据世界银行的数据，2011 年，中国农村美元对人民币的购买力平价指数为 3.04②③。2011 年，中国的当年价格农村贫困标准为 2 536 元/(人·年)，换算成美元为 2.29 美元/(人·天)，高出国际贫困线［1.90 美元/(人·天)］0.39 美元，即 20.5%。因此，从贫困标准的比较结果来看，中国的贫困标准要明显高于国际贫困线。时任世界银行中国局局长郝福满也指出，中国现行的贫困标准已经高于世界银行标准④。

3.1.2 历史贫困人口统计

贫困人口主要集中于贫穷农村地区。自 1978 年中国开展扶贫开发以来，先后经历了三次贫困标准调整，即“1978 年标准”“2008 年标准”和“2010 年标准”。由于不同贫困标准的测算依据、方法以及目标不同，不同标准下统计得到的中国农村贫困人口数量也就可能存在明显差异，如表 3-1 和图 3-2 所示。例如，20 世纪 80 年代，出于对中国经济与社会发展状况以及人民基本生活需要等因素的考虑，确定了 100 元（1978 年不变价格）的贫困标准。在这一标准下，1978 年统计得到中国农村贫困人口 2.5 亿人，贫困发生率为 30.7%。但是，2015 年，中国在“两不愁、三保障”的目标指导下，将农村贫困标准修订为 2 300 元（2010 年不变价格）。在 2015 年的贫困标准下，推算得到 1978 年中国农村贫困人口为 7.7 亿人，贫困发生率为 97.5%。因此，通过对比可以看出，分别以“1978 年标准”和“2010 年标准”测算统计的 1978 年中国农村贫困人口数量存在很大的差异。

---

① 王小林. 贫困测量：理论与方法［M］. 北京：社会科学文献出版社，2012：45-66.

② FERREORA F H G, CHEN S, DABALEN A, et al. A global count of the extreme poor in 2012: data issues, methodology and initial results［J］. Journal of economic inequality, 2016, 14 (2): 141-172.

③ 王小林. 贫困测量：理论与方法［M］. 北京：社会科学文献出版社，2012：45-66.

④ 焦梦. 世行中国局局长：中国贫困线标准高于世行［EB/OL］. http://cn.chinagate.cn/news/2015-10/20/content_36841115.htm.

表 3-1　不同贫困标准下中国农村贫困人口及贫困发生率统计

年份	1978 年标准			2008 年标准			2010 年标准		
	贫困人口/万人	当年价格贫困标准/元/(人·年)	贫困发生率/%	贫困人口/万人	当年价格贫困标准/元/(人·年)	贫困发生率/%	贫困人口/万人	当年价格贫困标准/元/(人·年)	贫困发生率/%
1978	25 000	100	30. 7	/	/	/	77 039	366	97. 5
1980	22 000	100	26. 8	/	/	/	76 542	403	96. 2
1985	12 500	206	14. 8	/	/	/	66 101	482	78. 3
1990	8 500	300	9. 4	/	/	/	65 849	807	63. 5
1995	6 540	530	7. 1	/	/	/	55 486	1 511	60. 5
2000	3 209	625	3. 5	9 422	865	10. 2	46 224	1 528	49. 8
2001	2 927	630	3. 2	9 029	872	9. 8	/	/	/
2002	2 820	627	3. 0	8 645	869	9. 2	/	/	/
2003	2 900	637	3. 1	8 517	882	9. 1	/	/	/
2004	2 610	668	2. 8	7 587	924	8. 1	/	/	/
2005	2 365	683	2. 5	6 432	944	6. 8	28 662	1 742	30. 2
2006	2 148	693	2. 3	5 698	958	6. 0	/	/	/
2007	1 479	785	1. 6	4 320	1 067	4. 6	/	/	/
2008	/	/	/	4 007	1 196	4. 2	/	/	/
2009	/	/	/	3 597	1 196	3. 8	/	/	/
2010	/	/	/	2 688	1 274	2. 8	16 567	2 300	17. 2
2011	/	/	/	/	/	/	12 238	2 536	12. 7
2012	/	/	/	/	/	/	9 899	2 625	10. 2
2013	/	/	/	/	/	/	8 249	2 736	8. 5
2014	/	/	/	/	/	/	7 017	2 800	7. 2
2015	/	/	/	/	/	/	5 575	2 855	5. 7
2016	/	/	/	/	/	/	4 335	2 952	4. 5

注：“/”为未公布相关数据。

数据来源：国家统计局历年《中国统计年鉴》《中国农村贫困监测报告》，以及历年《中国扶贫开发年鉴》。

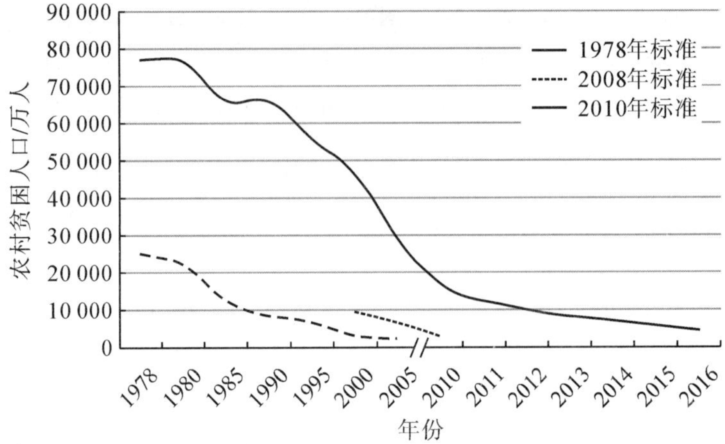

图 3-2　1978—2016 年中国农村贫困人口变化曲线

数据来源：国家乡村振兴局网站（https:www.nrra.gov.cn）及《中国扶贫开发年鉴（2016）》。

按照当年农村贫困标准测算，如图 3-3 所示，2016 年中国农村贫困人口为 4 335 万人，比 2015 年的 5 575 万人减少了 1 240 万人，贫困发生率也由 2015 年的 5.7%下降为 4.5%，下降了 1.2 个百分点。2016 年的减贫目标超额完成。从 2012—2016 年减贫结果对比来看，2012 年中国农村贫困人口为 9 899 万人，贫困发生率为 10.2%。因此，相较于 2011 年，至 2016 年，这 5 年中国农村贫困人口共减少 5 564 万人，贫困发生率下降了 5.7 个百分点，年均减少农村贫困人口超过 1 100 万。这说明在当年，特别是在脱贫攻坚阶段，中国农村扶贫开发政策具有良好的引导性，而且在推进过程中得到了实践的检验。

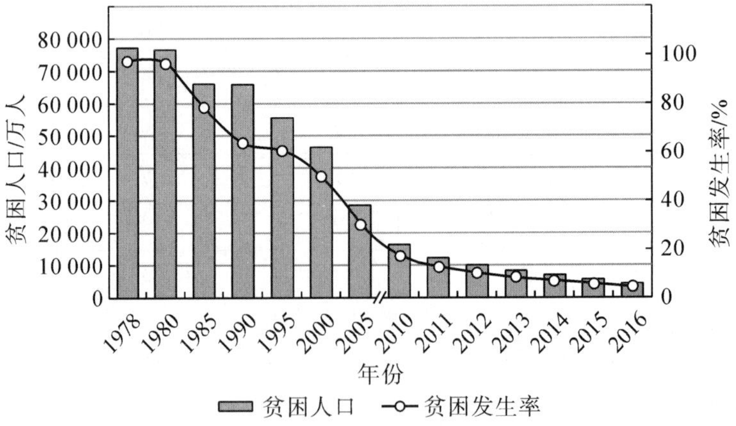

图 3-3　1978—2016 年中国农村贫困人口及贫困发生率变化趋势（2010 年标准）

如表3-2所示，从中国东、中、西部①的区域减贫成效来看，2016年，中国西部地区减少农村贫困人口663万人，贫困发生率下降至7.8%；中国中部地区减少农村贫困人口413万人，贫困发生率下降至4.9%；中国东部地区减少农村贫困人口163万人，贫困发生率下降至1.4%。2016年，中国西部地区农村贫困人口数量最多，仍占全国农村贫困人口总数的一半以上；中部地区农村贫困人口的比例超过了35%，东部地区农村贫困人口的数量仅占全国的11.3%。2016年，西部民族地区仍是中国扶贫攻坚的主战场。中国西部地区扶贫开发也取得了显著的成绩，贫困发生率由2011年的21.9%下降至2016年的7.8%，5年下降了14.1个百分点。在中国西部少数民族地区，地理环境恶劣，基础设施建设严重落后，工业产业基础薄弱，造成了比较普遍的贫困状况。

表3-2　中国分地区农村贫困人口及贫困发生率统计（2010年标准）

年份	西部地区		中部地区		东部地区	
	贫困人口/万人	贫困发生率/%	贫困人口/万人	贫困发生率/%	贫困人口/万人	贫困发生率/%
2011	6 345	21.9	4 238	13.1	1 655	4.7
2012	5 086	17.5	3 446	10.6	1 367	3.9
2013	4 209	14.5	2 869	8.8	1 171	3.3
2014	3 600	12.4	2 461	7.5	956	2.7
2015	2 914	10.0	2 007	6.2	653	1.8
2016	2 251	7.8	1 594	4.9	490	1.4

资料来源：2016年和2017年《中国农村贫困监测报告》。

中国推行的扶贫开发战略为全球贫困治理做出了巨大贡献。如表3-3所示，按照1.90美元/（人·天）（2011年不变价格）的国际贫困标准，1981—2015年，全球贫困人口减少了12.75亿人，其中中国减少数量为8.20亿人，占全球贫困人口减少总数的64.3%。按照现行国际贫困标准，全球贫困发生率由1981年的44.30%下降至2015年的9.60%，下降了

① 按照《中国统计年鉴》发布的地区划分标准，东部地区包括：北京、天津、河北、辽宁、上海、江苏、浙江、福建、山东、广东和海南11省份；中部地区包括：山西、吉林、黑龙江、安徽、江西、河南、湖北和湖南8省份；西部地区包括：内蒙古、广西、重庆、四川、贵州、云南、西藏、陕西、甘肃、青海、宁夏和新疆12省份。不包含港、澳、台地区。

34.7 个百分点；中国的贫困发生率由 1981 年的 88.32%下降至 2015 年的 4.20%，下降了 84.12 个百分点；中国贫困人口占全球贫困人口总数的比重也由 1981 年的 43.95%下降至 2015 年的 8.18%。中国在减贫规模和速度上远远领先于其他国家。在"2015 减贫与发展高层论坛"上，习近平主席指出："2015 年，联合国千年发展目标在中国基本实现。中国是全球最早实现千年发展目标中减贫目标的发展中国家，为全球减贫事业做出了重大贡献。"① 联合国开发计划署发布的《千年发展目标：2015 年报告》也指出，中国在全球减贫中发挥了核心作用②。

表 3-3　中国与全球贫困状况比较（每人每日 1.90 美元标准）

年份	贫困人口			贫困发生率/%	
	全球/万人	中国/万人	占比/%	全球	中国
1981	199 728	87 780	43.95	44.30	88.32
1984	195 526	78 540	40.17	41.16	75.75
1987	186 455	65 953	35.37	37.25	60.84
1990	195 857	75 581	38.59	37.10	66.58
1993	191 670	67 171	35.05	34.65	57.00
1996	171 579	51 198	29.84	29.69	42.05
1999	175 145	50 786	29.00	29.08	40.54
2002	164 512	40 909	24.87	26.29	31.95
2005	140 101	24 445	17.45	21.59	18.75
2008	125 390	19 406	15.48	18.65	14.65
2010	111 975	14 956	13.36	16.27	11.18
2011	98 333	10 619	10.80	14.12	7.90
2012	89 670	8 739	9.75	12.73	6.47
2015	70 200	5 700	8.18	9.60	4.20

注：2015 年数据为世界银行预测值。

资料来源：王小林. 贫困测量：理论与方法［M］. 2 版. 北京：社会科学文献出版社，2017：57-71.

① 人民网. 习近平：中国是全球最早实现千年发展目标中减贫目标的发展中国家［EB/OL］. http://politics.people.com.cn/n/2015/1016/c1001-27706083.html.

② 联合国. 千年发展目标：2015 年报告［R］. 2015：15.

3.2 历史贫困地区分布

自1986年成立国务院扶贫开发领导小组后，中国便进入了大规模的扶贫开发阶段。至2016年，扶贫开发机制已由向贫困区域（贫困县）瞄准逐渐转变为向集中连片特困地区瞄准。

3.2.1 国家贫困县

1986年，中国确定了第一批国家贫困县，作为扶贫开发的重点帮扶区域（对象）。此后，国家于1994年、2001年和2012年先后进行了三次名单调整。1986年，经国务院扶贫开发领导小组认定，将1985年农民年人均纯收入低于150元的县认定为国家贫困县，列入国家重点扶持范围。同时，部分民族地区以及革命老区的县也列入了国家扶持范围，其中，民族农牧区县的农牧民年人均纯收入应低于200元，革命老区县的农民年人均纯收入应低于300元[①]。由此确定第一批国家贫困县共258个。1994年，国务院颁布实施《国家八七扶贫攻坚计划（1994—2000年）》，对贫困县的扶持标准进行调整，由原来的"1985年农民年人均纯收入150元"调整为"1992年农民年人均纯收入400元"，并且不再对民族农牧区县和对国家做出贡献的革命老区进行单独画线。根据该计划方案，中国已进入扶贫攻坚时期，并于计划期内努力解决8 000万贫困人口的基本温饱问题。这一时期，中国贫困县的数量增加至592个，成为扶贫攻坚的主战场[②]。

2001年，国务院颁布实施《中国农村扶贫开发纲要（2001—2010年）》，重新划定了592个国家贫困县，并将名称改为"国家扶贫开发重点县"。在评定标准上也进行了较大调整，主要采用"631指数法"进行评定，即在所有的贫困县中，应有60%的贫困人口占比、30%的农民年人均纯收入低县区数占比以及10%的人均CDP和人均财政收入低县区数占比。虽然国家贫困县的数量未发生变动，但东部发达省份的33个贫困县被

① 杨颖. 中国农村反贫困研究：基于非均衡发展条件下的能力贫困［M］. 北京：光明日报出版社，2011：47-52.

② 黄承伟，王萍萍，吴国宝，等. 中国扶贫开发报告（2016）［M］. 北京：社会科学文献出版社，2016：13-15.

取消，增加了西部贫困地区贫困县的数量。在国家贫困县评定以后，中国政府有关部门不断完善国家贫困县的考核及退出机制，对于经济水平已相对发达的贫困县实行强制退出机制，合理解决贫困县“不愿摘帽”等问题。2012 年 3 月，国务院公布最新国家扶贫开发重点县（国家贫困县）名单，维持 592 个贫困县总数不变，平果县、南丹县和广平县等 38 个区县被调出，上林县、昭平县和平乡县等 38 个区县被调入①。此次扶贫开发工作重点县的调整，主要由地方省级行政部门审批管理，根据《中国农村扶贫开发纲要（2001—2010 年）》的指导思想，采用“出一进一”的原则进行调整，调入的为本省内经济发展相对滞后的县区。2015 年，党的十八届五中全会提出到 2020 年全面建成小康社会，并在当年标准下完成所有贫困县“摘帽”，实现中国农村贫困人口全部脱贫。

针对确定的扶贫开发工作重点县，中国政府实施了一系列优惠与鼓励政策，如在中央及地方扶贫开发资金投入分配中，主要用于扶贫重点县发展，并向西部贫困地区、贫困民族地区、贫困边疆地区以及革命老区倾斜；在人才培养方面，加强支持贫困地区人才技能培训，鼓励国内各行业人才到贫困地区就业与服务；同时，建立生态补偿机制，加大贫困县生态补偿力度②。从实施效果来看，国家扶贫开发工作重点县的确定，不仅明确了阶段性扶贫开发工作的重心，保障了扶贫开发资金投入分配的集中有效，同时也有助于区域性贫困问题的精准识别，促进了所扶持县区经济与社会的快速发展，显著提升了当地贫困人口的生活水平。如图 3-4 所示，在 2 300 元的当年贫困标准（2010 年不变价格）下，2011—2016 年中国扶贫开发工作重点县的农村贫困人口由 6 112 万人减少至 2 219 万人，年均减贫人口 648. 8 万人；2011—2016 年中国扶贫开发工作重点县的贫困发生率由 29. 2%下降至 10. 5%，年均下降 3. 1 个百分点，下降速度高于全国平均水平（2011—2016 年，全国贫困发生率年均下降幅度为 2. 1 个百分点）。从总体来看，中国针对扶贫开发工作重点县开展的资金投入、人才培养以及生态补偿等一系列优惠扶持政策，在扶贫减贫上取得了显著的成效。

---

① 万海远. 为什么争当贫困县？[J]. 南风窗，2014（5）：29-31.

② 黄承伟，王萍萍，吴国宝，等. 中国扶贫开发报告（2016）[M]. 北京：社会科学文献出版社，2016：13-14.

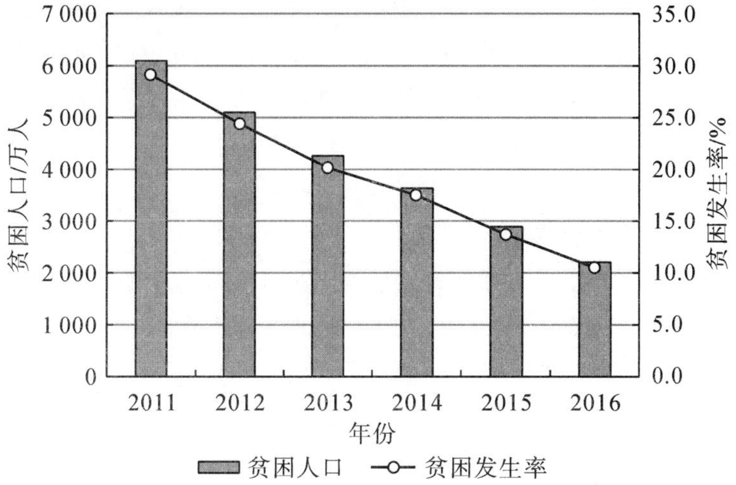

图 3-4　2011—2016 年国家扶贫开发重点县农村贫困人口及贫困发生率变化趋势（2010 年标准）

数据来源：国务院扶贫办《中国农村贫困监测报告 2017》。

3.2.2　集中连片特困地区

在如期完成《中国农村扶贫开发纲要（2001—2010 年）》的目标任务后，中国贫困人口分布出现了“大分散、小集中”的新特征，主要集中于一些连片特困地区①。2011 年，国务院颁布《中国农村扶贫开发纲要（2011—2020 年）》，明确指出将集中连片特困地区作为脱贫攻坚的主战场，而对于扶贫开发重点县，则提出支持力度和支持政策不变，各省级单位应采取措施逐步实现重点县数量减少。14 个集中连片特困地区分别为六盘山区、秦巴山区、武陵山区、乌蒙山区、滇黔桂石漠化区、滇西边境山区、大兴安岭南麓山区、燕山—太行山区、吕梁山区、大别山区、罗霄山区、西藏区、四省涉藏地区和新疆南疆三地州，共包括 680 个县区，其评定标准以 2007—2009 年三年间县域人均 GDP、人均财政收入和农民人均纯收入为主，同时考虑向革命老区、民族地区以及边疆地区倾斜②。

① 冷志明，游俊，丁建军. 中国连片特困区研究（2013—2016）［M］. 北京：社会科学文献出版社，2017：3-38.

② 王武林，黄晓燕，曹小曙. 1980—2010 年中国集中连片特困地区公路可达性演化研究［J］. 地理科学，2016（1）：29-38.

《中国农村扶贫开发纲要（2011—2020 年）》也从专项扶贫、行业扶贫、社会扶贫和国际合作等方面，提出了促进 14 个集中连片特困地区扶贫开发的策略。从实施成果来看，如图 3-5 所示，在现行贫困标准（每人每年 2 300 元，2010 年不变价格）下，2011—2016 年全部片区的农村贫困人口数量由 6 035 万人减少至 2 182 万人，年均实现 687. 2 万农村贫困人口脱贫；贫困发生率也由 29. 0%下降至 10. 5%，年均下降 3. 1 个百分点，下降速度高于全国平均水平，减贫效果显著。2011—2016 年的六年间，全部片区农村贫困人口减少 4 123 万人，约占全国农村总减贫规模（8 103 万人）的 51%。

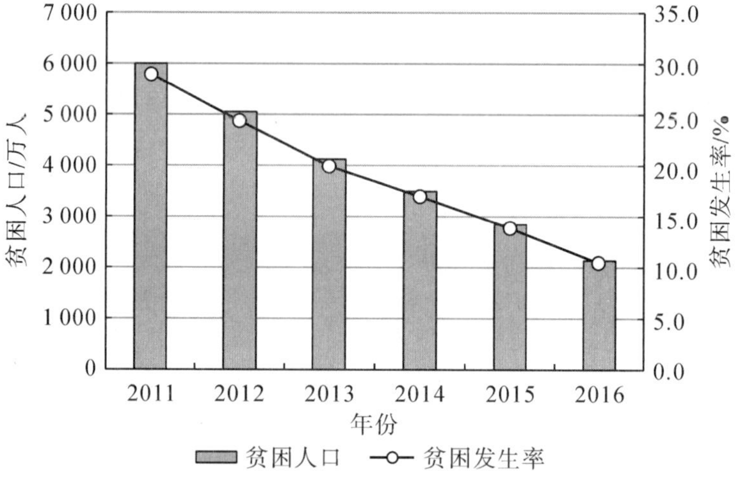

图 3-5　2011—2016 年集中连片特困地区农村贫困人口及贫困发生率变化趋势（2010 年标准）

如表 3-4 和表 3-5 所示，从各片区的减贫对比来看，2011—2016 年，秦巴山区的农村贫困人口减少数量最多，六年间共实现 559 万贫困人口脱贫，贫困发生率也由 2011 年的 27. 6%下降至 2016 年的 9. 1%，低于片区平均水平。2016 年，六盘山区、秦巴山区、武陵山区、乌蒙山区、滇黔桂石漠化区和大别山区六个片区各自的农村贫困人口规模仍超过 200 万人，其农村贫困人口总和占全部片区的 77. 5%；滇西边境山区的农村贫困人口规模也超过了 100 万人。从贫困发生率来看，2016 年，六盘山区、乌蒙山区、滇西边境山区、滇黔桂石漠化区、燕山—太行山区、吕梁山区、西藏区、四省涉藏地区和新疆南疆三地州等 9 个片区的贫困发生率均高于全部片区的平均水平，而大别山片区和罗霄山片区的贫困发生率较低，均低于8.0%。

表3-4　2011—2016年集中连片特困地区农村贫困人口统计

单位：万人

序号	片区名称	2011年	2012年	2013年	2014年	2015年	2016年
1	六盘山区	642	532	439	349	280	215
2	秦巴山区	815	684	559	444	346	256
3	武陵山区	793	671	543	475	379	285
4	乌蒙山区	765	664	507	442	373	272
5	滇黔桂石漠化区	816	685	574	488	398	312
6	滇西边境山区	424	335	274	240	192	152
7	大兴安岭南麓山区	129	108	85	74	59	46
8	燕山—太行山区	223	192	165	150	122	99
9	吕梁山区	104	87	76	67	57	47
10	大别山区	647	566	477	392	341	252
11	罗霄山区	206	175	149	134	102	73
12	西藏区	106	85	72	61	48	34
13	四省涉藏地区	206	161	117	103	88	68
14	新疆南疆三地州	159	122	104	99	90	73
—	全部片区	6 035	5 067	4 141	3 518	2 875	2 182

数据来源：国务院扶贫办《中国农村贫困监测报告2017》。

表3-5　2011—2016年集中连片特困地区农村贫困发生率统计　单位:%

序号	片区名称	2011年	2012年	2013年	2014年	2015年	2016年
1	六盘山区	35.0	28.9	24.1	19.2	16.2	12.4
2	秦巴山区	27.6	23.1	19.5	16.4	12.3	9.1
3	武陵山区	26.3	22.3	18.0	16.9	12.9	9.7
4	乌蒙山区	38.2	33	25.2	21.5	18.5	13.5
5	滇黔桂石漠化区	31.5	26.3	21.9	18.5	15.1	11.9
6	滇西边境山区	31.6	24.8	20.5	19.1	15.5	12.2

表3-5(续)

序号	片区名称	2011 年	2012 年	2013 年	2014 年	2015 年	2016 年
7	大兴安岭南麓山区	24.1	21.1	16.6	14.0	11.1	8.7
8	燕山—太行山区	24.3	20.9	17.9	16.8	13.5	11
9	吕梁山区	30.5	24.9	21.7	19.5	16.4	13.4
10	大别山区	20.7	18.2	15.2	12.0	10.4	7.6
11	罗霄山区	22.0	18.8	15.6	14.3	10.4	7.5
12	西藏区	43.9	35.2	28.8	23.7	18.6	13.2
13	四省涉藏地区	42.8	38.6	27.6	24.2	16.5	12.7
14	新疆南疆三地州	38.7	33.6	20.0	18.8	15.7	12.7
—	全部片区	29.0	24.4	20.0	17.1	13.9	10.5

数据来源：国务院扶贫办《中国农村贫困监测报告 2017》。

3.3 旅游扶贫政策历史变迁

随着中国旅游业的不断发展，旅游业的扶贫减贫成效也逐渐显现，旅游扶贫模式开始引起学者及政府部门的广泛关注。1986 年，全国人大审议通过《国民经济与社会发展第七个五年计划（1986—1990 年）》，首次将旅游业正式纳入社会经济发展计划内容。借助国家的部分扶持资金及政策，一些旅游资源比较丰富但经济相对贫困的地区获得了良好的发展机遇，自此也拉开了旅游扶贫的序幕①。1991 年，贵州省率先提出“旅游扶贫”口号，1996 年，原国家旅游局正式提出“旅游扶贫战略”。在这一时期，与其他扶贫方式相比，旅游扶贫模式的减贫作用以及社会意义，并未得到广泛的重视和认可。

进入 21 世纪以后，随着中国旅游市场的持续扩大，国内旅游以及出入境旅游快速发展，旅游业凭借自身广阔的市场优势、充分的产业活力以及对经济、就业的积极带动作用，在中国扶贫开发进程中扮演了越来越重要

① 丁焕峰. 国内旅游扶贫研究述评［J］. 旅游学刊，2004，19（3）：32-36.

的角色，已成为中国扶贫攻坚的崭新生力军[①]。2001 年，国务院印发《关于进一步加快旅游业发展的通知》，提出地方政府应大力发展生态旅游、都市旅游等多种旅游形态，并有序推进旅游扶贫示范区的规划建设，依托旅游业的发展帮助贫困人口提高生活水平。2009 年 12 月，国务院印发《关于加快发展旅游业的意见》，旅游业首次被定位为“国家战略性支柱产业”，并提出有条件或旅游资源丰富的地方应规范发展“农家乐”“民族村寨”等特色旅游项目，大力实施乡村旅游富民工程，带动当地社会与经济的发展。

原国家旅游局在 2009 年正式成为国务院扶贫办（现为国家乡村振兴局）领导小组成员后，与其他部门相继联合颁布了一系列针对旅游扶贫的优惠扶持政策。自 2010 年起，原国家旅游局和原农业部共同推进了“全国休闲农业和乡村旅游示范县和全国休闲农业示范点”创建活动，不仅有利于农村地区乡村旅游的标准化、产业化和可持续化发展，也有力地带动了农村居民的就业与创业，改善了农村居民的生活环境，提高了农村居民的生活水平。2011 年 12 月，国务院颁布《中国农村扶贫开发纲要（2011—2020 年）》，在专项扶贫策略中提出，贫困地区应主动依托自身优势条件，充分挖掘旅游资源，建设特色旅游项目，从而推进旅游扶贫开发进程。2014 年，国家发展改革委、原国家旅游局与国务院扶贫办等部门联合发布《关于实施乡村旅游富民工程　推进旅游扶贫工作的通知》，提出从基础设施建设、乡村旅游建设、精品景区辐射、乡村旅游竞争力提升以及旅游人才培训等方面，全面实施乡村旅游富民工程，增强贫困地区内生发展动力，到 2020 年实现 1 200 万贫困人口顺利脱贫致富目标。

自 2013 年习近平总书记提出“精准扶贫”理念后，旅游扶贫也逐渐向精准模式转变。2014 年 8 月，国务院发布《关于促进旅游产业改革发展的若干意见》，首次提出“旅游精准扶贫”的概念。2016 年 5 月，原国家旅游局、国家发展改革委和原农业部等部门联合印发《贫困地区发展特色产业促进精准脱贫指导意见》，提出发展休闲农业、乡村旅游和森林旅游等产业扶贫策略，以丰富贫困人口的就业和创业方式。2016 年，国务院印发《“十三五”旅游业发展规划》，继续推进乡村旅游发展建设，鼓励创新

---

① 李金早. 实施旅游扶贫 助力全面小康［EB/OL］. http://www.cnta.gov.cn/xxfb/jdxwnew2/201511/t20151106_750941.shtml.

乡村旅游组织方式和合作模式，拓宽贫困人口的旅游产业参与渠道，通过乡村旅游健康发展促进贫困人口就业与创业，激发贫困地区经济活力；同时还指出，应充分开发和利用集中连片特困地区和革命老区的红色旅游资源，因地制宜，实施红色旅游富民工程。2017 年，为促进乡村旅游发展提质升级，进一步发挥乡村旅游在稳增长、促消费、减贫困、惠民生等方面的积极作用，国家发展改革委、原国家旅游局以及国务院扶贫办等部门联合制定《促进乡村旅游发展提质升级行动方案（2017 年）》，提出从投融资渠道、政策长效机制以及区域差异化管理等方面，进一步提升乡村旅游业的发展质量的同时，实现贫困地区社会经济发展和居民生活水平的提高。2018 年 1 月，原国家旅游局和国务院扶贫办又印发了《关于支持深度贫困地区旅游扶贫行动方案》，提出通过实施旅游扶贫规划攻坚、人才培养和精品开发等一系列工程举措，推进“三区三州”（“三区三州”的“三区”是指西藏自治区和青海、四川、甘肃、云南四省涉藏地区以及南疆的和田地区、阿克苏地区、喀什地区、克孜勒苏柯尔克孜自治州；“三州”是指四川凉山彝族自治州、云南怒江傈僳族自治州、甘肃临夏回族自治州）等深度贫困地区的旅游业快速发展，从而带动当地经济发展和贫困人口脱贫致富。

综上所述，可以看出，自中国实施扶贫开发战略以来，旅游扶贫模式经历了“初期探索—地位确立—深入推广—机制创新”的渐进式发展过程。原国家旅游局、国务院扶贫办等各级部门对旅游扶贫战略的政策保障和创新举措，也随着扶贫形势的不断变化而越来越具体化和体系化。

3.4 旅游扶贫的特征

通过分析近年中国旅游扶贫的开展情况，以及对比不同贫困地区实施旅游扶贫模式的减贫成果，我们可总结出旅游扶贫的一些基本特征：

3.4.1 旅游扶贫开发需依托丰富的旅游资源

旅游资源是旅游产业发展的基础，旅游发展则是实施旅游扶贫战略的前提。因此，在实行旅游扶贫模式时，需对贫困地区的基础条件、资源状况以及人力资本等进行科学合理的评价。旅游资源包括自然资源和人文资源，如山川、湖泊等属于自然旅游资源，民俗民风、节日庆典等则属于人文旅游资源。旅游扶贫应依托贫困地区自身的特色资源开展旅游活动，吸引游客游览与消费，从而带动提高本地经济发展水平。

但是并不是所有的贫困地区都适合推行旅游扶贫模式，有的地区自然和人文旅游资源都十分缺乏，而且公共基础设施建设严重滞后，可进入性差，这样的贫困地区并不满足发展旅游产业的基础条件。在这种情况下勉强实施旅游扶贫战略，不仅会造成前期投入资源浪费，也必然无法达到扶贫减贫的效果。同时，仍需强调的是，旅游扶贫过程中必须确定贫困人口的主体地位，只有在旅游发展的过程中带动贫困地区经济增长，帮助贫困人口摆脱贫困，才符合旅游扶贫的理念。贫困地区的贫困人口同样构成了人文旅游资源的一部分，如广西三江侗寨喝油茶、吃百家宴等活动已成为当地最具特色的旅游项目。除此之外，很多贫困地区依托自身资源优势，还开发了如人文遗产旅游、民俗体验游等旅游扶贫形式。因此，只有丰富的旅游资源才有利于旅游产业的发展，只有丰富的旅游资源才能保障贫困地区旅游扶贫模式的顺利开展。

3.4.2 旅游扶贫开发需要政府起主导作用

中国旅游扶贫开发长期实行政府主导型模式。脱贫攻坚是中国最艰巨的任务，政府、企业、居民和旅游者等构成了旅游扶贫开发的相关主体，只有在政府主导下，才能有力地推进脱贫攻坚工程。

政府的主导作用主要体现在以下方面：首先，中国实行贫困人口建档立卡制度，并建立全国贫困信息数据库，而贫困地区、贫困人口的精准识别以及贫困地区的监测和评估都需要政府部门主导执行，贫困户的申请、审核等环节也需要政府部门管理。其次，旅游扶贫开发需要政府的合理引导。政府应根据贫困地区的资源条件、经济状况等，合理引导贫困地区选择扶贫模式。同时，在旅游扶贫模式施行过程中，政府应制定合理的保障和激励政策，推进扶贫工作的顺利进行。此外，在旅游市场形成后，政府部门还应承担市场环境监督管理的职责，以保障旅游发展的稳定，维持良好的市场秩序。并且在旅游扶贫开发过程中，政府应通过制定相关政策来保障贫困人口的利益，真正实现扶贫减贫的目的。

但是，政府的主导作用也不是无限制的。在旅游市场运行过程中，政府主要行使监管职责，不能过多干预市场而降低了旅游扶贫效率。作为旅游扶贫主体之一，企业在开展商业活动过程中，在保证公平、提高效益的同时，还应积极承担相应的社会责任，为扶贫攻坚贡献力量。

3.4.3　旅游扶贫需要与其他产业融合发展

要提高贫困地区旅游扶贫的效率，需要推进旅游业与其他产业的融合发展。产业融合已经成为诸多产业转型升级、提高效率的现实选择。产业融合发展有助于促进旅游扶贫机制创新，有助于贫困地区实现全域旅游发展，提高旅游业发展质量和区域竞争力。通过对比中国旅游扶贫实施效果较好的贫困地区可以发现，在旅游扶贫发展过程中，若能实现与其他产业的有效融合，其减贫效果普遍十分显著。如旅游业与农业进行产业融合，按照全域旅游的要求，在贫困人口集中地区发展特色农业，开展乡村旅游，既满足了贫困人口的就业需求，同时又在旅游产品类型上也更加丰富，更加突出本地特色。如旅游业与手工业进行融合发展，可以有效促进手工产品的销售，从而提高贫困人口的收入。

中国贫困人口大多分布在农村、山区或边境地区，在旅游扶贫开发过程中，若以传统发展方式开展旅游业，一方面，形式非常单一，贫困地区的农业、养殖业等行业无法得到合理的规划和有力的扶持；另一方面，作为扶贫的核心主体之一，贫困人口很难参与到传统旅游产业的经营与服务活动中去，贫困人口被隔离在旅游产业之外，脱离了旅游扶贫的根本目的。

3.4.4　旅游扶贫模式能实现贫困地区的可持续发展

旅游业通常被称为最具活力的朝阳产业和无烟产业，而且旅游业又具有很强的带动性和融合性特征。基于这些优势，旅游产业发展在扶贫减贫过程中起到了对当地经济、社会及就业的持续促进作用。

首先，自然生态资源和文化资源是发展旅游业的基础条件。因此，在依托旅游产业实施扶贫开发时，需要对自然生态环境进行合理挖掘和保护，由此实现生态环境系统的可持续发展。其次，贫困地区发展旅游业也可以促进社会和谐稳定，形成开放、包容的社会环境。旅游业的发展，促进了当地居民的精神文化水平提升，更快地接受先进的技术和理念。旅游业是包含食、住、行、游、购、娱等内容的综合性产业，在发展过程中逐渐形成了与地产、农业、工业以及金融等行业融合发展的态势。不同产业的融合发展，不仅增强了本地的经济活力，同时也有利于促进科技创新，优化产业结构，形成新的产业形态，提升本地产业经济竞争力，提高居民生活水平。最后，依靠旅游业较强的就业吸纳能力，旅游扶贫模式能够有效解决贫困地区的就业难题，解决贫困地区“空心村”“留守人口”等问题，将年轻的社会劳动力留在本地，提升本地区的社会朝气和经济活力，提升居民的生活幸福感。

本章主要对中国的扶贫历史以及旅游扶贫的特征进行了分析和总结。首先，从与国际贫困标准的对比出发，回顾了中国扶贫开发进程中贫困标准的演进变化。自20世纪80年代以来，中国先后颁布了三个农村贫困标准，分别是“1978年标准”“2008年标准”和“2010年标准”，不同的标准下所测算的贫困人口数量也存在一定的差异。其次，中国扶贫主战场也发生了变化。1986年，中国确定了国家贫困县，并将其作为扶贫开发的重点帮扶区域（对象）。2011年，中国根据当年的扶贫形势划定14个集中连片特困地区作为新时期脱贫攻坚的主战场，扶贫开发也逐渐向精准模式转变。最后，本章在分析中国旅游扶贫政策变迁的基础上，总结了中国旅游扶贫的主要特征，认为资源依托、政府主导以及与其他产业融合发展是中国旅游扶贫的主要特征，并且指出能够实现贫困地区的可持续发展是旅游扶贫模式的突出优势。

4 中国旅游扶贫创新实践案例

4.1 广西：创建特色旅游名县①

广西壮族自治区是中国扶贫开发工作的重点区域之一，原国务院扶贫办 2012 年发布的“国家扶贫开发重点县名单”中，广西共有 28 个县（市、区）属于国家扶贫开发工作重点县，且多年来农村贫困发生率均高于全国平均水平。为实施旅游扶贫战略，推进广西旅游强区建设，2013 年广西颁布了《关于加快旅游业跨越发展的决定》，提出根据各县的自身资源特色及发展条件，在全区创建一批具有广西特色旅游名县。广西创建特色旅游名县品牌工程，不仅有利于提高广西旅游产业的发展质量，提升广西旅游发展的知名度和竞争力，同时还有利于促进贫困县区扶贫开发，并积极推进贫困人口脱贫致富。

4.1.1 体制机制创新

广西在创建特色旅游名县（简称“创特县”）工作中，重点推动了三个方面的体制机制创新：

（1）加大政策支持力度。广西着眼构建全区大旅游综合协调管理体制，成立自治区创建特色旅游名县工作领导小组，并由自治区领导联系指导创建特色旅游名县，推动各级各部门将“创特县”工作列为“一把手”工程，推动形成重视旅游、支持旅游、发展旅游的大环境。自治区专门出台《加快创建广西特色旅游名县的若干支持和激励政策》，自治区财政每

① 清馨园林. 广西着力打造特色旅游名县［EB/OL］. http://www.qingxinyuanlin.com/news/trade/1843.html.

年优先安排一定资金专项支持“创特县”工作。2013 年以来，自治区整合各专项资金近 12 亿元推动创建工作，拉动社会总投资 450 多亿元，有力地支持了县域旅游发展。经过努力，广西 14 个设区市中已有 12 个市开通运营高铁动车，80%的县份开通高速公路，南宁、桂林机场航线已基本实现对东盟十国首都或旅游重点城市全覆盖，为广西旅游发展注入了强劲动力。

（2）引入竞争机制。广西建立和完善了“创特县”的相关考核激励机制，首批筛选出 20 个创建县，在财政、金融、国土、规划、环保、项目建设、人才培训等十几个方面予以重点扶持，将“创特县”关键性旅游项目优先安排列入自治区统筹推进的重大项目，在推进“县县通高速”等重要基础设施建设中给予优先考虑。按照统一标准，经第三方组成专门评定机构，每年对创建县评定一次，合格的予以挂牌，工作推进不力、成效不佳的限期 1 年整改，整改后仍无明显进步的，从创建县名单中剔除，不搞滥竽充数、降格以求。2014 年以来，经过严格考评，阳朔、兴安、东兴、龙胜、金秀、凭祥成为广西特色旅游名县，空出的“创特县”名额从 13 个备选县中竞选增补，一环带一环，激活了全区县域旅游发展的“一池活水”。对评定挂牌的广西特色旅游名县，广西一次性给予资金奖励并继续享受创建期间的各项优惠政策，每两年复核一次，有进有出，不搞终身制，促进了各地之间的比学赶超和良性竞争。

（3）拓宽旅游投入渠道。针对旅游业投入大、回收期长、筹措资金难的问题，广西创新思路，拓宽渠道，充分利用各类资金和资源助力旅游业发展，实现共建共享、联动发展，重点抓好“四个结合”：一是结合现代特色农业示范区建设，发展生态观光农业。全区启动创建自治区级现代特色农业示范区 106 个，已认定 30 个自治区级现代特色农业（核心）示范区，像南宁的“美丽南方”、玉林的“五彩田园”、贵港的“四季花田”等已经成为当地的知名旅游品牌。二是结合“美丽广西”乡村建设，发展乡村旅游。从 2013 年起，广西用 8 年时间持续推进“美丽广西”乡村建设。经过 3 年努力，广西农村环境明显改善，乡村旅游也得到快速发展，2016 年接待游客 1.47 亿人次，乡村旅游总消费约 840 亿元，成为县域旅游发展新的增长点。三是结合精准脱贫工作，促进旅游发展成果共享。广西把发展旅游作为产业扶贫的重要举措，大力推动贫困地区旅游业加快发展，实现旅游发展与脱贫攻坚的共赢。四是结合“高铁经济带”建设，大力发展“高铁旅游带”。广西把发展旅游作为与周边省份共建“高铁经济带”的重头戏，在沿线市县着力打造一批旅游新热点，共建区域旅游合作“朋友圈”，吸引了大批国内外游客，成为旅游业与时俱进升级发展的一大亮点。

4.1.2 彰显区域特色

广西立足自身优势，积极探索符合中央要求、切合广西实际、具有壮乡特色的县域旅游发展路子。

（1）坚持规划先行。遵循旅游发展的客观规律，加强谋篇布局，力求做到高水平规划、高标准建设、高品位发展。坚持发展空间全域规划、旅游景观全域优化、旅游服务全域配套、旅游产业全域联动、旅游治理全域覆盖，跳出“门票经济”“围墙管理”等狭隘思维，着力推动旅游规划与县域总体规划、产业规划、城市规划、交通规划、生态规划、扶贫规划有效衔接，着力推动旅游与农业、林业、工业、商贸、金融、文化、体育、医药等产业融合发展，着力推动单一的观光型旅游向涵盖观光、休闲度假、养生保健、专项旅游产品的复合型旅游转型，努力构建“大旅游”“旅游+”发展新格局。在充分调研论证的基础上，广西全区 26 个特色旅游名县及创建县共研究出台或调整修编各类旅游规划 190 个，为促进县域旅游科学发展奠定了良好基础，为带动全域旅游理念和举措向基层深化拓展、落地生根提供了有力支撑。

（2）坚持差异化发展。广西 26 个特色旅游名县及创建县分布在全区 14 个设区市，旅游资源禀赋深厚，但类型多样，差异性大。各地因地制宜，按照“人无我有、人有我新、人新我奇”的要求，找准主攻方向，把丰富的文化内涵、多彩的民族风情与秀美的自然风光有机结合起来，把县域的自然风貌、民族特色、历史记忆和文化基因结合好、展示好，突出个性特点，提升景区建设品位。2013 年以来，全区先后申报评定了 28 个广西特色旅游名镇名村，2015 年新增全国特色景观旅游名镇名村 11 个，连点成线，集线成片，使全区旅游业发展更有特色、更具活力、更富魅力。

（3）坚持打造品牌。广西在着力打造一批旅游精品的同时，积极抓好宣传推介，扩大与东盟国家及国内的粤、港、澳、台和周边省份的旅游交流合作，每年在桂林举办世界旅游趋势与展望国际论坛、中国—东盟博览会旅游展，连续多年举办中国—东盟国际汽车拉力赛，大力打造“壮族三月三”民族文化节庆品牌。经过努力，广西县域旅游的知名度、美誉度和影响力逐步提升，像金秀的“圣堂仙境、生态瑶都”，三江的“千年侗寨、梦萦三江”，融水的“秀美融水、风情苗乡”被越来越多的游客熟知，阳朔的大型山水实景演出《印象·刘三姐》、巴马的“长寿养生之旅”、大新的中越德天（板约）跨国大瀑布等已经成为广西旅游的知名品牌，县域旅游逐渐成为广西旅游发展的新载体、新亮点。2016 年 2 月，广西有 9 个“特色旅游名县”创建县获批进入国家首批全域旅游示范区创建行列。

4.2 四川：乡村旅游精准扶贫①

四川省地处我国西南部，“老少穷”地区分布广，是全国脱贫攻坚主战场之一，全省贫困人口规模、贫困村数量接近全国的 1/10，脱贫攻坚任务十分艰巨。同时，四川省贫困地区的旅游资源十分丰富，九寨沟、稻城亚丁、泸沽湖、光雾山、藏羌彝民族文化、革命老区等绝大部分在秦巴山区、乌蒙山区、涉藏地区和大小凉山彝区集中连片特困地区。旅游资源与贫困地区高度融合，让旅游扶贫成了四川省脱贫攻坚的重要组成部分。

4.2.1 科学规划，打造四川乡村旅游扶贫“大格局”

在四川开展旅游扶贫，是一项任务艰巨、过程复杂的大工程。根据《四川省“十三五”旅游扶贫专项规划》，“十三五”期间全省旅游产业扶贫的对象主要涉及 20 个市（州）、139 个县，重点突出适合发展旅游的 1 443 个村、85 091 户建档立卡贫困户、贫困人口 278 922 人。面对旅游扶贫工作牵涉面广、影响大等问题，四川将科学规划放在了重要位置上。

为更好地开展工作，四川省委、省政府高度重视，从顶层设计入手，调整充实了省旅游产业发展领导小组成员单位，并成立了宣传、产品、基础设施、旅游商品 4 个协调推进组。四川省将旅游扶贫纳入四川省 17 个扶贫专项工作之一，建立了旅游产业扶贫工作联席会议制度和旅游扶贫工作领导小组，形成了省旅游发展委员会牵头，省扶贫移民局、省农业农村厅等 13 个省直部门和“四大片区”12 个市州旅游（委）局共同参与，分工

① 《四川日报》记者. 四川精准扶贫 送去“旅游饭”让贫困地区摘穷帽［N/OL］. http://www.xinhuanet.com//politics/2016-12/01/c_1120033871.htm.

负责的乡村旅游扶贫工作新机制。值得一提的是，四川通过购买服务的方式，依托成都大学、成都信息工程大学银杏管理学院、西昌学院组建了秦巴片区、乌蒙片区、大小凉山、高原涉藏地区四大片区旅游扶贫促进中心，为贫困县、村、户提供规划编制、品牌打造和宣传营销、旅游商品培育、旅游培训等智力服务，社会化扶贫探出新路子。“四川省高原藏区旅游扶贫促进中心”成立后，中心专业团队先后30余次共300余人次赴涉藏地区进行旅游扶贫实地调研和实地指导，覆盖了四川高原涉藏地区的绝大部分地区，在基础信息采集、旅游扶贫模式创新、旅游产业帮扶、示范区（村）创建、人才培训、景区创建（复核）、招商引资等方面都取得了较好的成效。

将贫困地区的资源转化为财富，离不开项目的支撑。为此，四川省旅游发展委员会联合省财政厅建立了“四川旅游产业投资股权基金”，委托专业机构策划包装了“8+30+100”旅游招商项目，其中8个跨区域重大项目全部覆盖贫困区域，30个精品项目中有15个涉及贫困地区，100个优选项目中有43个涉及贫困地区，并推动旅游优选项目进入北京产权交易所平台开展专业化招商，为贫困地区提供项目支撑。四川省旅游发展委员会联合省扶贫移民局制定了旅游扶贫示范区、示范村和民宿旅游达标户标准，启动了首批13个省级旅游扶贫示范区、241个旅游扶贫示范村和1 206个民宿旅游达标户的品牌创建工作。四川省旅游发展委员会联合农业部门启动乡村旅游合作社示范社、示范县创建工作，联合省委党校、省工商局（市场监督管理局）等部门起草制定《四川省乡村旅游合作社创建指南》，以提高乡村旅游组织化程度，推动农村集体经济发展。

4.2.2 因地制宜，打造“旅游+扶贫”融合的“四川模式”

白马王朗的热闹在多年以前是根本无法想象的事情。当地旅游项目启动前，白马王朗项目核心区域内的1 526名村民当中，贫困人口为206人，人均年纯收入不到4 300元。2012年，平武县引进成都天友旅游集团对白马王朗进行旅游开发，随着旅游扶贫开发工作不断深入、力度不断加大，这里的白马藏族同胞渐渐吃上了“旅游饭”，生活发生了翻天覆地的变化。通过发展旅游业，当地已有202人实现脱贫，人均年纯收入在2015年底就已经超过8 000元。

白马王朗是四川旅游扶贫的一个缩影，也是四川“旅游+扶贫”融合发展模式之一——“景区带村”模式的成功范例。在四川的旅游扶贫实践中，形成的模式还有“乡村旅游型”和“旅游商品型”。达州市宣汉县就在“乡村旅游型”模式中尝到了甜头，旅游扶贫工作已经取得初步成果。当地已开工建设、提升改造景区快速通道、通乡通村道路共350多千米，大力发展乡村旅游，涌现出黄连村支部书记李永太、米岩花海的符纯珍等全国“乡村旅游致富带头人”，带领周边1 300多名群众通过土地入股分红、就近就业等实现户均增收1 000元以上。宣汉还申创四川省乡村旅游示范镇（村）9个；培育三星级乡村酒店9家、农家乐35家、旅行社6家；建成乡村民宿达标户478户，辐射带动周边近5万名群众增收致富。

发展旅游需要一定的资源“门槛”，但发展旅游商品的“门槛”很低，很多非旅游区都可以借助旅游商品来带动扶贫增收。高原涉藏地区旅游扶贫促进中心就根据这一特点，在高原涉藏地区打造具有地理标识的旅游商品，完成全面立体式的品牌提升。按照“创意化的文化产品、文化化的实用产品、旅游化的农副土特产品”三大开发路径，依托涉藏地区旅游资源，策划和设计乡城菩提、黑水咂酒等6个具有浓郁藏族特色和有市场潜力的旅游商品品牌，并在中国乡村旅游网等平台上进行推广。

在巴中，这三种模式被结合运用，为贫困人口带去了实惠。巴中在乡村旅游发展中，坚持以国家3A、4A级景区建设的标准推动乡村旅游聚集地发展。围绕景区抓配套，整合项目加强重点景区及周边基础设施建设，辐射带动周边区域改善环境，做到“建一个景区、促一片发展”。到2016年底，巴中创建了7个国家4A级景区，对当地旅游扶贫带动作用极大，其中5个是乡村旅游景区。巴中围绕景区抓电商，乡村旅游发展到哪里，电商就配套到哪里，通过线上线下销售，让农民的农副产品、手工制品变为旅游商品，“巴食巴适”已形成品牌效应。

在甘孜州乡城县，乡城群众已在旅游业发展中尝到甜头，民宿业像雨后春笋般茁壮成长，不仅成为大香格里拉环线上一道亮丽的风景线，也使乡城全域旅游业得到了有效提升。阿着木嘎看上了坐拥气候、区位优势的黑土地，在家搞起了民宿接待，贩卖水果、表演唱歌跳舞，阿着木嘎甚至在自家二楼免费开了一间民间手工艺展厅，菩提手串、特有土陶、松茸干片等乡城特色一应俱全。阿着木嘎经营的一家四星级乡村酒店已声名远播，年收入达20多万元。除此之外，阿着木嘎还发动全村25户村民来打工，并销售本地农产品。如今的乡城，正在以守护原生态、传承原文化为基础，引进文化旅游公司采取“公司+农户”的模式打造高端民宿业。

4.3 云南：发展生态旅游[①]

党的十八大以来，云南省坚持生态保护第一，发展生态旅游，实现生态保护、绿色发展、民生改善相统一。旅游业总收入从2012年的1 703亿元增加到2019年的11 035亿元，年均增长30.6%。

4.3.1 将生态资源优势转化为旅游品牌优势

（1）将生态资源优势较好地区转化为旅游品牌优势。红河哈尼梯田2013年申遗成功并入选“中国十大魅力湿地”，景迈山古茶林文化景观作为我国2022年世界遗产唯一申报项目，正在平稳加快推进。全省共有世界文化遗产2项（丽江古城、红河哈尼梯田）、世界自然遗产3项（三江并流、石林喀斯特地貌、澄江化石地）。10年来，全省新增5A级旅游景区4个，总数达到9个，新增4A级旅游景区85个，总数达到129个；成功创建5个国家级、21个省级全域旅游示范区，4个国家级、23个省级旅游度假区，3个全国乡村旅游重点镇、43个全国乡村旅游重点村；成功创建云南省特色旅游城市15个、旅游强县20个、旅游名镇101个、旅游名村213个，基本形成了覆盖广泛、业态丰富、选择多元、满足多样化消费需求的旅游产品供给体系。

（2）乡村旅游成为脱贫攻坚和乡村振兴新动能。实施“123518精准旅游扶贫工程”，着力推进文旅精准扶贫、精准脱贫，推动乡村旅游打造优质产品、提高服务质量，许多贫困乡村通过发展旅游业变成了美丽乡村、幸福乡村。10年来，实施文化旅游扶贫项目5 700多个，完成乡村文化旅游投资1 032.4亿元，创建省级旅游扶贫示范县9个、示范乡镇25个、示范村76个，建成贡山、福贡、泸水3个国家级非遗扶贫就业工坊。全省乡村旅游接待游客从2012年的0.56亿人次增加到2021年的3.22亿人次、年均增长21.35%，乡村旅游总收入从2012年的263.80亿元增加2021年的1 793.98亿元，年均增长23.74%，文化旅游累计带动80.85万

---

① 蒋朝晖. 云南发展生态旅游助力民生改善［EB/OL］. http://res.cenews.com.cn/hjw/news.html? aid=1000768.

贫困人口增收脱贫，占全省脱贫人口的12.2%。进入2022年以来，云南省实施乡村旅游助推乡村振兴三年行动，召开了全省乡村旅游助推农民增收工作现场会，将申建一批全国乡村旅游重点村，打造30个云南最美乡愁旅游地、20条乡村旅游精品线路，让乡村旅游更好地赋能乡村振兴。

4.3.2 打造人人向往的健康生活目的地

党的十八大以来，云南旅游主要指标实现较快增长，旅游总人次从2012年的2.01亿人次增加到2019年的8.07亿人次，年均增长22.0%；旅游业总收入从2012年的1 703亿元增加到2019年的11 035亿元，年均增长30.6%；旅游业增加值由2012年的655亿元增加到2019年的1 778亿元，年均增长15.3%，占全省生产总值的比重由6.4%提高到7.7%。2022年1—7月，全省完成旅游固定资产投资537亿元，同比增长54.6%；接待游客4.39亿人次，实现旅游总收入4 956.8亿元，分别恢复至2019年同期的93.2%和80.0%。

“十四五”期间，云南省将围绕打造人人向往的健康生活目的地，充分发挥云南资源禀赋优势，采取创建康养旅游集聚和国际康养旅游示范新区、打造生态养生旅游新产品、培育运动健身休闲新业态、拓展医疗养生旅游新项目等有力举措，大力打造一批康养旅游新业态新产品。尤其是在打造生态养生旅游新产品方面，将依托气候环境、森林生态、山地湖泊、温泉康养等自然资源优势，建设一批生态环境优美、康养内容丰富、休闲度假舒适，兼具观光、休闲、康疗、养生的复合型康养度假区、生态旅游区、湖畔度假区、湿地公园、森林康养、温泉养生等生态养生旅游新产品。

4.4 山东：文旅融合扶贫实践①

山东省文化和旅游厅深入贯彻落实习近平总书记关于脱贫攻坚重要指示精神和省委、省政府关于扶贫开发工作的总体要求，开展专题研究，部署文旅扶贫任务，形成年初有计划、年中有监督、年底有总结的工作体

① 《大众日报》记者. 文旅扶贫的山东实践［EB/OL］. http://news.bandao.cn/a/440719.html.

系，实现文旅扶贫与业务同步规划、同步安排、同步落实、同步检查“四同步”。建立推动旅游扶贫村向乡村振兴村“蝶变”运行机制，积极探索文旅扶贫助推乡村振兴的新路子、新途径，并将其作为重点课题进行研究。科学谋划、精准施策，聚焦扶贫效益，通过加大资金扶持力度、推进旅游扶贫项目建设、强化扶贫人才培训、建立长效机制等措施，山东文化旅游扶贫工作取得了积极成效。

4.4.1 “穷村”换“新颜”，打造文旅扶贫村样板

沿着济宁市泗水县城南尧王路南行 6 千米，坐落着一方古树林立、溪水潺潺的“世外桃源”——南仲都村。10 年前，“穷”是这个村的代名词，贫困、落后，土地荒芜，村民年人均收入不足 1 000 元。而 10 年之后，“穷村”换“新颜”，原本荒芜的土地上，建设了农业生态观光园，草莓大棚、花卉产业园内一片火红景象，园内采摘的游客络绎不绝，亲子民宿更是一房难求。如今，南仲都村年集体收入过百万元，43 户贫困户全部脱贫，年人均收入达 13 000 元。从名不见经传的穷山村摇身一变，成为扶贫示范典型村，南仲都村并不是唯一的。近年来，山东省文化和旅游厅为全面完成旅游脱贫攻坚任务，把文旅扶贫与全域旅游示范省创建、乡村旅游、景区化村创建紧密结合，复制推广景区带动、能人引领、自主开发、项目带动等模式，创出一条由贫困村转向景区村不断自我创新、自我提升的良性循环的实践路子。潍坊隐士村、淄博蓑衣樊村、新泰掌平洼村、济南黄鹿泉村等成为乡村旅游脱贫攻坚典型村。

4.4.2 “以文化人”，文化惠民助力打赢脱贫攻坚战

“四进京”的《马向阳下乡记》是众多山东扶贫题材文艺作品中的一个典型。文化振兴是乡村振兴的铸魂工程，“以文化人”，成为山东文旅系统打赢脱贫攻坚战的精神力量。据不完全统计，全省每年新创作品中相关题材占到总数的 60%以上。仅 2019 年，就推出大型剧目 20 余部、小戏作品 60 余部。民族歌剧《马向阳下乡记》、渔鼓小戏《老邪上任》，分别获得“文华大奖”“群星奖”。2016—2019 年，山东省文化和旅游厅连续 4 年每年落实省财政资金 1 亿元，支持 10 000 个财政困难县的行政村，每村 1 万元，用于文化设备购置和提供基本文化服务工作；为 58 个财政困难县全部配发流动文化服务车，总价值近 1 200 万元。文化阵地的健全、设施

设备的完善，使贫困地区的群众得到了文化实惠。

文化惠民的同时不忘文化富民。山东省以国家级和省级非遗名录为基础，建立传统工艺振兴目录，重点扶持贫困地区具备一定传承基础、生产规模、发展前景并有助于带动就业的传统工艺项目，依托传统手工艺或非物质文化遗产使贫困地区形成一大批文化创意产业项目。农民画、草柳编等项目在一些县、乡、镇成为支柱产业，带动贫困人口就业增收。2018—2020 年，连续 3 年分 3 批评选了平度市新河镇草编、昌邑市柳疃镇丝绸等 60 个全省“非遗助力脱贫、推动乡村振兴”典型乡镇。2020 年“文化和自然遗产日”期间，山东省文化和旅游厅与阿里巴巴、京东、苏宁、拼多多、美团、快手、东家等网络平台联合举办山东非遗购物节助力非遗脱贫。

4.4.3 拓展消费渠道，“互联网+”纾解行业之困

2020 年 7 月 4 日，一场规模宏大的网络直播在临沂市兰陵县压油沟村举办，这是“山东省首届文旅扶贫带货大汇”，全省旅游扶贫村的文旅产品在“大汇”上通过直播带货，跨越千山万水，被送到千家万户。面对新型冠状病毒感染对文化旅游业的严重冲击，山东省文化和旅游厅坚持一手抓病毒感染防控、一手抓文化和旅游扶贫，多措并举，减少疫情对脱贫攻坚工作的不利影响，着力落实约 1.38 亿元用于发放文化和旅游惠民消费券。其中，特设扶贫专用券，面向全省 58 个财政困难县征集文化旅游产品，设立专门的扶贫专卖店和电商扶贫馆，着力推介省内贫困地区文化旅游产品及服务，为山东省内乡村文化和旅游资源培育市场、拓展销路。

“文旅扶贫带货大汇”便是其中的创新之举。网络直播带货这种新的销售方式，解决了贫困村农产品销路之困。活动期间，好客山东网和抖音直播，观众点击量达到 1 000 万次。针对“黄河滩区”脱贫攻坚的重中之重，2020 年 10 月 15—16 日，以黄河为背景，文旅搭台、扶贫唱戏，在滨州市惠民县举办“山东省文化旅游扶贫走进黄河滩区”活动，将山东省沿黄九市精彩的文创产品、非遗扶贫产品汇集到“黄河之滨”，集中进行线上线下展示、推介和销售，促进黄河滩区群众脱贫增收。

4.4.5 培养文旅扶贫“领头雁”，建立扶贫长效机制

山东省文化和旅游厅着力找准“痛点”，破解旅游扶贫难题。一是开

展专题扶贫培训。免费培训全省旅游扶贫带头人和镇、村业务骨干，实现400个旅游扶贫村培训全覆盖，组织320名乡村旅游“带头人”赴境外和省外精准交流，其中潍坊隐士村、济宁白石镇夏村、菏泽葵堌堆村等一批贫困村就是在旅游“带头人”的带动下由贫困村变为旅游村的典型。二是开展“送智下乡”“送教到户”。山东省文化和旅游厅委托山东大学、山东财经大学、山东女子学院等旅游院系“送智下乡”，到乡村旅游点面对面传授农家菜制作、面点制作、电子商务、旅游礼仪等专业知识。2020年，在统筹做好疫情防控和脱贫攻坚工作的基础上，山东省文化和旅游厅组织相关专家到基层广泛进行调研，通过逐村收集资料、设立台账、专家辅导等措施，查缺补漏、补短板、强弱项，进一步增强文化旅游扶贫内生动力。

2020年，山东省文化和旅游厅结合省内实际印发《2020年山东省文化和旅游厅扶贫工作要点》，继续积极引导社会力量参与脱贫攻坚，组织文化旅游企业积极参与“百企联百村”精准扶贫行动，保持帮扶政策稳定，建立扶贫长效机制。山东省文化和旅游厅制定《厅级领导帮扶特别困难旅游扶贫村工作方案》，确保全面覆盖40个特别困难旅游扶贫村帮扶。同时，山东省文化和旅游厅委托第三方机构对8 654个省扶贫工作重点村综合文化活动室抽取1/10、对400个旅游扶贫村抽取1/4，逐村逐项评估并提出整改建议，督促各地对所有旅游扶贫村限期完成整改工作。

5 中国省级旅游扶贫效率测度

旅游产业发展对区域经济及就业具有广泛带动性，旅游扶贫方式受到贫困地区政府部门及扶贫企业的关注，积极扩大旅游扶贫投入。同时，政府、企业、学者等各界也广泛关注旅游扶贫效率问题。特别是，在中国进入扶贫攻坚阶段后，旅游扶贫进程中的效率状况、低效率原因以及如何促进旅游扶贫效率最大化，都成为人们广泛关注的问题。因此，本章基于旅游扶贫历史经验数据，定量测度了中国省级旅游扶贫的效率，并从时间和空间维度分析了中国省级旅游扶贫效率的变化特征。

5.1 研究设计

5.1.1 样本区选择

已有的相关文献主要从县市级层面研究区域旅游扶贫效率，很少涉及效率的跨期比较问题。本研究在充分考虑旅游扶贫效率的动态特征以及相关数据的可获得性等因素的基础上，为更全面、合理地展现中国旅游扶贫效率的状况和特征，并为后续旅游扶贫效率门槛效应研究提供基础，将从省级、市级和县级三个层面分别测度旅游扶贫效率状况。这样，不仅可以了解中国不同区域旅游扶贫效率的共性，而且也有利于掌握不同区域旅游扶贫效率的特点和差异。

在省级样本区选择中，本研究主要依据2015年全国各省份“旅游收入占地方GDP比重”和“贫困发生率”两个指标，其中要求“旅游收入占地方GDP比重”在10%以上、“贫困发生率”在5%以上，同时考虑了样本量以及数据的完整性等因素。因此，综合考虑各因素之后，本研究选择了22个省份为中国省级旅游扶贫效率研究样本区。具体如表5-1所示。

表5-1 省级旅游扶贫效率测度样本区选择

序号	省份	2015年	
		贫困发生率/%	旅游收入占地方GDP比重/%
1	河北	4.3	11
2	山西	9.2	27
3	内蒙古	5.6	13
4	辽宁	3.8	13
5	吉林	4.6	16
6	安徽	5.8	19
7	江西	5.8	22
8	河南	5.8	14
9	湖北	5.3	14
10	湖南	7.6	13
11	广西	10.5	19
12	海南	6.9	15
13	重庆	3.9	14
14	四川	5.7	21
15	贵州	14.7	33
16	云南	12.7	24
17	西藏	18.6	27
18	陕西	10.7	17
19	甘肃	15.7	14
20	青海	10.9	10
21	宁夏	8.9	6
22	新疆	15.8	11

数据来源：《中国旅游扶贫年鉴2016》以及各省2016年《统计年鉴》。

5.1.2 旅游扶贫效率测度方法

5.1.2.1 DEA 基本模型

本研究选择数据包络分析方法，对旅游扶贫效率进行测度。数据包络分析（Data Envelopment Analysis，DEA）是由 Charnes 等提出，研究多投入多产出之间相对有效性的非参数技术效率分析方法①②。其基本思路是，把每一个被评价对象作为一个决策单元（Decision Making Unit，DMU），借助数学规划和决策单元的输入和输出数据，确定相对有效的生产前沿面，然后将所有决策单元投影到生产前沿面上，根据各决策单元到生产前沿面偏离度确定其相对有效程度。基于规模收益不变的 C^2R 模型和基于规模收益可变的 BC^2 模型是数据包络分析方法的最基本模型。假设有 n 个决策单元，m 种投入和 q 种产出，则产出导向的 C^2R 模型③规划式如下④：

$$
\begin{aligned}
&\max \theta \\
&s.t.\ \sum_{j=1}^{n} \lambda_j x_{ij} \leqslant \theta x_{ik} \\
&\qquad \sum_{j=1}^{n} \lambda_j y_{rj} \geqslant y_{rk} \\
&\qquad \lambda \geqslant 0 \\
&\qquad i = 1,2,\cdots,\ m;\ r = 1,2,\cdots,\ q;\ j = 1,2,\cdots,\ n
\end{aligned}
$$

上式中：x 为投入指标，y 为产出指标；λ 为 DMU 的线性组合系数；θ 为模型的最优解，本研究中即为旅游扶贫综合效率，其取值范围为（0，1]，θ 值越小，表示效率越低。在 DEA 理论中，将 $\theta=1$ 时定义为 DEA 有效率，$\theta<1$ 时为 DEA 无效率，但数值的大小仍代表了效率的高低。

在上述模型的基础上，增加约束条件 $\sum_{j=1}^{n} \lambda_j = 1$ 便构成了产出导向的

---

① CHARNES A，COOPER W W，RHODES E. Measuring the efficiency of decision making units [J]. European journal of operational research，1978，2（6）：429-444.

② 成刚. 数据包络分析方法与 MaxDEA 软件 [M]. 北京：知识产权出版社，2014：1.

③ 在产出既定的条件下，用各项投入可以等比例缩减的程度来对无效率的状况进行度量，因此称为投入导向的 C^2R 模型。与此类似，在投入既定的条件下，用各项产出可以等比例提高的程度来对无效率的状况进行度量，则称为产出导向的 C^2R 模型。BC^2 模型也可分为投入导向和产出导向的 BC^2 模型。在本研究中，统一使用产出导向的 C^2R 模型 BC^2 模型。

④ 成刚. 数据包络分析方法与 MaxDEA 软件 [M]. 北京：知识产权出版社，2014：11-29.

BC²模型规划式：

$$\max \theta$$

$$s.t.\ \sum_{j=1}^{n} \lambda_j x_{ij} \leqslant \theta x_{ik}$$

$$\sum_{j=1}^{n} \lambda_j y_{rj} \geqslant y_{rk}$$

$$\lambda \geqslant 0$$

$$\sum_{j=1}^{n} \lambda_j = 1$$

$$i = 1,2,\cdots,\ m;\ r = 1,2,\cdots,\ q;\ j = 1,2,\cdots,\ n$$

基于上述模型及 DEA 的基本原理，DEA 方法的工作步骤（流程）如图 5-1 所示。

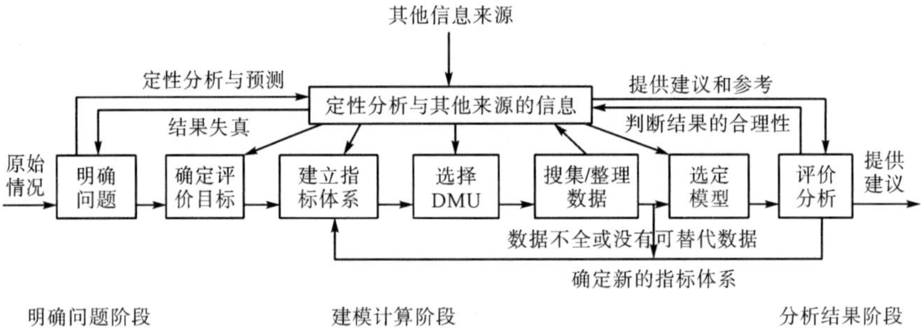

图 5-1　DEA 方法工作步骤（流程）

资料来源：马占新，等. 数据包络分析及其应用案例［M］. 北京：科学出版社，2013：11.

依据 DEA 理论，采用规模收益不变的 C²R 模型可以得到旅游扶贫综合效率①（Overall Efficiency，OE）；采用规模收益可变的 BC²模型可以排除规模的影响，得到技术效率（Technical Efficiency，TE），进而依据综合效率和技术效率值分离出规模效率（Scale Efficiency，SE），三者之间的关系为：OE=TE×SE。其中，技术效率是指决策单元的组织管理或技术水平等技术因素影响的生产效率，规模效率则是指决策单元的资本投入等规模

① 在名称的使用上，部分文献将"规模收益不变的 C²R 模型得到的效率"称为技术效率，将"规模收益可变的 BC²模型得到的效率"称为纯技术效率，且"技术效率=纯技术效率×规模效率"。但本研究为更好地辨识与区分，仍采用正文中"综合效率=技术效率×规模效率"的名称形式。

因素影响的生产效率。

在效率评价分析中，数据包络分析方法无须构建相关生产函数，与其他效率评价方法相比，在消除量纲误差、设置权重、处理复杂关系以及可操作性方面，具有明显的优势①②。因此，该方法被提出后便在统计学领域以及经济管理领域得到了广泛的应用。但是，传统的数据包络分析方法也存在明显的不足。传统的数据包络分析忽略了时间因素的作用，假设决策单元当期的生产投入只影响当期的生产产出，而无法对未来时期的产出产生任何作用③。而在现实的生产过程中，当期的投入，如科技手段、固定资产等，不仅影响当期生产，而且都会对未来时期的生产产生重要的影响。上述隐含假设条件与实际的生产过程存在明显的差异，这也使得对生产效率的评价出现较大的误差。所以，忽略时间因素的传统数据包络分析模型，仅适用于分析横截面数据类型，而无法基于时间维度对生产效率的变化特征进行深入探讨。

5.1.2.2 DEA 视窗分析方法

基于传统数据包络分析模型在处理包含时间序列的面板数据时存在无法实现跨期比较的不足，1985 年，Klopp 等人首次提出了可以实现面板数据 DEA 分析的方法，即 DEA 视窗分析（Window-DEA Analysis）④⑤。DEA 视窗分析的基本思路是，首先设置窗口宽度，然后将面板数据中的时间序列平均分成若干窗口（window），每个窗口内的决策单元（DMU）都被视为不同的决策单元，且不同窗口间存在重叠，以此实现每个决策单元在横截面和时间序列上的相对效率测度。这样，对于某一决策单元，不仅可以在横截面上与同期内的其他决策单元进行比较，而且还可以实现在不同时期的比较，从而测度出该决策单元基于全局视角的效率水平。表 5-2 展示了一个时期长度为 6、决策单元数为 3 以及窗口宽度为 3 的视窗分析示例，效率值用 p 代替。

---

① 何格，欧名豪. 城镇建设用地效率时空分异研究：以青岛为例［J］. 商业研究，2007（10）：123-127.

② 张广海，冯英梅. 我国旅游产业效率测度及区域差异分析［J］. 商业研究，2013（5）：101-107.

③ 吴旭晓. 经济大省物流业效率动态演化及其影响因素［J］. 中国流通经济，2015(3)：24-31.

④ KLOPP，ALLAN G. The analysis of the efficiency of productive systems with multiple inputs and outputs［R］. Engineering industrial，1985：1-25.

⑤ 罗玲，张祥翠，朱乐君. DEA 视窗分析在技术创新效率评价中的应用［J］. 商场现代化，2009（35）：3-4.

表 5-2 DEA 视窗分析示例

决策单元	窗口	时期 1	时期 2	时期 3	时期 4	时期 5	时期 6
DMU1	window1	p	p	p			
	window2		p	p	p		
	window3			p	p	p	
	window4				p	p	p
DMU2	window1	p	p	p			
	window2		p	p	p		
	window3			p	p	p	
	window4				p	p	p
DMU3	window1	p	p	p			
	window2		p	p	p		
	window3			p	p	p	
	window4				p	p	p

DEA 视窗分析方法能够有效处理面板数据，不仅可以实现不同决策单元间的横向比较，而且可以在时间维度上分析决策单元效率的变化趋势，从而弥补了传统数据包络分析方法的不足①。基于上述分析，本研究通过收集样本面板数据，采用 DEA 视窗分析方法，借助 DEA Solver 工具，分析中国省级、市级和县级旅游扶贫效率特征。在进行 DEA 视窗分析前，需先设定视窗宽度以便于划分视窗数量。视窗宽度不同测算所得到的效率结果也可能存在差异。国内外学者对视窗宽度的设定仍没有确切的最优选择。本研究参考 Wang Ke 和 Mette 等学者的做法，设定视窗宽度为 3②③。

① VLONTZOS G, PARDALOS P M. Assess and prognosticate green house gas emissions from agricultural production of EU countries, by implementing, DEA window analysis and artificial neural networks [J]. Renewable and sustainable energy reviews, 2017 (76): 155-162.

② WANG K, YU S, ZHANG W. China's regional energy and environmental efficiency: A DEA window analysis based dynamic evaluation [J]. Mathematical and computer modelling, 2013, 58 (5-6): 1117-1127.

③ ASMILD M, PARADI J C, AGGARWALL V, et al. Combining DEA window analysis with the malmquist index approach in a study of the Canadian banking industry [J]. Journal of productivity analysis, 2004, 21 (1): 67-89.

5.1.3 指标体系及数据来源

国内部分学者已经开展的关于旅游扶贫效率的研究，方法上多选择数据包络分析，积累了少量成果。但是，在测度区域旅游扶贫效率的指标体系设计上存在明显缺陷。如表 5-3 所示，这些指标体系设计不仅体现在旅游产业扶贫特征上不合理，而且从产出环节上对贫困状况改善、效率提升的衡量也显得不够准确。同时，收入分配的公平性、贫困人口数量的减少等关键变量也未被纳入其中。

表 5-3 部分学者旅游扶贫效率评价指标设计

作者	年份	投入指标	产出指标
龙祖坤、杜倩文等①	2015	人均旅游综合收入 人均旅游接待游客量	城镇居民人均可支配收入 农村居民人均纯收入 人均地方 GDP
李光明、马磊②	2016	旅游综合收入 旅游接待人数	农村居民人均收入 人均地方 GDP
丁煜、李啸虎③	2017	旅游综合收入 旅游接待人数	城镇居民人均可支配收入 农村居民人均纯收入 人均地方 GDP
李烨④	2017	乡村旅游企业数量 乡村旅游游客数量	乡村旅游就业人数 乡村旅游年经营总收入
高雪莲、丁文广⑤	2017	旅游总收入 旅游接待人数	城镇居民人均可支配收入 农村居民人均纯收入 人均地方 GDP

① 龙祖坤，杜倩文，周婷. 武陵山区旅游扶贫效率的时间演进与空间分异［J］. 经济地理，2015（10）：210-217.

② 李光明，马磊. 旅游精准扶贫效率测度及空间分异研究：以新疆阿勒泰地区为例［J］. 新疆社科论坛，2016（5）：22-28.

③ 丁煜，李啸虎. 基于 DEA 和 Malmquist 指数的旅游扶贫效率评价研究：以新疆和田地区为例［J］. 新疆财经大学学报，2017（4）：56-65.

④ 李烨. 中国乡村旅游业扶贫效率研究［J］. 农村经济，2017（5）：72-78.

⑤ 高雪莲，丁文广. 甘肃陇东南地区旅游扶贫效率的实证分析［J］. 北京邮电大学学报（社会科学版），2017（3）：85-92.

因此，本研究在对比分析和参考现有研究成果的前提下，根据数据包络分析的理论基础，以旅游扶贫为核心并体现旅游产业投入来源，以贫困人口减少以及收入提高并兼顾分配公平，设计了如表 5-4 的旅游扶贫效率评价指标体系。在 DEA 分析中，如果指标之间的数值差距过大可能会增大测度误差，为尽量减少数据计算中量纲的影响，本研究对各指标的单位进行了换算处理。

表 5-4　省级旅游扶贫效率评价指标体系

	指标名称	单位	相关数据来源
投入指标	固定资产投资比重	%	各地方《统计年鉴》
	旅游从业人数比重	%	《中国旅游统计年鉴》
	人均旅行社数量	家/万人	《中国旅游统计年鉴》
	人均星级饭店床位数	张/万人	《中国旅游统计年鉴》
	人均 A 级旅游景区数量	个/万人	《中国旅游统计年鉴》
产出指标	人均旅游收入	元/人	各地方《统计年鉴》
	人均接待游客人次	人次	各地方《统计年鉴》
	贫困人口比重	%	国泰安经济数据库
	农村居民恩格尔系数	%	中经网统计数据库
	城镇居民恩格尔系数	%	中经网统计数据库
	城乡居民收入差距指数	—	中经网统计数据库

在上述指标体系中：

（1）旅行社、星级饭店以及旅游景区都是旅游产业的重要组成部分。旅游从业人数比重、人均星级饭店床位数、人均旅行社数量以及人均 A 级旅游景区数量等指标体现了各省份旅游产业的投入途径和投入规模。

（2）旅游产业投资规模，反映了旅游产业发展中的投资水平。由于旅游产业固定资产投资统计数据不完整，本研究参考马晓龙[①]、李占风[②]等学者关于旅游产业发展效率的研究成果，用第三产业固定资产投资比重代替。

---

① 马晓龙. 中国主要城市旅游效率及其全要素生产率评价：1995—2005［D］. 广州：中山大学，2008.

② 李占风，叶银丹，高嘉男. 我国旅游业效率评价和集聚特征分析［J］. 统计与决策，2017（1）：139-141.

（3）人均旅游收入和人均接待游客数量均体现了旅游产业在创收、促进经济发展中的作用，代表了旅游产业的发展效益以及投入产出的效率。

（4）贫困人口比重，是衡量区域贫困状况的重要指标之一。部分年份数据缺失，该指标由各省份城市和农村低保人口数量占年末总人口的比重替代。

（5）恩格尔系数是国内外学者普遍认可的衡量家庭或国家富裕程度的重要指标，其值等于食品支出总额占家庭消费支出总额的比重，恩格尔系数越低，表示家庭收入越高。因此，本研究以城镇和农村居民恩格尔系数来表示旅游投入所带来的收入水平的提高程度。

（6）城乡收入差距代表了收入分配的公平程度。本研究参考魏君英[①]等学者的方法，城乡收入差距指数数值=城镇居民人均可支配收入÷农村居民人均纯收入。

中国省级旅游扶贫效率测度所使用的数据，主要来源于国泰安、中经网统计数据库，各省份历年《统计年鉴》和《国民经济与社会发展统计公报》，历年《中国统计年鉴》《中国旅游统计年鉴》以及《中国扶贫开发年鉴》和《中国农村贫困监测报告》等。贫困人口比重、农村恩格尔系数、城镇恩格尔系数和城乡居民收入差距指数等指标属于逆向指标，因此，在计算中对它们进行了取倒数处理。同时，需要指出的是，自 2014 年起，中国不再统计农村人均纯收入指标，因此，2014—2016 年的该指标数据由当年农村人均可支配收入的增长率推算而得。

5.2 旅游扶贫效率测度结果及动态变化特征

本研究基于 DEA 视窗分析方法，借助 DEA Solver 工具，首先利用基于规模收益不变（Constant Returns to Scale，CRS）的投入导向 Window 模型（Window-I-C）计算得出旅游扶贫综合效率（OE），然后利用基于规模收益可变（Variable Returns to Scale，VRS）的投入导向 Window 模型（Window-I-V）计算得到旅游扶贫技术效率（TE），最后通过综合效率、技术效率和规模效率三者之间的关系式 TE=OE /SE 计算得到旅游扶贫规模效率（SE）。

① 魏君英，何蒲明. 城乡居民收入差距对农村居民消费影响的实证研究［J］. 农业技术经济，2011（3）：84-88.

5.2.1 综合效率测度结果及动态变化特征分析

在 DEA 视窗分析中，本研究将视窗宽度（window width）设置为 3，得到 2007—2016 年中国省级旅游扶贫综合效率测度值，如表 5-5 所示。

表 5-5 2007—2016 年各样本省份旅游扶贫综合效率测度值

DMU	2007年	2008年	2009年	2010年	2011年	2012年	2013年	2014年	2015年	2016年	均值
安徽	1	0.868	0.824	0.764	0.857	0.882	0.933	0.842	0.887	0.875	0.873
甘肃	0.87	1	1	0.983	0.982	1	1	1	1	0.959	0.980
广西	0.839	0.830	0.847	0.859	0.805	0.734	0.853	0.885	0.904	0.891	0.845
贵州	1	1	1	1	1	1	1	1	0.995	1	0.999
海南	0.514	0.536	0.551	0.548	0.598	0.560	0.565	0.575	0.546	0.536	0.553
河北	0.965	0.919	0.858	1	0.870	0.873	0.897	0.974	1	1	0.935
河南	1	1	1	1	1	0.984	1	1	1	1	0.998
湖北	0.743	0.706	0.683	0.783	0.835	0.899	0.957	0.874	0.851	0.894	0.823
湖南	0.964	0.809	0.833	0.953	0.927	0.873	0.844	0.881	0.866	0.880	0.883
吉林	0.924	0.873	0.901	0.953	0.995	1	1	1	1	1	0.965
江西	1	0.990	0.894	1	1	1	1	1	0.973	1	0.985
辽宁	0.864	0.943	0.991	0.984	0.964	0.992	1	0.978	0.875	0.799	0.939
内蒙古	1	0.942	1	1	1	1	1	1	0.925	0.813	0.968
宁夏	0.848	0.923	0.984	0.958	0.850	0.893	0.946	0.909	1	1	0.931
青海	0.987	0.952	0.931	0.698	0.771	0.783	0.836	0.663	0.686	0.678	0.799
山西	1	0.944	0.962	0.964	0.965	0.982	1	1	0.991	1	0.981
陕西	0.820	0.799	0.780	0.794	0.888	0.936	0.869	0.850	0.917	0.893	0.854
四川	1	1	1	1	1	1	1	1	1	1	1
西藏	0.534	0.505	0.574	0.507	0.574	0.624	0.672	0.765	0.799	0.766	0.632
新疆	0.833	0.747	0.758	0.881	0.937	1	0.879	0.877	0.857	0.848	0.862
云南	0.685	0.765	0.713	0.684	0.628	0.769	0.836	0.916	0.854	0.862	0.771
重庆	0.791	0.841	0.873	0.880	0.970	1	0.980	0.942	0.965	1	0.924
均值	0.872	0.859	0.862	0.872	0.882	0.899	0.912	0.906	0.904	0.895	0.886
有效率省份个数	7	4	5	6	5	8	9	8	6	9	—

通过对比各样本省份的旅游扶贫综合效率可以看出：

（1）2007—2016 年，四川省的旅游扶贫综合效率值均为 1，说明与其他省份相比，四川的旅游扶贫综合效率始终处于相对有效率状态，旅游扶贫效率明显高于其他省份。这也与四川省的减贫成果基本一致：2014 年四川省农村贫困人口减少 109 万人，减贫数量居全国第二位；2015 年四川省的农村贫困人口减少了 118 万人，贫困发生率已低于全国平均水平。在政策上，四川省积极推进旅游扶贫示范区、旅游创客示范基地等一系列政策，2015 年从事旅游业的农村居民人均纯收入超过 13 000 元，旅游扶贫行动积极推动了农村居民的生活水平提高。

（2）贵州和河南两省，2007—2016 年仅有一年旅游扶贫综合效率出现非常微小的下降，总体水平基本与四川省相同，也都处于相对有效率状态。贵州省 2015 年的旅游扶贫综合效率值为 0.995，其他 9 年均为 1。2014 年贵州省农村贫困人口减少 116 万，减少量居全国首位，贫困发生率下降了 3.3 个百分点，明显高于全国平均水平；2015 年，贵州省又实现了超过百万的贫困人口脱贫目标，贫困发生率下降了 19 个百分点，脱贫成果也与旅游扶贫综合效率测度结果非常一致。河南省的脱贫成果也十分显著，河南省持续推进乡村振兴旅游扶贫战略，打造“九镇十八湾”的乡村旅游布局，与精准扶贫相结合，使农村贫困人口真正受益。2014 年，河南省农村贫困人口减少 22%，2015 年，河南省又实现 120 万农村贫困人口脱贫，减少量居全国首位。

（3）在其他省份，海南省的旅游扶贫综合效率均值最低，仅为 0.553，远低于全国平均水平；云南、西藏和青海三省份的旅游扶贫综合效率均值也低于 0.8。2014 年，海南省农村贫困人口减少 9 万，贫困发生率下降至 6.9%，但仍高于全国平均水平；2015 年，海南省农村贫困人口减少 8 万人。从投入产出角度来看，海南省“旅游业从业人数比重”以及“人均星级酒店床位数”指标都出现较明显下降，农村居民恩格尔系数下降 10%，城镇恩格尔系数仅下降 3 个百分点，均低于全国平均水平，而且城乡收入差距也没有出现明显转变。这些因素都集中体现了海南省旅游扶贫综合效率的较低水平。云南、青海和西藏三省份，都属于民族聚居地区，虽然自然旅游资源和文化旅游资源都非常丰富，但是也面临地理环境相对恶劣、旅游基础设施建设严重不足以及旅游与其他产业融合发展水平较低等问题，这些都严重制约了民族地区省份旅游扶贫综合效率的提升，也成了旅游扶贫效率低于其他省份的主要原因。

（4）本研究将研究期分为 2007—2009 年、2010—2012 年和 2013—2016 年三个时间区间，得到各个样本省份在各时期的旅游扶贫综合效率均值，以此进一步分析各样本省份在 2007—2016 年旅游扶贫综合效率的时序变化特征。如表 5-6 所示，四川、贵州和河南的旅游扶贫综合效率一直处于相对有效率区间，与前文一致。在其他省份，西藏自治区的旅游扶贫综合效率虽然低于全国平均水平，但其提升幅度最明显，由 2007—2009 年的 0.538，上升至 2013—2016 年的 0.750，提升了近 40%。湖北、新疆、云南和陕西四省的旅游扶贫综合效率也实现了较明显提升，均由原来的低于 0.8，提高到了全国平均水平上下，提升幅度均超过 10%。另外，重庆、宁夏、吉林、江西和甘肃五省份的旅游扶贫综合效率也实现了小幅上升。以上省份旅游扶贫综合效率的有效提升，充分说明了中国在“真扶贫、扶真贫”、旅游精准扶贫战略推进等方面的显著成效。但是，与其他省份相比，青海省的旅游扶贫综合效率出现了明显下降，由 2007—2009 年的 0.957，降低至 2013—2016 年的 0.716，下降幅度超过 25%；海南省的旅游扶贫效率仍然最低，且没有明显改善。这都促使青海和海南两省应更积极探索和寻找实现旅游精准扶贫的有效途径。

表 5-6　不同时期各样本省份旅游扶贫综合效率均值

DMU	2007—2009 年	2010—2012 年	2013—2016 年	DMU	2007—2009 年	2010—2012 年	2013—2016 年
安徽	0.897	0.834	0.884	辽宁	0.933	0.980	0.913
甘肃	0.958	0.988	0.990	内蒙古	0.981	1	0.935
广西	0.839	0.799	0.883	宁夏	0.918	0.900	0.964
贵州	1	1	0.999	青海	0.957	0.751	0.716
海南	0.534	0.569	0.556	山西	0.969	0.970	0.998
河北	0.914	0.914	0.967	陕西	0.799	0.873	0.882
河南	1	0.995	1	四川	1	1	1
湖北	0.711	0.839	0.894	西藏	0.538	0.568	0.750
湖南	0.869	0.917	0.868	新疆	0.779	0.939	0.865
吉林	0.899	0.983	1	云南	0.721	0.694	0.867
江西	0.961	0.999	0.993	重庆	0.835	0.948	0.972

最后，本研究利用各样本省份每年的旅游扶贫综合效率均值，绘制得到 2007—2016 年的变化趋势线，如图 5-2 所示。

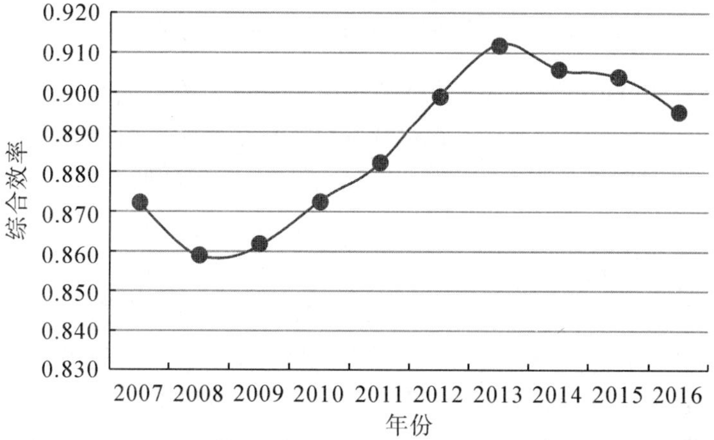

图 5-2　2007—2016 年各样本省份旅游扶贫综合效率均值变化趋势线

如图 5-2 所示，从中国省级旅游扶贫综合效率均值的变化趋势线来看，2007—2016 年，中国省级旅游扶贫综合效率水平整体呈上升趋势，综合效率值由 2007 年的 0.872 提高到 2016 年的 0.895。这一整体性时序特征，也体现了这一时期中国旅游扶贫的基本进程，随着中国扶贫工作的逐渐深入，政府、企业等社会各界扶贫工作者越来越关注并追求扶贫效率的提升。这不仅有利于实现旅游扶贫资源的最大化利用，也有利于更精准、更迅速地提高真正贫困人口的生活水平。在此期间，中国旅游扶贫综合效率平均水平也出现了两次较小的波动：2008 年旅游扶贫综合效率平均水平为 0.859，比 2007 年下降了 0.013；2013 年的旅游扶贫综合效率平均水平最高，为 0.912，但此后便出现逐年下降趋势，至 2016 年已降至 0.895，但仍高于历史平均水平。出现这一结果，可能与当时的经济状况和扶贫形势有关。2008 年全球金融经济危机，使得国内经济形势受到严重影响，产业经济、投资环境相对不景气，这也牵连到旅游扶贫开发中相关产业带动、投资政策等的执行效率。同时，中国也正处于产业结构优化升级阶段，产业结构逐渐由劳动密集型向技术密集型和知识密集型产业转移，第二产业产能过剩等问题也导致部分劳动力失业，甚至出现因失业而返贫的现象，这也阻碍了中国旅游扶贫综合效率水平的提升。但是，从总体来看，中国旅游扶贫综合效率水平仍然呈上升趋势，处于相对有效率区间的省份也由 2008 年的 4 个增加到了 2016 年的 9 个，占比则由 18%上升到了 40%。

5.2.2 技术效率测度结果及动态变化特征分析

从企业管理的角度来讲，技术效率是指通过完善管理方法或实现技术突破而获得的生产效率提升。根据数据包络分析理论，生产的综合效率包括技术效率和规模效率，如前文所述，通过基于规模收益可变（Variable Returns to Scale，VRS）的投入导向 Window 模型（Window-I-V）即可得到旅游扶贫技术效率（TE）值。

如表 5-7 所示：①从 2007—2016 年 22 个样本省份各自的旅游扶贫技术效率对比来看，贵州、河南、吉林和四川 4 个省份一直处于相对有效率状态，旅游扶贫技术效率水平最高，说明它们在旅游扶贫开发中的扶贫资源管理、资源利用以及创新研发等方面优于其他省份。②在其他省份中，2007—2016 年，海南省的旅游扶贫技术效率均值最低，仅为 0.592，远低于全国平均水平（0.917），这与海南省的旅游扶贫综合效率状况十分相似；西藏和云南的旅游扶贫技术效率均值都低于 0.8，与全国平均水平也有较大差距。这说明，随着中国扶贫开发工作的不断深入，以前靠资源大量投入、人力积累的粗放型扶贫模式已经非常落后，不适应发展的经济状况和扶贫形势。越来越多的扶贫地区实验证明，精准扶贫模式才是中国扶贫攻坚战略的正确选择。只有努力实现扶贫资金的有效分配、扶贫政策的合理普及以及扶贫对象的深入参与，才能有助于推进旅游扶贫技术效率的提升，最终实现贫困地区社会、经济和生态的可持续发展。③ 除以上省份外，青海和新疆的旅游扶贫技术效率也低于全国平均水平。综合来看，旅游扶贫技术效率较低的省份大都位于中国西部地区，基础设施相对不完善，经济发展水平较低，二、三产业发展相对落后，在就业带动、技术创新等方面仍落后于东、中部地区，这也成为制约该地区旅游扶贫技术效率提升的重要因素。

表 5-7 2007—2016 年各样本省份旅游扶贫技术效率测度值

DMU	2007年	2008年	2009年	2010年	2011年	2012年	2013年	2014年	2015年	2016年	均值
安徽	1	0.884	0.859	0.790	0.907	0.908	0.951	0.868	0.908	0.897	0.897
甘肃	0.919	1	1	0.985	0.985	1	1	1	1	1	0.989
广西	0.852	0.846	0.880	0.875	0.811	0.763	0.861	0.892	0.905	0.893	0.858
贵州	1	1	1	1	1	1	1	1	1	1	1
海南	0.665	0.640	0.574	0.557	0.616	0.591	0.580	0.576	0.546	0.575	0.592
河北	1	0.954	0.943	1	0.964	0.925	0.921	1	1	1	0.971
河南	1	1	1	1	1	1	1	1	1	1	1
湖北	0.870	0.875	0.815	0.847	0.891	0.923	1	0.993	0.961	1	0.918
湖南	1	0.882	0.892	1	0.965	0.903	0.870	0.883	0.872	0.881	0.915
吉林	1	1	1	1	1	1	1	1	1	1	1
江西	1	1	0.987	1	1	1	1	1	0.977	1	0.996
辽宁	1	0.975	1	0.989	1	1	1	1	0.967	1	0.993
内蒙古	1	0.953	1	1	1	1	1	1	1	0.864	0.982
宁夏	0.884	0.940	1	1	0.877	0.906	0.951	0.979	1	1	0.954
青海	1	0.959	0.996	0.734	0.795	0.834	0.980	0.665	0.729	0.894	0.859
山西	1	0.980	1	1	0.989	0.999	1	1	0.994	1	0.996
陕西	1	0.936	0.970	0.902	1	1	0.900	0.916	0.977	1	0.960
四川	1	1	1	1	1	1	1	1	1	1	1
西藏	0.535	0.526	0.598	0.543	0.593	0.649	0.743	0.846	1	0.767	0.680
新疆	0.857	0.749	0.795	0.972	0.979	1	0.888	0.887	0.875	0.855	0.886
云南	0.694	0.781	0.739	0.717	0.635	0.784	0.849	0.952	0.856	0.863	0.787
重庆	0.968	0.854	0.885	0.893	0.978	0.997	1	0.960	0.976	1	0.951
均值	0.920	0.897	0.906	0.900	0.908	0.917	0.932	0.928	0.934	0.931	0.917
有效率省份个数	13	6	9	10	8	10	11	10	9	13	—

参照旅游扶贫综合效率的对比分析方法，本研究也将样本时期分为三个时间区间，分别为 2007—2009 年、2010—2012 年和 2013—2016 年，计算各个时期 22 个样本省份的旅游扶贫技术效率均值，如表 5-8 所示。从时序变化趋势来看：①由于河南、吉林和四川的旅游扶贫技术效率一直处于相对有效率状态，因此在三个时期该三省也呈现一致的结果。除此之

外，江西、辽宁和山西三个省份的旅游扶贫技术效率也非常接近相对有效率状态，在三个时期的均值都在 0.99 以上，如 2010—2012 年，江西省的旅游扶贫技术效率处于相对有效率状态。②通过对比可以看出，有多个省份的旅游扶贫技术效率水平实现了明显提升。如西藏自治区的旅游扶贫综合效率由 2007—2009 年的 0.553 提升至 2013—2016 年的 0.839，提升幅度超过 50%，明显高于其他省份。这主要得益于西藏自治区在旅游扶贫中实施的一系列体制创新、乡村旅游品牌建设等政策，例如乡村旅游的 PPP 模式、乡村旅游经营管理能力培训等，都有效地解决了贫困人口的就业和收入问题。除西藏外，湖北、重庆、云南、广西和新疆等也实现了旅游扶贫技术效率的提高，并且湖北和重庆两省份还超过了全国平均水平。这也说明，中国在扶贫效率提升、精准扶贫战略实施上取得了较显著的成果。并且，作为承接东部产业转移的主要省份，重庆、广西和云南等积极吸收东部溢出技术，不断优化产业结构，积极提升自身创新水平，在旅游扶贫工作中也得到了有效体现。③海南省的旅游扶贫技术效率由 2007—2009 年的 0.627 下降到 2013—2016 年的 0.569，全国最低。这说明在这一阶段，海南省的旅游扶贫模式仍未实现从粗放型到精准型的转变，技术含量不高，创新严重不足。此外，湖南和青海两省的旅游扶贫技术效率也出现小幅下滑，由原来的高于全国平均水平下滑到了 0.9 以下。综合来看，2007—2016 年，中国大多数省份的旅游扶贫技术效率有了不同幅度的提升，这也与中国积极实施“精准扶贫”“科技扶贫”以及“教育扶贫”等战略相吻合。

表 5-8　不同时期各样本省份旅游扶贫技术效率均值

DMU	2007—2009 年	2010—2012 年	2013—2016 年	DMU	2007—2009 年	2010—2012 年	2013—2016 年
安徽	0.914	0.868	0.906	辽宁	0.992	0.996	0.992
甘肃	0.973	0.990	1	内蒙古	0.984	1	0.966
广西	0.859	0.816	0.888	宁夏	0.941	0.928	0.983
贵州	1	1	1	青海	0.985	0.788	0.817
海南	0.627	0.588	0.569	山西	0.993	0.996	0.998
河北	0.966	0.963	0.980	陕西	0.969	0.967	0.948
河南	1	1	1	四川	1	1	1
湖北	0.854	0.887	0.989	西藏	0.553	0.595	0.839

表5-8(续)

DMU	2007—2009年	2010—2012年	2013—2016年	DMU	2007—2009年	2010—2012年	2013—2016年
湖南	0.925	0.956	0.877	新疆	0.800	0.983	0.876
吉林	1	1	1	云南	0.738	0.712	0.880
江西	0.996	1	0.994	重庆	0.902	0.956	0.984

通过2007—2016年全国22个样本省份的旅游扶贫技术效率均值曲线，也可以直观地看出中国旅游扶贫技术效率的时序变化特征。如图5-3所示，虽然2007—2016年中国旅游扶贫技术效率出现多次波动，但总体来看仍呈明显上升趋势。在此期间，在2008年，中国旅游扶贫效率出现明显下降，如前文分析的，这可能主要受全球金融经济危机背景下中国经济下行态势以及产业投资环境变化的影响。进入2013年后，中国旅游扶贫技术效率虽有轻微波动，但走势基本趋于平坦，这主要是因为中国进入扶贫攻坚阶段，粗放型模式已经不适应旅游扶贫的要求，而依靠体制创新、技术支持的精准旅游扶贫模式仍处于探索阶段。最后，从处于相对有效率状态的省份数量来看，也由2008年的6个增加到2013年的13个，且在2012年以后基本维持在全部样本省份数量的50%左右，这也与技术效率变化曲线的结果基本一致。

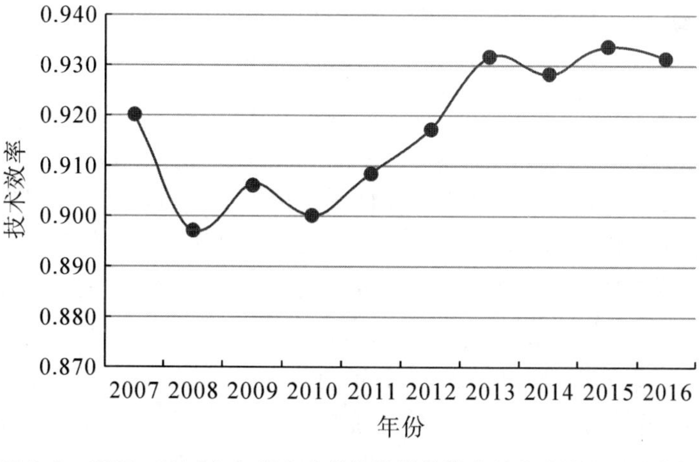

图5-3　2007—2016年各样本省份旅游扶贫技术效率均值变化趋势线

5.2.3 规模效率测度结果及动态变化特征分析

从生产的角度来讲，规模效率是指在一定的体制、技术和管理条件下，现有的资源投入规模与最优生产规模之间的差距。当规模效率=1时，表示已达到最优生产规模。由数据包络分析理论，根据旅游扶贫综合效率、技术效率和规模效率之间的关系 TE=OE/SE，可得到旅游扶贫规模效率（SE）。如表5-9所示，2007—2016年，全国22个样本省份的旅游扶贫规模效率均值达到0.965。虽然处于相对有效率状态的省份个数较少，但是大多数省份都十分接近有效率状态，说明这一阶段中国旅游扶贫开发已基本实现了资源规模的有效投入，从规模角度去提升旅游扶贫效率的空间已经不大，制度创新、技术投入等才应是今后提升旅游扶贫效率的合理途径。

从各个样本省份来看：① 四川省的旅游扶贫规模效率一直处于相对有效率状态，这说明该省的旅游扶贫资源投入已经达到相对最优生产规模，资源投入以及分配比例都能够合理地促进旅游扶贫工作的高效率开展。在旅游扶贫中，四川省充分考虑贫困地区自身的资源条件和经济状况，积极开发民族聚居地区丰富的自然资源和人文资源，依靠引入社会资金等手段，2015年在乌蒙山等四大片区投入旅游项目超过千亿元。同时，在乡村基础设施建设、贫困村民就业创业培训上，也积极加大支持力度，实现了旅游扶贫资金、资源的合理分配。除四川省外，贵州和河南两省也基本处于相对有效率状态，它们在2007—2016年的旅游扶贫规模效率均值都超过了0.995，与四川十分接近。而且与前文对比可发现，四川、贵州和河南三省的旅游扶贫技术效率也处于相对有效率状态，结合规模效率测度结果，说明它们的旅游扶贫效率明显优于其他样本省份，在旅游扶贫开发策略实施、资源调配利用以及贫困人口帮扶等方面都实现了有效开展。② 相较于其他样本省份，陕西和湖北两省的旅游扶贫规模效率较低，其值均低于0.9。辽宁省的旅游扶贫规模效率则出现了较大波动，其2016年的规模效率值仅为0.799，明显低于2015年的0.905。这说明在旅游扶贫投入规模上，这三省仍有部分提升空间，可通过开拓企业扶贫渠道、增加扶贫投入、合理调配资源分配比例等方法进一步提升旅游扶贫规模效率。③ 重庆和海南两省份的旅游扶贫规模效率实现了较大幅度的提升。重庆由2007年的0.817提升至2016年的0.971，超过全国平均水平；海南则从2007年的

0.773 上升至 2016 年的 0.932，提升幅度最大。其中，海南省的旅游扶贫技术效率仅为 0.6 左右，说明此时海南省的旅游扶贫开发仍处于依靠资本积累的粗放型旅游扶贫阶段，在规模效率上已与其他样本省份非常接近，但是在技术效率上仍存在较大差距。从粗放型转向精准型扶贫模式，以及提高旅游扶贫的技术效率，应是海南省旅游扶贫的重点方向。

表 5-9　2007—2016 年各样本省份旅游扶贫规模效率测度值

DMU	2007年	2008年	2009年	2010年	2011年	2012年	2013年	2014年	2015年	2016年	均值
安徽	1	0.983	0.959	0.967	0.945	0.971	0.981	0.970	0.978	0.975	0.973
甘肃	0.951	1	1	0.997	0.997	1	1	1	1	0.959	0.990
广西	0.985	0.982	0.962	0.981	0.992	0.962	0.990	0.992	0.999	0.997	0.984
贵州	1	1	1	1	1	1	1	1	0.995	1	0.999
海南	0.773	0.837	0.961	0.984	0.970	0.948	0.974	0.999	1	0.932	0.938
河北	0.965	0.964	0.910	1	0.902	0.944	0.974	0.974	0.996	1	0.963
河南	1	1	1	1	1	0.984	1	1	1	1	0.998
湖北	0.855	0.806	0.838	0.924	0.938	0.975	0.957	0.881	0.885	0.894	0.895
湖南	0.964	0.918	0.933	0.953	0.960	0.967	0.970	0.997	0.993	0.999	0.965
吉林	0.924	0.873	0.901	0.953	0.995	1	1	1	1	1	0.965
江西	1	0.990	0.905	1	0.999	0.998	1	1	0.996	1	0.989
辽宁	0.864	0.967	0.991	0.996	0.964	0.992	1	0.978	0.905	0.799	0.946
内蒙古	1	0.988	1	1	1	1	1	1	0.925	0.941	0.985
宁夏	0.959	0.983	0.984	0.958	0.969	0.986	0.995	0.929	1	1	0.976
青海	0.987	0.993	0.935	0.951	0.969	0.939	0.853	0.997	0.940	0.759	0.932
山西	1	0.963	0.962	0.964	0.975	0.983	1	1	0.997	1	0.985
陕西	0.820	0.853	0.804	0.880	0.888	0.936	0.965	0.928	0.939	0.893	0.891
四川	1	1	1	1	1	1	1	1	1	1	1
西藏	0.999	0.962	0.960	0.934	0.968	0.962	0.904	0.904	0.799	0.998	0.939
新疆	0.972	0.997	0.953	0.906	0.957	1	0.990	0.988	0.980	0.992	0.974
云南	0.987	0.979	0.964	0.954	0.988	0.982	0.985	0.962	0.997	0.999	0.980
重庆	0.817	0.985	0.987	0.985	0.991	0.999	0.980	0.982	0.989	1	0.971
均值	0.947	0.956	0.950	0.968	0.971	0.979	0.978	0.976	0.969	0.961	0.965
有效率省份个数	7	4	5	6	4	6	9	8	6	9	

如表 5-10 所示，从不同时期各样本省份的旅游扶贫规模效率对比来看：① 贵州、河南和四川的旅游扶贫规模效率变化不大，与前文一致，基本都处于相对有效率状态。② 海南、湖北、吉林和陕西 4 省份的旅游扶贫规模效率则实现了较明显的上升，均提高到了 0.9 以上，这与 4 省份的旅游扶贫投入策略是分不开的。如陕西省，“十二五”期间投入 3 亿多元旅游扶贫资金，完成 200 多项旅游扶贫项目，而且在 A 级旅游景区创建、乡村旅游示范村建设和文化旅游名镇建设等方面成果显著，这些都有效地提高了该省的旅游扶贫规模效率。“十二五”期间，陕西依靠旅游扶贫实现 60 万贫困人口脱贫致富。此外，重庆市的旅游扶贫规模效率也有小幅提升，并超过了全国平均水平。③ 青海省的旅游扶贫规模效率下降较明显，由 2007—2009 年的 0.972 下降至 2013—2016 年的 0.887，已低于全国平均水平。而且，从旅游扶贫技术效率的测度结果来看，青海省下降幅度也同样明显。这说明，青海省原有的旅游扶贫开发策略可能已逐渐不适应新的扶贫攻坚形势，需要政府部门、企业等扶贫主体主动创新扶贫渠道、转变扶贫模式，从规模和技术两方面实现旅游扶贫效率的整体提升。综合来看，中国旅游扶贫规模效率基本处于相对较高水平，这也是中国长期开展扶贫工作所取得的成果。因此，在未来的扶贫进程中，中国在维持扶贫资源合理有效分配的同时，更应积极探索扶贫体制创新以及产业技术投入等内容，从而实现旅游扶贫技术效率的持续提升。

表 5-10　不同时期各样本省份旅游扶贫规模效率均值

DMU	2007—2009 年	2010—2012 年	2013—2016 年	DMU	2007—2009 年	2010—2012 年	2013—2016 年
安徽	0.981	0.961	0.976	辽宁	0.941	0.984	0.920
甘肃	0.984	0.998	0.990	内蒙古	0.996	1	0.966
广西	0.976	0.978	0.995	宁夏	0.975	0.971	0.981
贵州	1	1	0.999	青海	0.972	0.953	0.887
海南	0.857	0.967	0.976	山西	0.975	0.974	0.999
河北	0.946	0.949	0.986	陕西	0.826	0.901	0.931
河南	1	0.995	1	四川	1	1	1
湖北	0.833	0.946	0.904	西藏	0.973	0.954	0.901
湖南	0.939	0.960	0.990	新疆	0.974	0.955	0.987
吉林	0.899	0.983	1	云南	0.977	0.975	0.986
江西	0.965	0.999	0.999	重庆	0.930	0.992	0.988

最后，从图 5-4 的变化曲线来看，2007—2016 年中国旅游扶贫规模效率基本维持在较高水平，且变化不大。2007—2012 年，中国旅游扶贫规模效率实现小幅提升，由 2007 年的 0.947 提高到 2012 年的 0.979。在 2009 年出现轻微波动，可能是由于当时国内外经济形势面临下行压力，导致旅游扶贫中的资源投入规模也受到一定影响。此后，中国旅游扶贫规模效率出现小幅下滑，降至 2016 年的 0.961，这主要受当时中国扶贫攻坚形势影响。这一阶段，贫困人口逐年减少，所剩贫困人口贫困程度更深、扶贫难度更大，而且多为偏远山区等条件更恶劣地区，这些因素都影响了旅游扶贫规模效率的提升。总体而言，虽然 2013 年后中国旅游扶贫规模效率有所下滑，但仍处于较高水平。

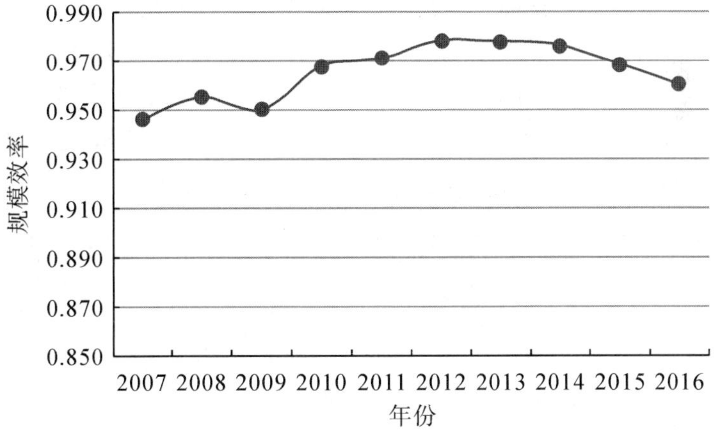

图 5-4　2007—2016 年各样本省份旅游扶贫规模效率均值变化趋势线

5.2.4　分解效率的贡献

根据数据包络分析原理，综合效率包含两个分解效率，即规模效率和技术效率，综合效率值为两者的乘积。因此，综合效率与各分解效率之间必然相互影响相互制约①。因此，我们可以将综合效率分别与技术效率和规模效率建立二维有序坐标对散点图，根据散点图中散点接近 45°对角线位置的远近，判断各分解效率与综合效率的相关性及贡献大小。某分解效率与综合效率的对应散点越接近 45°对角线，说明该分解效率与综合效率

① 马晓龙，金远亮．张家界城市旅游发展的效率特征与演进模式［J］．旅游学刊，2015（2）：24-32.

的相关性越强，对综合效率的解释能力即贡献也就越大①。

基于此，本研究将前文测度所得的2007—2016年22个样本省份旅游扶贫综合效率、技术效率和规模效率，以综合效率为横轴、两个分解效率（技术效率、综合效率）分别为纵轴，建立二维有序坐标对散点图，如图5-5所示。通过对比可以看出，22个样本省份旅游扶贫综合效率与技术效率建立的二维散点图［图5-5（a）］明显更靠近45°对角线，这说明2007—2016年中国旅游扶贫技术效率对旅游扶贫综合效率的相关性更强、影响更大，表5-7和表5-9的测度结果也验证了图5-5的结论。这说明，在这一阶段，靠规模效率并不能促进中国旅游扶贫效率的提升，更无法实现中国脱贫攻坚的目标，只有从技术创新、体制转型以及产业结构优化等方面入手，才能真正提高中国旅游扶贫效率水平，真正达到“真扶贫”和“扶真贫”的效果。同时，本研究进一步进行偏相关分析，结果显示2007—2016年中国22个样本省份旅游扶贫综合效率与各分解效率间都呈显著正相关关系，技术效率和规模效率与综合效率的相关系数分别为0.873 9和0.170 7，这也验证了图5-5的分析结论。

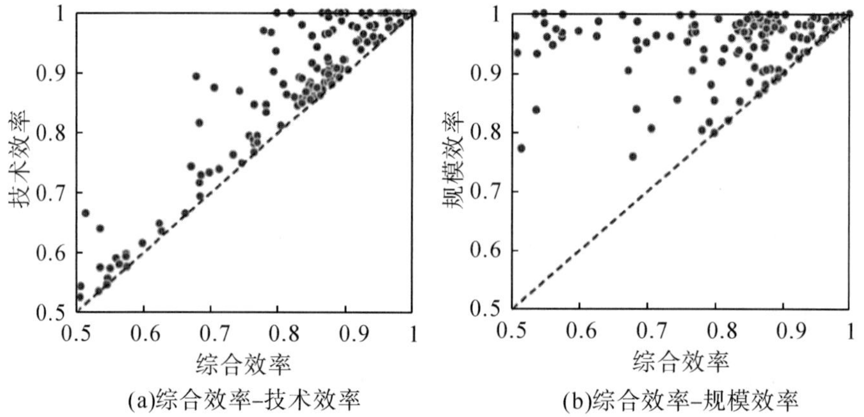

图5-5　2007—2016年中国省级旅游扶贫分解效率对综合效率的贡献分析

① 马晓龙. 基于绩效差异的中国主要城市旅游发展阶段演化［J］. 旅游学刊，2009，24（6）：25-30.

5.3 旅游扶贫效率的空间分布特征

为进一步剖析中国22个样本省份旅游扶贫效率在地理空间上的分布格局，本部分比较2007年、2010年、2013年和2016年全国22个样本省份旅游扶贫综合效率和各分解效率状况。通过空间分布特征相关分析，我们不仅可以了解中国旅游扶贫效率在地理环境因素上的差异性，同时还有助于厘清各地区旅游扶贫效率差异背后可能存在的空间区位原因，为旅游扶贫攻坚提供可靠依据，指导中国区域性旅游扶贫政策的科学实施。

5.3.1 综合效率的空间分布

从我国22个样本省份旅游扶贫综合效率的空间分布状况可以看出：

（1）从总体来看，中国旅游扶贫综合效率空间分布很不均衡，各省份差异较明显。从区域空间分布来看，中国东北部和中部地区的旅游扶贫综合效率明显优于西藏、云南和海南等西南边疆省份，中、西部地区也有部分省份，如陕西、湖北和重庆的旅游扶贫综合效率不高。这一现象说明，中国旅游扶贫综合效率明显受到区域环境的影响：自然条件较好、区位环境优越的东部地区旅游扶贫工作开展更顺利，也更有利于旅游扶贫综合效率的提升，而自然条件恶劣、基础设施严重落后的中国西南民族地区，旅游扶贫工作的困难更多、阻力更大，旅游扶贫开发可能需要消耗更多资源成本，因此表现出了较低的旅游扶贫综合效率。

（2）从相邻省份之间的对比来看，中国旅游扶贫综合效率存在一定的集聚现象，这也与Liu Yansui和Liu Jilai等①学者的研究结果基本一致。如2010—2016年，中国西南地区的西藏、新疆、青海和云南等相邻省份的旅游扶贫综合效率都较低；另外，2007—2010年，东北部地区的内蒙古、河北、辽宁、吉林、山西和河南等相邻省份的旅游扶贫综合效率则均较高。这一现象说明，中国各省份之间的旅游扶贫开发并不是相互独立的，而是彼此相互联系和相互影响的。这也体现了旅游产业发展的特征，如省际旅

① LIU Y, LIU J, ZHOU Y. Spatio-temporal patterns of rural poverty in China and targeted poverty alleviation strategies [J]. Journal of rural studies, 2017 (52): 66-75.

游流的流动、旅游资源的互补以及区域旅游合作等，这些因素在一定程度上将各省份的旅游扶贫工作联系在一起，从而呈现出中国旅游扶贫效率一定的集聚现象。同时，在旅游扶贫开发中，在技术、经济等方面也可能存在一定的溢出效应。这些都体现了中国实施集中连片贫困地区扶贫战略的必要性。

（3）与时间变化趋势结合起来看，2007—2013 年中国旅游扶贫综合效率总体呈上升趋势，但是在 2013—2016 年出现了小幅下降，这也与前文中的分析结果基本一致。2007—2013 年，中国旅游扶贫综合效率的提升主要得益于甘肃、宁夏和湖北等省份的效率提升，青海省则出现了一定程度的下滑。2013—2016 年，中国旅游扶贫综合效率出现了小幅下滑，内蒙古、辽宁和青海下滑幅度较为明显。海南省近年的旅游扶贫综合效率并没有明显提升，说明海南省在旅游扶贫资源投入利用方面并没有实现最优化配置，在旅游扶贫政策实施方面应积极探索新的途径，改变现有扶贫模式。

5.3.2 技术效率的空间分布

如前文分析所述，中国旅游扶贫综合效率主要受技术效率影响，与规模效率的相关性较低。从 22 个样本省份旅游扶贫技术效率的空间分布状况可以看出，中国旅游扶贫技术效率水平展现了与综合效率基本一致的规律。

（1）从空间分布格局来看，2007—2016 年中国东、中部地区的旅游扶贫技术效率普遍高于新疆、西藏和云南等边疆省份。2016 年，内蒙古的旅游扶贫技术效率出现一定程度的下滑。

（2）相对于中国旅游扶贫综合效率的分布状况而言，2007—2016 年中国东、中部地区旅游扶贫技术效率集聚程度较高，各省份差异性并不明显。这也说明，中国东、中部省份凭借其优越的区位环境以及经济条件可以更好地实现旅游扶贫资源的有效配置，更有利于旅游扶贫技术效率的提高。

（3）相较于 2010 年之前，在 2013 年之后，西藏的旅游扶贫效率实现了较大幅度的提升，这也与前文的分析结论基本一致。通过效率变化可以看出，在 2013 年之后，中国旅游扶贫技术效率平均水平的降低主要受内蒙古和青海技术效率下降的影响。但是，2016 年，中国省际旅游扶贫技术效率空间分布均衡程度比 2010 年之前有所提高。

5.3.3 规模效率的空间分布

从我国22个样本省份旅游扶贫规模效率的空间分布状况可以看出，其空间分布状况与综合效率和技术效率存在明显差异。2007—2016年，中国旅游扶贫规模效率较高，空间分布比较均衡。这说明，中国经过较长时间的扶贫开发工作后，在扶贫资本积累上已经实现了较高的效率，而且东、西部省际规模效率差异也在逐渐减小。在所有22个样本省份中，2016年，青海省的旅游扶贫规模效率出现了一定程度的下降，这应该引起各扶贫参与主体的重视。旅游扶贫攻坚任务艰巨，但“大干快上”似的资源投入方式并不一定能够实现贫困状况的迅速改善，带来的可能只是资源浪费、环境破坏等后果，甚至出现脱贫人口“返贫”现象，严重影响了旅游扶贫规模效率的提升。综合来看，中国旅游扶贫规模效率已达到较高水平。如何在维持较高规模效率的同时进一步提高技术效率，是今后的旅游扶贫工作亟待解决的问题。

本章主要测算和分析了中国省级旅游扶贫效率的特征。相较于已有文献，本章在测算方法和指标体系设计上都进行了较大修正，丰富了投入和产出指标的选取，采用数据包络视窗分析方法，以22个样本省份为样本区，测度了2007—2016年中国省级旅游扶贫的效率状况。总体而言，2007—2016年，中国省级旅游扶贫综合效率呈上升趋势，这一整体时序特征也体现出随着中国扶贫开发的深入，中国扶贫模式逐渐由传统的粗放型向精准型转变，各扶贫参与主体也更加关注扶贫的资源利用效率以及减贫效果等问题。但是从时间点来看，2013年以后，中国旅游扶贫综合效率出现了小幅下滑的现象。从原因来看，这可能主要受中国经济环境以及扶贫形势的影响，加之剩余的贫困人口主要分布于偏远山区或边疆等基础条件更加落后的地区，贫困程度更深，扶贫难度更大，因此造成了扶贫效率一定程度的下滑。从分解效率的对比来看，中国省级旅游扶贫规模效率明显高于技术效率，但是技术效率与综合效率的相关性更高，说明这一时期中国旅游扶贫效率主要受技术效率的影响，中国的旅游扶贫开发已经基本完成了资本积累阶段，规模效率的提升空间有限，今后应主要从技术创新、组织管理水平提升等方面提高扶贫技术效率，进而实现旅游扶贫综合效率的发展。

本章还借助 GIS 方法分析了中国省级旅游扶贫效率的空间分布特征。从空间分布来看，中国旅游扶贫综合效率存在一定的空间集聚特征，而且效率水平较低的省份主要分布于中国西部民族地区或边疆山区等区域，如西藏、青海和云南等。随着时间的推移，中国省级旅游扶贫效率的均衡程度有所提高。从空间分布特征的对比也可以看出，中国省级旅游扶贫技术效率对综合效率的影响明显高于规模效率，这也为中国旅游扶贫开发以及政策实施提供了理论依据。

6 中国市县级旅游扶贫效率测度及比较分析

在上一章中，我们利用数据包络视窗分析方法测度了中国省级旅游扶贫效率。为进一步对比分析不同区域扶贫效率的差异，更全面地展现中国旅游扶贫效率的变化特征，本章首先采用相同的方法，对中国市级和县级区域的旅游扶贫效率进行了实证测度，然后对比分析了中国省级、市级和县级旅游扶贫效率的差异特征及波动原因。

6.1 中国集中连片特困地区市级旅游扶贫效率测度

6.1.1 研究设计

6.1.1.1 样本区选择

在市级旅游扶贫效率测度中，本研究参考国务院 2011 年公布的《中国农村扶贫开发纲要（2011—2020 年）》中提出的 14 个集中连片特困地区分县名单，根据各市包含贫困县的数量，并考虑 2016 年各市旅游收入占地方 GDP 的比重以及数据的可获得性，最终选择了 26 个市（区）作为中国市级旅游扶贫效率测度的样本区，如表 6-1 所示。如贵州省铜仁、毕节等市以及广西崇左、河池等市，所选择样本市（区）主要集中于中国西部民族地区或边疆地区，其贫困特征显著且贫困程度较深，是中国扶贫开发的重点区域。

表 6-1　市级旅游扶贫效率测度样本市（区）选择

序号	市（区）	所属省份	包含贫困县数量/个	2016 年旅游收入占 GDP 比重/%
1	安康	陕西	10	20. 10
2	汉中	陕西	10	14. 96
3	郴州	湖南	4	14. 80
4	铜仁	贵州	10	40. 53
5	黔东南	贵州	15	68. 23
6	遵义	贵州	8	32. 98
7	毕节	贵州	7	27. 34
8	普洱	云南	9	29. 64
9	保山	云南	4	28. 20
10	临沧	云南	8	20. 29
11	崇左	广西	4	23. 86
12	河池	广西	7	35. 54
13	张家口	河北	9	35. 54
14	保定	河北	8	24. 35
15	赣州	江西	11	26. 84
16	吉安	江西	4	38. 88
17	巴中	四川	4	30. 61
18	达州	四川	2	9. 71
19	大同	山西	6	35. 43
20	忻州	山西	6	45. 75
21	临汾	山西	5	31. 12
22	安庆	安徽	5	32. 15
23	洛阳	河南	4	23. 92
24	十堰	湖北	6	25. 28
25	黄冈	湖北	6	8. 76
26	固原	宁夏	5	10. 42

数据来源：《中国农村扶贫开发纲要（2011—2020 年）》以及各市（区）2016 年《国民经济与社会发展统计公报》。

6.1.1.2 指标体系及数据来源

本书关于市级旅游扶贫效率的研究，参考前文中省级旅游扶贫效率分析所设计的指标体系，并根据研究中具体情况进行相应调整，如表 6-2 所示。

表 6-2 市级旅游扶贫效率评价指标体系

	指标名称	单位	相关数据来源
投入指标	固定资产投资比重	%	历年《国民经济与社会发展统计公报》
	从业人数比重	%	国泰安经济数据库
	人均旅行社数量	家/万人	各地方《统计年鉴》
	人均星级饭店数量	家/万人	各地方《统计年鉴》
	人均 A 级旅游景区数量	个/万人	各地方《统计年鉴》
产出指标	人均旅游收入	元/人	历年《国民经济与社会发展统计公报》
	人均接待游客数量	人次/人	历年《国民经济与社会发展统计公报》
	贫困人口比重	%	各地方《统计年鉴》
	农村居民恩格尔系数	%	各地方《统计年鉴》
	城镇居民恩格尔系数	%	各地方《统计年鉴》
	城乡居民收入差距指数	—	历年《国民经济与社会发展统计公报》

在上述市级旅游扶贫效率评价指标体系中，由于各市旅游产业相关数据很难获得，“固定资产投资比重”和“从业人数比重”指标用“第三产业固定资产投资比重”和“第三产业从业人口比重”指标替代；前文省级指标体系中的“人均星级饭店床位数”替换为“人均星级饭店数量”指标，其他指标不变。关于部分数据的处理，城乡收入差距指数其数值等于“城镇居民人均可支配收入÷农村居民人均纯收入”；贫困人口比重、农村居民恩格尔系数、城镇居民恩格尔系数和城乡居民收入差距指数等指标属于逆向指标，因此，在计算中对它们进行了取倒数处理。同时，需要指出的是，从 2014 年起，中国不再统计农村人均纯收入指标，因此，2014—2016 年的该指标数据由当年农村居民人均可支配收入的增长率推算而得。中国市级旅游扶贫效率测度所使用的数据，主要来源于国泰安经济数据库、各市历年《统计年鉴》和《国民经济与社会发展统计公报》等。

中国市级旅游扶贫效率水平测度，仍借助 DEA Solver 工具，采用 DEA

视窗分析方法，首先基于规模收益不变的投入导向 Window 模型计算得出旅游扶贫综合效率，然后利用基于规模收益可变的投入导向 Window 模型计算得到旅游扶贫技术效率，最后根据综合效率、技术效率和规模效率三者的关系计算得到旅游扶贫规模效率值。

6.1.2 综合效率分析

基于规模收益不变的投入导向 Window 模型，得到 2011—2016 年中国 26 个市（区）旅游扶贫综合效率值，如表 6-3 所示。

表 6-3 2011—2016 年市级旅游扶贫综合效率测度结果

DMU	2011 年	2012 年	2013 年	2014 年	2015 年	2016 年	均值
安康	1	0.950	0.885	0.898	0.913	0.902	0.925
汉中	0.867	0.853	0.891	0.854	0.857	0.836	0.860
郴州	1	0.960	0.990	1	0.999	1	0.992
铜仁	1	1	0.992	1	0.911	1	0.984
黔东南	1	1	1	1	0.970	1	0.995
遵义	0.977	1	1	1	0.959	1	0.989
毕节	1	1	1	1	1	1	1
普洱	1	1	1	1	0.964	0.990	0.992
保山	0.849	0.856	0.843	0.933	0.953	0.937	0.895
临沧	0.964	1	0.943	1	0.928	0.982	0.969
崇左	1	0.950	0.873	0.887	0.866	0.724	0.883
河池	0.843	0.930	0.865	0.844	0.724	0.730	0.823
张家口	0.902	0.926	0.956	0.901	0.849	0.822	0.893
保定	1	0.991	0.987	1	1	1	0.996
赣州	0.924	0.928	0.965	0.932	0.863	0.880	0.915
吉安	1	1	1	0.978	0.984	1	0.994
巴中	0.966	0.984	1	1	1	1	0.992
达州	1	1	1	0.995	1	1	0.999
大同	1	1	0.996	1	1	1	0.999

表6-3(续)

DMU	2011 年	2012 年	2013 年	2014 年	2015 年	2016 年	均值
忻州	1	1	0. 933	0. 859	0. 887	0. 948	0. 938
临汾	1	1	1	0. 999	1	0. 957	0. 993
安庆	0. 869	0. 878	0. 879	0. 991	0. 848	0. 992	0. 910
洛阳	1	1	0. 977	0. 980	0. 994	1	0. 992
十堰	0. 920	0. 914	0. 976	0. 948	0. 791	0. 803	0. 892
黄冈	0. 986	0. 922	0. 907	1	1	0. 991	0. 968
固原	0. 997	1	1	0. 998	0. 951	1	0. 991
均值	0. 964	0. 963	0. 956	0. 961	0. 931	0. 942	0. 953
有效率市(区)个数	14	13	9	11	7	12	—

从表 6-3 综合效率测度结果我们可以看出：

（1）从总体来看，中国市级旅游扶贫综合效率处于较高水平，2011—2016 年的综合效率均值达到 0. 953。从总体变化趋势来看，虽然其间出现了一定程度的波动，但旅游扶贫综合效率仍由 2011 年的均值 0. 964 下降至 2016 年的 0. 942，市级旅游扶贫综合效率出现小幅下滑。这一结果与前文分析中的中国省级旅游扶贫综合效率变化趋势基本相似，可能是由于此时中国扶贫开发进入攻坚克难阶段，加之剩余的贫困人口主要分布于生活环境和基础条件相对落后的山区或边疆地区，贫困程度更深、扶贫难度更大，造成了 2011 年之后中国旅游扶贫的效率出现一定的下滑趋势。从处于相对有效率状态的市（区）的个数来看，也可以反映出上述的市级旅游扶贫综合效率的变化趋势。2011 年，处于相对有效率状态的市（区）数量为 14 个，2016 年则为 12 个，占 26 个市（区）总样本数量的近 50%，虽然略有下降，但同时也说明市级旅游扶贫效率仍处于较高水平。

（2）从各样本市（区）的比较来看，各样本市（区）的旅游扶贫综合效率存在较明显的差异性。2011—2016 年，贵州省毕节市的旅游扶贫综合效率一直处于相对有效率状态，略高于其他样本市（区），这说明在此期间毕节市在旅游扶贫开发中的资源投入与利用取得了非常显著的减贫效果。毕节市属于乌蒙山集中连片特困地区范围，作为贵州省扶贫攻坚的主战场，毕节市农村贫困人口数量由 2011 年的 250. 05 万人（2010 年标准）

减少至2016年的92.43万人，五年时间共减少农村贫困人口近160万人，贫困发生率也由2011年的35.5%降至2016年的15%以下，减贫效果显著。在旅游扶贫方面，毕节市积极推进特色乡村旅游发展模式，黔西县解放村柳岸水乡、织金县雅贤现代农业观光园、梨树镇杨柳湾休闲农业旅游观光园等系列休闲农业与乡村旅游示范点蓬勃发展，当地农民也在转业转型中实现了脱贫致富。2016年，毕节市共接待国内外游客5 500万人次，同比增长34%，部分直接旅游从业者人均纯收入超过1万元。除毕节市外，2011—2016年，山西大同和四川达州的旅游扶贫综合效率平均值为0.999，也基本处于相对有效率状态。大同和达州两市在旅游扶贫开发中取得了较好的效果，如达州市探索山区旅游扶贫新模式，推进山地休闲、农业休闲和乡村生态旅游扶贫带建设，从而带动了贫困区域实现整体脱贫摘帽目标。

（3）从各市（区）的旅游扶贫综合效率变化趋势来看，2011—2016年，云南保山、四川巴中和安徽安庆等市（区）的旅游扶贫综合效率实现了较明显的提升。保山市的旅游扶贫综合效率值由2011年的0.849上升至2016年的0.937，说明保山市在旅游扶贫开发中的资源投入取得了较好的效果，随着时间的推移，前期的扶贫投入的减贫成效也逐渐显现。保山市积极推进旅游文化产业发展规划，进一步加快乡村旅游扶贫开发。在旅游扶贫中，保山市以乡村旅游为载体，着重打造“田园生态”旅游品牌，同时借助“互联网+”的营销模式，搭建农商对接平台，为当地农产品、旅游产品拓展了更便捷的销售渠道。2016年，农村贫困人口年人均旅游经营收入已超过1万元，旅游扶贫策略的实施效果十分显著。巴中市也积极探索旅游扶贫新模式，不断引入市场机制，与中青旅、陕旅集团、川旅集团等企业合作，推进旅游景区综合开发，提高旅游服务与管理水平，培养自身造血能力。“十二五”期间，巴中市贫困人口由87.1万人减少到31.8万人，实现55.3万农村贫困人口脱贫，贫困发生率也由27.2%下降到10.5%。

（4）与其他样本市（区）相比，2011—2016年广西河池的旅游扶贫综合效率明显较低，由0.843下降为0.730，均值仅为0.823，而且2015年之后的综合效率值均低于0.8，说明河池市在旅游扶贫开发的资源投入和使用中遇到了一定问题，出现了瓶颈，需要在扶贫模式、实施策略等方面进行创新，才能促进旅游扶贫综合效率提高。这一结果可能也与这一时期的经济发展形势有关。与其他样本市（区）相比，河池市在科技水平或者经济水平等方面存在较明显的差距，同时受整体社会发展方式转型、化解产能过剩等因素的影响，旅游扶贫综合效率出现下滑趋势。同属广西的崇左市，在 2016 年的旅游扶贫综合效率值也降至 0.8 以下，其旅游扶贫状况与河池市存在一定的相似性。除此之外，陕西安康、河北张家口、江西赣州和湖北十堰等市（区）的旅游扶贫综合效率也出现了不同程度的下降，这也应该引起相关政府部门的注意。这些市（区）需要在旅游扶贫开发中积极提高扶贫精准度、探索新的扶贫模式、探索新的扶贫策略以提高旅游扶贫效率，实现旅游扶贫成效最大化。

（5）根据表 6-3 中 2011—2016 年市级旅游扶贫综合效率的平均值，我们绘制得到其变化趋势线，如图 6-1 所示。该趋势线直观地反映了旅游扶贫综合效率的变化特征。由图 6-1 可以看出，虽然 2013 年出现了微小波动，但 2011—2014 年中国市级旅游扶贫综合效率值均超过 0.950，处于较高水平。但是，在 2015 年，中国市级旅游扶贫效率则出现了明显下滑，正如前文分析所述，这可能受经济发展环境以及扶贫形势的影响。2016 年，旅游扶贫综合效率水平又出现了一定程度的提升，可能是各市（区）在实施“十三五”经济发展和扶贫开发政策上取得了初期的效果。从各年份的旅游扶贫综合效率水平以及各市区扶贫开发实践对比来看，2015 年前后大多数市（区）可能正处于旅游扶贫开发模式转型、扶贫策略调整的时期，为转变靠资本积累带动经济增长而实现减贫的传统粗放型扶贫模式，各扶贫地区积极探索创新旅游扶贫策略，这就造成了 2015 年前后旅游扶贫综合效率水平出现下滑的现象。但从总体来看，2011—2016 年中国市级旅游扶贫效率仍处于较高水平。

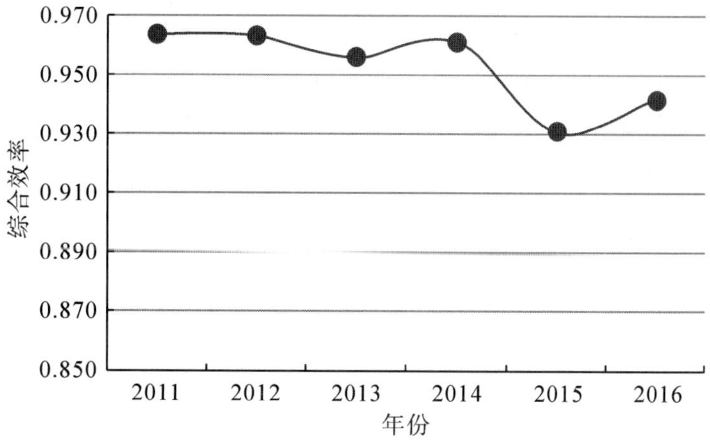

图 6-1　2011—2016 年市级旅游扶贫综合效率均值变化趋势线

6.1.3 技术效率分析

根据数据包络分析理论，基于2011—2016年的市级面板数据，我们利用基于规模收益可变（Variable Returns to Scale，VRS）的投入导向Window模型（Window-I-V），即可得到各样本市（区）旅游扶贫技术效率（TE）值，如表6-4所示。其中，技术效率是指通过完善管理方法或实现技术突破而获得的生产效率提升。同时，我们根据2011—2016年各样本市（区）旅游扶贫技术效率的均值，绘制得到其变化趋势线，如图6-2所示，可以更直观地展现旅游扶贫技术效率的变化特征。

表6-4 2011—2016年市级旅游扶贫技术效率测度结果

DMU	2011年	2012年	2013年	2014年	2015年	2016年	均值
安康	1	0.971	0.899	0.919	0.935	0.910	0.939
汉中	0.884	0.865	0.903	0.876	0.862	0.843	0.872
郴州	1	0.988	0.998	1	1	1	0.998
铜仁	1	1	1	1	0.940	1	0.990
黔东南	1	1	1	1	0.970	1	0.995
遵义	0.991	1	1	1	0.969	1	0.993
毕节	1	1	1	1	1	1	1
普洱	1	1	1	1	0.978	1	0.996
保山	0.887	0.872	0.860	0.943	0.973	0.949	0.914
临沧	0.990	1	0.970	1	0.965	1	0.987
崇左	1	0.984	0.899	0.913	0.913	0.762	0.912
河池	0.906	0.951	0.903	0.891	0.773	0.748	0.862
张家口	0.925	0.939	0.977	0.952	0.964	1	0.959
保定	1	1	1	1	1	1	1
赣州	1	1	0.986	0.968	0.895	0.925	0.962
吉安	1	1	1	0.990	0.988	1	0.996
巴中	0.972	0.987	1	1	1	1	0.993
达州	1	1	1	1	1	1	1
大同	1	1	0.999	1	1	1	1

表6-4(续)

DMU	2011 年	2012 年	2013 年	2014 年	2015 年	2016 年	均值
忻州	1	1	0.934	0.865	0.940	1	0.956
临汾	1	1	1	1	1	1	1
安庆	0.939	0.945	0.929	1	0.861	0.998	0.945
洛阳	1	1	0.982	0.986	0.996	1	0.994
十堰	1	0.975	0.999	0.976	0.910	0.919	0.963
黄冈	1	0.944	0.931	1	1	1	0.979
固原	1	1	1	1	0.955	1	0.993
均值	0.981	0.978	0.968	0.972	0.953	0.964	0.969
有效率市(区)个数	18	15	11	15	8	18	—

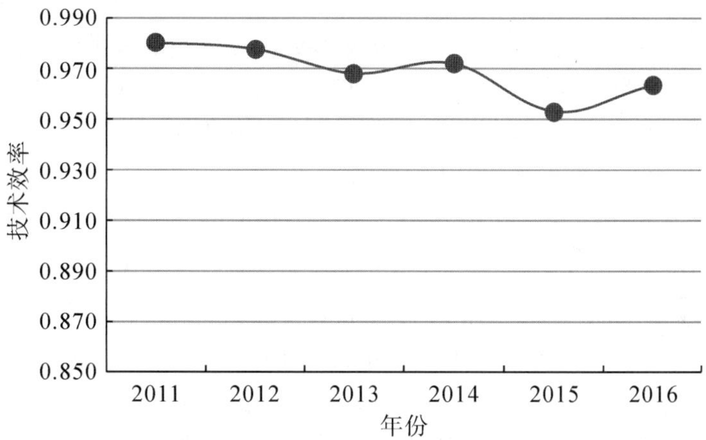

图 6-2　2011—2016 年市级旅游扶贫技术效率均值变化趋势线

我们从上述技术效率的测度结果可以看出：

（1）从总体来看，2011—2016 年中国市级旅游扶贫技术效率的均值为 0.969，相对水平较高，这也说明各样本市（区）在旅游扶贫过程中的模式创新以及组织管理等方面取得了良好的扶贫效果。从总体变化趋势来看，2011—2016 年市级旅游扶贫的技术效率值出现了小幅下滑，由 2011 年的 0.981 下降到 2016 年的 0.964，与市级旅游扶贫综合效率的变化趋势相似。从图 6-2 的变化趋势线也可以看出，虽然 2014 年出现了小幅波动，但2011—2015年中国市级旅游扶贫效率基本呈下降趋势，在2016年又出现小幅提升。这一现象说明在2015年之前，中国各样本市（区）在旅游扶贫策略的实施中已经逐渐与新的经济环境和扶贫形势出现一定的不吻合状况，这也阻碍了旅游扶贫技术效率的进一步提升。在2015年之后，各样本市（区）在旅游扶贫开发中积极探索新模式、新策略，有效促进了后续技术效率的提升。

（2）扶贫模式的创新以及扶贫工作组织管理的有效实施，是提高旅游扶贫技术效率的有效途径。从各样本市（区）的效率对比来看，2011—2016年，贵州毕节、河北保定、四川达州和山西临汾4个市（区）的旅游扶贫技术效率一直处于相对有效率状态。除此之外，山西大同、湖南郴州以及云南普洱等市（区）的旅游扶贫效率也十分接近相对有效率状态，说明这些市（区）在旅游扶贫开发中的改革创新、组织管理等方面取得了良好的减贫成效。如大同市近年来不断探索旅游扶贫新模式，依托其长城文化资源优势，着力打造“长城文化旅游城镇群”旅游品牌，在长城沿线建设特色旅游名镇，同时拓展影视旅游资源，鼓励居民参与旅游经营与旅游服务，这一旅游扶贫策略也将带动大同长城沿线近百万人脱贫致富。保定市也通过“互联网+”和“农旅融合”等方式不断创新旅游扶贫的“保定模式”，从而帮助近十万贫困人口脱贫。

（3）在其他样本市（区）中，2011—2016年，云南保山、河北张家口、四川巴中和安徽安庆等市（区）的旅游扶贫技术效率水平实现了较明显的提升。如保山市的旅游扶贫技术效率值由2011年的0.887上升至2016年的0.949，2016年张家口市和巴中市的旅游扶贫技术效率都上升至了相对有效率状态。这说明，2011—2016年，这些样本市（区）在旅游扶贫开发中逐渐实现了扶贫模式的转变，由原来传统的粗放型扶贫模式转向精准型旅游扶贫模式，旅游扶贫减贫成效也逐渐显现。近年来，张家口市紧抓旅游扶贫战略，提出“合作社+农户”“公司+农户”的扶贫模式，实现农户、公司和旅游景区互惠共赢，农户通过参股合作获得资本、劳务和分红三重收益。除上述市（区）外，广西河池、广西崇左、安徽安康和江西赣州等市（区）的旅游扶贫技术效率则出现了较明显下滑。其中，河池市的旅游扶贫技术效率下降最为明显，效率值由2011年的0.906下降至2016年的0.748；2015年崇左市的旅游扶贫技术效率还在0.900以上，到2016年却下降至了0.762。从各样本市（区）的旅游扶贫实践对比来看，造成技术效率下滑的原因主要是该市（区）在旅游扶贫模式上调整不及时，传统粗放型的旅游扶贫模式造成了扶贫工作组织管理效率下降。因此，各市（区）基于自身的旅游资源优势，及时地转变旅游扶贫模式、创新扶贫策略、提高组织管理成效，成为决定旅游扶贫技术效率水平快速提升的关键因素。

6.1.4 规模效率分析

按照数据包络分析理论，根据旅游扶贫综合效率、技术效率和规模效率之间的关系 TE = OE /SE，我们可计算得到中国市级旅游扶贫规模效率（SE），如表 6-5 所示。其中，规模效率是指在一定的体制、技术和管理条件下，现有的资源投入规模与最优生产规模之间的差距，当规模效率 = 1 时，表示已达到最优生产规模。同时，我们根据 2011—2016 年各样本市（区）旅游扶贫规模效率的均值，绘制得到其变化趋势线，如图 6-3 所示，可以更直观地展现旅游扶贫规模效率的变化特征。

表 6-5 2011—2016 年市级旅游扶贫规模效率测度结果

DMU	2011 年	2012 年	2013 年	2014 年	2015 年	2016 年	均值
安康	1	0.978	0.984	0.977	0.976	0.991	0.984
汉中	0.981	0.987	0.987	0.975	0.994	0.992	0.986
郴州	1	0.972	0.992	1	0.999	1	0.994
铜仁	1	1	0.992	1	0.969	1	0.993
黔东南	1	1	1	1	1	1	1
遵义	0.985	1	1	1	0.990	1	0.996
毕节	1	1	1	1	1	1	1
普洱	1	1	1	1	0.986	0.990	0.996
保山	0.957	0.982	0.980	0.990	0.980	0.987	0.979
临沧	0.973	1	0.972	1	0.961	0.982	0.982
崇左	1	0.966	0.971	0.972	0.949	0.949	0.968
河池	0.930	0.978	0.958	0.947	0.936	0.976	0.954
张家口	0.976	0.987	0.979	0.946	0.880	0.822	0.931
保定	1	0.991	0.987	1	1	1	0.996

表6-5(续)

DMU	2011 年	2012 年	2013 年	2014 年	2015 年	2016 年	均值
赣州	0.924	0.928	0.979	0.963	0.965	0.951	0.952
吉安	1	1	1	0.989	0.996	1	0.997
巴中	0.994	0.997	1	1	1	1	0.998
达州	1	1	1	0.995	1	1	0.999
大同	1	1	0.996	1	1	1	0.999
忻州	1	1	0.999	0.993	0.944	0.948	0.981
临汾	1	1	1	0.999	1	0.957	0.993
安庆	0.925	0.930	0.945	0.991	0.986	0.994	0.962
洛阳	1	1	0.995	0.994	0.998	1	0.998
十堰	0.920	0.937	0.977	0.971	0.870	0.874	0.925
黄冈	0.986	0.976	0.975	1	1	0.991	0.988
固原	0.997	1	1	0.998	0.995	1	0.998
均值	0.983	0.985	0.987	0.988	0.976	0.977	0.983
有效率市(区)个数	14	13	9	11	7	12	—

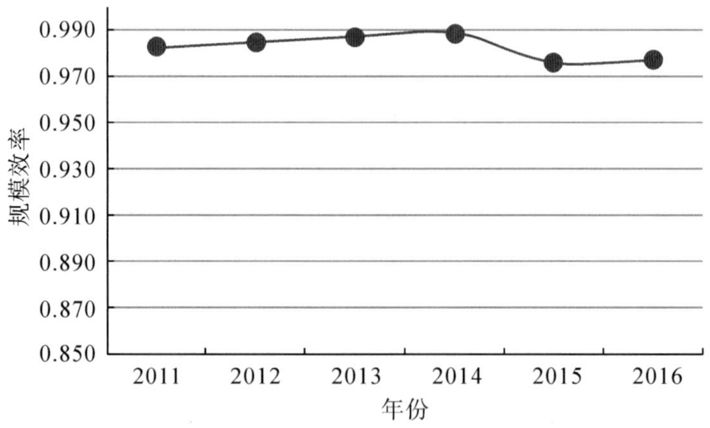

图 6-3　2011—2016 年市级旅游扶贫规模效率均值变化趋势线

我们从上述规模效率的测度结果可以看出，从总体来看，2011—2016年中国市级旅游扶贫规模效率的均值为0.983，略高于技术效率，说明各样本市（区）经过前期的旅游扶贫资本积累后，其规模效率已基本实现了优化，今后的规模效率提升空间不大。从时间变化趋势来看，各样本市（区）的旅游扶贫规模效率均值由2011年的0.983下降至2016年的0.977，规模效率均值略有下滑，这说明中国市级旅游扶贫的规模效率也可能在一定程度上受到了经济环境和扶贫形势的影响。如图6-3的变化趋势线也反映了同样的特征，2011—2014年各样本市（区）旅游扶贫规模效率均值略有上升，但是在2015年出现较明显下滑，说明在“十二五”期间各市（区）随着旅游扶贫资本投入的不断积累，旅游扶贫规模效率呈逐渐上升趋势，但是到2015年时，可能出现了扶贫资本积累过多、资源调配不合理等状况，从而导致了旅游扶贫规模效率下滑。这也进一步说明，中国在旅游扶贫开发中，虽然资本积累可以实现扶贫效率的提升，但是同时也应该注意到资本积累过多可能造成资源浪费、利用效率较低等问题，而且旅游扶贫资源的分配是否合理也影响了旅游扶贫的规模效率。

从各样本市（区）的测度结果对比来看，2011—2016年，贵州省的黔东南和毕节两市（区）的旅游扶贫规模效率一直处于相对有效率状态，明显高于其他市（区）。从近年贵州省的社会经济投资规模增长速度来看，也与这一结果基本吻合。在“十二五”期间，贵州省在基础设施建设、社会经济发展等领域的投资速率在全国处于前列，这也在一定程度上带动提高了其在旅游扶贫领域的规模效率。同时，四川达州、山西大同、河南洛阳和宁夏固原的旅游扶贫规模效率也非常接近相对有效率状态，说明这些市（区）的旅游扶贫资源也实现了较好的优化配置。除此之外，陕西汉中、贵州遵义、广西河池等市（区）的旅游扶贫规模效率则实现了不同幅度的提升。与技术效率的下降趋势相比，河池市的旅游扶贫规模效率由2011年的0.930提升到了2016年的0.976，也说明这一时期河池市的旅游扶贫模式主要依赖于资源的积累及优化配置，在扶贫策略或组织方法方面的创新略显不足，与前文的分析结果基本一致。与上述市（区）相对应的是，河北张家口、广西崇左、山西临汾和忻州等市（区）的旅游扶贫规模效率则出现了较明显下滑，如张家口市的旅游扶贫规模效率由2011年的0.976下降至2016年的0.822，崇左市则由2011年的相对有效率状态下降至2016年的0.949，低于所有市（区）的平均水平。但是，2011—2016

年，张家口市的旅游扶贫技术效率却呈现增长趋势，临汾市的旅游扶贫技术效率也处于相对有效率状态，与其规模效率的变化特征明显不一致。从各样本市（区）的扶贫实践来看，旅游扶贫规模效率和技术效率的变化差异，说明部分样本市（区）在旅游扶贫中可能只顾追求扶贫模式或实施策略的创新，而忽略了旅游扶贫资源配置对扶贫效率的影响。旅游扶贫综合效率是规模效率和技术效率共同作用的结果，忽视资源配置优化或者忽视扶贫工作组织创新的行为都将制约旅游扶贫综合效率的提升。这也为今后全国的旅游扶贫策略实施提供了启示。

6.1.5 分解效率的贡献分析

如前文所述，旅游扶贫综合效率受技术效率和规模效率的共同作用，三者的关系为：综合效率=技术效率×规模效率。因此，通过将旅游扶贫技术效率和规模效率分别与综合效率建立二维有序坐标对散点图，并根据散点图中散点接近45°对角线位置的远近，可以判断各分解效率与综合效率的相关性及贡献大小。如在中国市级旅游扶贫效率分析中，若某分解效率与综合效率的散点更接近45°对角线，则代表该分解效率与综合效率的相关性更高，即对综合效率的影响更大，也就说明中国市级旅游扶贫综合效率主要受该分解效率的影响。基于此，本研究将前文测度所得的2011—2016年市级旅游扶贫综合效率、技术效率和规模效率，以综合效率为横轴、两个分解效率分别为纵轴，建立两个二维有序坐标对散点图，如图6-4所示。

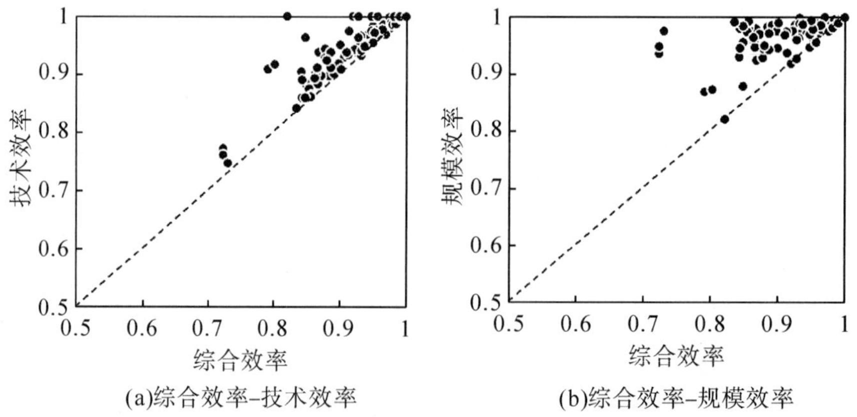

图6-4　2011—2016年市级旅游扶贫分解效率对综合效率的贡献分析

将图6-4的（a）和（b）对比可以看出，中国市级旅游扶贫综合效率与技术效率建立的二维散点图明显更向45°对角线靠近，这说明2011—2016年，各样本市（区）旅游扶贫技术效率对综合效率的相关性更高，技术效率对综合效率的影响更大，表6-4和表6-5的测度结果也验证了上述结论。从这一结果也可以看出，中国旅游扶贫模式正逐渐由传统的粗放型向精准型转换，各贫困地区在旅游扶贫开发中应更注重模式创新、策略创新以及扶贫工作的组织管理能力提升等，从而通过提高旅游扶贫技术效率最终实现旅游扶贫综合效率的提升。同时，本研究进一步进行了偏相关分析，结果显示2011—2016年各样本市（区）旅游扶贫综合效率与各分解效率间都呈显著正相关关系，技术效率和规模效率与综合效率的相关系数分别为0.722 1和0.307 6，这也验证了图6-4的分析结论。

6.2 中国广西县级旅游扶贫效率测度

6.2.1 研究设计

6.2.1.1 样本区选择

在中国县级旅游扶贫效率分析中，本研究选取广西特色旅游名县为研究样本区。广西为推进全区旅游业转型升级攻坚工程，于2013年提出创建“广西特色旅游名县”。以国家和广西壮族自治区扶贫开发工作重点县（市、区）为基础，选择旅游开发条件较好且贫困状况较严重的20个县，加大旅游扶贫资金和旅游专项资金支持，完善旅游基础设施建设，推进“创特县”的旅游产业发展，发挥旅游扶贫示范效应。为评价“创特县”在旅游产业发展和扶贫减贫中的整体表现，广西还建立了完善的评价指标体系，该体系包括旅游专项投资投入、旅游人才发展、旅游企业经营状况、旅游产业规模以及居民生活水平等多项指标。基于此，本研究以广西特色旅游名县为参考，选择数据相对完整的18个县（市、区）为研究样本，定量评价广西旅游扶贫的效率，如表6-6所示。

表 6-6 县级旅游扶贫效率测度样本区选择

序号	县(市、区)	所属市	2016 年	
			旅游收入占地方 GDP 比重/%	旅游脱贫人口/人
1	上林	南宁	75. 4	2 348
2	三江	柳州	90. 53	3 313
3	融水	柳州	39. 36	4 340
4	荔浦	桂林	47. 59	—
5	龙胜	桂林	82. 58	8 158
6	兴安	桂林	32. 99	2 912
7	阳朔	桂林	92. 63	—
8	大新	崇左	40. 24	1 824
9	凭祥	崇左	71. 03	2 270
10	宜州	河池	41. 77	4 194
11	巴马	河池	99. 46	3 606
12	靖西	百色	28. 36	4 347
13	钦南	钦州	35. 99	310
14	金秀	来宾	91. 24	982
15	东兴	防城港	69. 6	—
16	昭平	贺州	96. 03	1 630
17	桂平	贵港	24	—
18	容县	玉林	31. 57	—

注："—" 表示数据缺失；

数据来源：《2017 年广西统计年鉴》及中国经济与社会统计数据库。

6. 2. 1. 2 指标体系与数据来源

广西"创特县"旅游扶贫效率测度，仍参考前文全国 22 个样本省份旅游扶贫效率评价指标体系，并根据数据的针对性和完整性进行部分调整。

如表 6-7 所示，在投入指标中，用"人均旅游专项投资"指标替换省级旅游扶贫评价指标体系中原有的"固定资产投资比重"指标，更体现旅游扶贫的核心内容。投入端中的其他指标是旅游经济发展的基本组成部分，因此均保持不变。在产出指标中，贫困人口比重，由样本区"农村和城镇总低保人数占年末总人口比重”表示。同时，由于县级居民消费结构数据很难获得，原指标体系中的“农村居民恩格尔系数”和“城镇居民恩格尔系数”，分别由“农村居民人均纯收入”和“城镇居民人均可支配收入”替代。城乡收入差距指数指标，仍参考魏君英等学者的方法，其数值等于“城镇居民人均可支配收入÷农村居民人均纯收入”。

表 6-7 广西“创特县”旅游扶贫效率评价指标体系

	指标名称	单位	相关数据来源
投入指标	人均旅游专项投资	元	各县创特验收指标统计
	旅游从业人数比重	%	各县创特验收指标统计
	人均旅行社数量	家/万人	各县创特验收指标统计
	人均星级饭店床位数	张/万人	各县创特验收指标统计
	人均 A 级旅游景区数量	个/万人	广西历年《统计年鉴》
产出指标	人均旅游收入	元/人	历年《国民经济与社会发展统计公报》
	人均接待游客人次	人次	历年《国民经济与社会发展统计公报》
	贫困人口比重	%	广西历年《统计年鉴》
	农村居民人均纯收入	元	广西历年《统计年鉴》
	城镇居民人均可支配收入	元	广西历年《统计年鉴》
	城乡居民收入差距指数	—	广西历年《统计年鉴》

2013—2016 年，在广西创建特色旅游名县期间，每年都会对“创特县”的旅游业发展及扶贫成果进行验收和复查。因此，广西“创特县”旅游扶贫效率测度所使用的数据，部分来源于“创特县”验收和复查统计数据。同时，其他部分数据主要来源于历年广西《统计年鉴》和各县（市、区）《国民经济与社会发展统计公报》。在部分数据的处理中，贫困人口比重和城乡居民收入差距指数等指标属于逆向指标，因此，在计算中对它们进行了取倒数处理。

6.2.2 旅游扶贫综合效率分析

广西“创特县”旅游扶贫效率水平测度，仍借助 DEA Solver 工具，采用 DEA 视窗分析方法，首先基于规模收益不变的投入导向 Window 模型计算得出旅游扶贫综合效率，然后利用基于规模收益可变的投入导向 Window

模型计算得到旅游扶贫技术效率，最后根据综合效率、技术效率和规模效率三者的关系计算得到旅游扶贫规模效率值。

基于规模收益不变的投入导向 Window 模型，我们得到 2013—2016 年广西 18 个“创特县”旅游扶贫综合效率值，如表 6-8 所示。

表 6-8　2013—2016 年广西“创特县”旅游扶贫综合效率测度值

DMU	2013 年	2014 年	2015 年	2016 年	均值
上林	1	1	0.777	0.809	0.896
三江	1	0.948	0.844	0.882	0.919
融水	0.938	0.912	0.754	0.804	0.852
荔浦	0.618	0.923	0.974	1	0.879
靖西	0.863	0.868	0.964	0.968	0.916
钦南	0.855	0.941	0.824	0.979	0.900
大新	0.989	1	1	1	0.997
宜州	0.783	0.760	0.937	0.934	0.854
巴马	0.661	0.681	0.593	0.604	0.635
龙胜	0.933	1	0.944	1	0.969
凭祥	1	1	0.936	1	0.984
金秀	0.864	0.881	0.962	1	0.927
东兴	0.789	0.925	1	1	0.928
兴安	1	1	1	1	1
阳朔	0.960	1	0.983	1	0.986
昭平	0.874	0.819	0.891	1	0.896
桂平	1	1	0.950	1	0.987
容县	1	1	0.977	0.902	0.970
均值	0.896	0.925	0.906	0.938	0.916
有效率县(市、区)个数	6	8	3	10	—

我们从评估结果可以看出：

(1) 虽然在 2015 年出现了小幅度的波动，但从总体来看，广西“创特县”旅游扶贫综合效率呈明显上升趋势，旅游扶贫综合效率均值由2013年的0.896上升至2016年的0.938，处于相对有效率状态的样本数也由2013年的6个增加到2016年的10个。这说明，通过实施“创特县”工程，“创特县”的旅游发展及旅游扶贫都取得显著成效。相关数据也验证了这一结果。2016年，包括样本区在内的26个“创特县”接待游客总人次增长了26.5%，旅游总收入增长了近40%。同时，在“创特县”验收和复查中，各“创特县”的游客旅游满意度均在85%以上，也有了较大幅度提升。而且，从旅游投资积累时效来看，未来“创特县”的旅游发展和旅游扶贫效率仍有一定的提升空间。

（2）2013—2016年，桂林兴安县旅游扶贫综合效率一直处于相对有效率状态，说明兴安县在旅游发展和旅游扶贫资源利用效率上，明显优于其他地区。作为广西首批“创特县”，兴安县建立了以历史文化、生态文化和红色文化为基础的旅游资源体系，并积极推进“国家全域旅游示范区”建设。2016年，兴安县农村居民人均纯收入超过14 000元，比2015年增加了1 700元，在所有“创特县”中居于前列。除兴安县外，近年崇左大新县的旅游扶贫综合效率也基本处于有效率状态。2013—2016年，大新县的A级及以上旅游景区由1个增加到8个，旅游收入和旅游接待人次增长率均超过20%；2016年，大新县农村居民人均纯收入增加超过1 500元。通过实施“旅游旺县”“千企扶千村”等一系列政策，2015年大新县减贫人口超过1万人，旅游扶贫取得显著成效。

（3）2013—2016年，多个县（市、区）的旅游扶贫综合效率实现了显著提升。桂林荔浦县的提升最明显，旅游扶贫综合效率值由2013年0.618上升至2016年的相对有效率状态。这说明，近年荔浦县的旅游发展与旅游扶贫开发工作卓有成效。荔浦县以广西创建特色旅游名县为发展机遇，以旅游业带动产业融合发展，提出了“旅游+农业”等旅游扶贫对策，重点打造了“荔浦芋头”“亚洲第一洞”等旅游品牌。2016年，荔浦县旅游总收入超过75亿元，居于所有“创特县”中第二位，农村人均纯收入为12 480元，比2015年提高了1 860元，旅游扶贫效果显著。在其他“创特县”中，宜州市和东兴市的旅游扶贫综合效率也实现了较大幅度提升。其中，宜州市的旅游扶贫综合效率由2013年的0.783上升至2016年的0.934，东兴市的旅游扶贫综合效率由2013年的0.789上升至2016年的相对有效率状态。在旅游扶贫开发过程中，东兴市充分挖掘其边境特色旅游资源，提出“边境旅游+”的扶贫模式，充分发挥边境旅游的优势作用，2016 年农村居民人均纯收入达到 15 000 元，城镇居民人均可支配收入达到 35 000 元，均高于其他“创特县”。宜州市也创新地提出“旅游+贫困户”的扶贫模式，2016 年帮助 4 194 人实现了脱贫致富。

（4）在 18 个“创特县”中，河池巴马的旅游扶贫综合效率最低，2013—2016 年一直处于 0.6 左右，与其他“创特县”有较大差距。2016 年，巴马县的旅游总收入为 37 亿元，游客接待数量为 435 万人次，在全部“创特县”中处于较低水平，这与巴马旅游的知名度以及丰富的旅游资源十分不符。而且，从收入水平来看，2016 年巴马县农村居民人均纯收入仅为 6 675 元，城镇人均可支配收入为 22 317 元，均低于其他“创特县”，说明巴马的旅游发展和旅游扶贫资源投入利用并不合理。同时，近年巴马旅游发展中出现的环境污染、规划不合理等问题，也在一定程度上影响了旅游扶贫效率的提升。最后，从各“创特县”的旅游扶贫综合效率变化趋势对比来看，仍有部分县（市、区）出现了较明显的下滑。如上林、三江和融水的旅游扶贫综合效率，均降低到了 2016 年的平均水平以下，说明这三个县（区）的旅游扶贫资源利用水平较低，对本地区的旅游资源利用中存在不合理现象。在今后的旅游发展和旅游扶贫开发中，这些县（区）应该更充分地挖掘自然旅游资源的潜力，丰富扶贫渠道，建立更合理的贫困人口参与机制，在实现脱贫减贫目标的同时，注重提升旅游扶贫效率。

（5）结合地理分布特征来看，广西“创特县”旅游扶贫综合效率的空间分布也存在较明显的不均衡现象。桂林龙胜、阳朔等县（区），凭借其丰富的旅游资源优势，在旅游扶贫综合效率上也表现出较高的水平。随着广西“创建特色旅游名县”工程的进一步推进，沿海地区的东兴和钦南区，凭借其优越的区位条件以及资源条件，2016 年的旅游扶贫综合效率实现了快速提升。崇左大新县在旅游扶贫开发中也充分利用了其区位地理优势，通过红色旅游、边境旅游以及海洋旅游融合发展，有效地带动了本地的经济发展和居民生活水平的提高。但是，南宁上林县并没有充分利用其交通、技术溢出等方面的便利条件，旅游扶贫综合效率下降明显。所以，从总体来看，广西各“创特县”在旅游发展和旅游扶贫开发中，仍需要不断创新思路，提升资源利用效率，实现经济发展目标。

6.2.3 旅游扶贫技术效率分析

基于规模收益可变的投入导向 Window 模型，我们得到 2013—2016 年广西 18 个“创特县”旅游扶贫技术效率值，如表 6-9 所示。

表 6-9　2013—2016 年广西“创特县”旅游扶贫技术效率测度值

DMU	2013 年	2014 年	2015 年	2016 年	均值
上林	1	1	0. 801	0. 819	0. 905
三江	1	0. 968	0. 847	0. 888	0. 926
融水	0. 942	0. 940	0. 825	0. 868	0. 894
荔浦	0. 630	0. 932	0. 976	1	0. 885
靖西	1	0. 954	1	0. 972	0. 981
钦南	0. 862	0. 947	0. 910	1	0. 930
大新	1	1	1	1	1
宜州	0. 800	0. 768	0. 954	1	0. 880
巴马	0. 677	0. 766	0. 670	0. 647	0. 690
龙胜	0. 951	1	0. 945	1	0. 974
凭祥	1	1	0. 938	1	0. 985
金秀	0. 866	0. 887	0. 967	1	0. 930
东兴	0. 790	0. 954	1	1	0. 936
兴安	1	1	1	1	1
阳朔	0. 968	1	1	1	0. 992
昭平	0. 901	0. 839	0. 901	1	0. 910
桂平	1	1	0. 980	1	0. 995
容县	1	1	0. 984	1	0. 996
均值	0. 910	0. 942	0. 928	0. 955	0. 934
有效率县(市、区)个数	8	8	6	13	—

我们通过上述结果可以看出，广西“创特县”的旅游扶贫技术效率与综合效率呈现出近似的特征。

（1）虽然在 2015 年出现了小幅波动，但从总体来看，广西“创特县”的旅游扶贫技术效率仍呈上升趋势，技术效率均值由 2013 年的 0. 910 上升至 2016 年的 0. 955，相对有效率的县（市、区）数量由 2013 年的 8 个增加到2016年的13个。这说明广西在旅游发展和旅游扶贫的管理以及对策创新上取得了显著进步。广西在积极推进“特色旅游名县”的创建工作中，从政策保障、考核激励和投资共享等多维度实现了体制机制创新建设，提出“高铁旅游带”“美丽广西”等对策，有效地推动了广西旅游业与时俱进地升级发展，这也间接促进了广西旅游扶贫技术效率的显著提升。

（2）2013—2016年，在所有“创特县”中，大新县和兴安县的旅游扶贫技术效率一直处于相对有效率状态，凭祥、桂平、容县和阳朔的旅游扶贫效率也非常接近相对有效率状态。这说明，大新和兴安等6个县（市、区）在旅游发展和旅游扶贫的组织管理和对策创新上明显优于其他地区。例如，兴安县在创建“特色旅游名县”以及旅游扶贫开发过程中，不断探索科技创新，借助现代信息化手段进行推广宣传，在高铁列车、中央电视台等主流媒体平台投放旅游宣传片，开通微信公众号“灵渠驿站”和“桂林兴安旅游”，也提高了兴安旅游的知名度与美誉度。大新县在脱贫攻坚中也通过创新平台建设，探索电商扶贫、金融扶贫等扶贫新模式。大新县率先推出扶贫信息管理平台，在贫困户信息建档、帮扶进度管理等方面，为扶贫攻坚工作提供了更便捷的基础；大新还与中国邮政、京东等电商服务平台合作，丰富了农产品销售渠道，为贫困农民脱贫致富提供了更可靠的保障。在旅游发展和旅游扶贫开发中，积极实施科技创新，推进信息化建设，不仅丰富了旅游产品，提高了旅游知名度，也实现了旅游扶贫技术效率的持续提升。

（3）2013—2016年，在广西“创特县”工作过程中，荔浦县的旅游扶贫技术效率提升幅度最大。除此之外，金秀、东兴、钦南和宜州的旅游扶贫技术效率也实现了不同程度的提升。荔浦县探索创新旅游扶贫机制，实施智力扶贫、组织扶贫和科技扶贫等一系列扶贫新模式，并且与广西师范大学、桂林旅游学院合作培养旅游业人才。在“十二五”期间，荔浦县每年减少贫困人口4 000多人，居民生活水平显著提高，旅游扶贫开发也实现了快速发展。钦州钦南区则积极推进产业融合发展策略，通过引进先进农业技术以及进行特色农业技能培训，寻求旅游业与现代农业的有效结合，大力推进脱贫攻坚工程。钦南区不仅促进了农业农村现代化，也促进了旅游业创新快速发展，旅游接待人次和旅游总收入均显著提高。

（4）2013—2016年，与其他“创特县”相比，巴马的旅游扶贫技术效率一直处于最低水平，均值仅为0.690。同时，上林、三江和融水的旅游扶贫技术效率水平均出现一定幅度下降。这一结果说明，巴马、上林、三江和融水4个县（区），在旅游发展创新以及旅游扶贫组织管理上存在明显不足，这也约束了4个县（区）旅游扶贫技术效率的提高。巴马等4个县（区）自然和人文旅游资源非常丰富，但在旅游发展模型上应积极探索创新，传统观光型的旅游消费方式不仅经济效益较低，而且本地居民参与程度低，扶贫减贫效应明显不足。因此，如何充分发挥自身的资源优势，同时如何在借助现代信息技术以及新型发展模式的基础上实现旅游业积极转型，是巴马等4个县（区）亟须解决的问题。

（5）从地理分布特征来看，广西“创特县”的旅游扶贫技术效率分布仍存在较显著的不均衡特征。2016年，南宁的上林和柳州的三江、融水3个县（区）的旅游扶贫技术效率出现下降，说明南宁市和柳州市相对优越的经济技术条件，对本地“创特县”的溢出效应并不明显。2016年，位于边境沿海地区的东兴市和钦南区，旅游扶贫技术效率明显上升，可能是由于该地区旅游资源类型丰富，而且易于实现边境旅游、海洋旅游与传统旅游模式的融合发展，不仅吸引了更多的游客，旅游经济效益也更高。贵港、玉林、贺州和梧州等地，可以充分利用区位优势和交通优势，积极承接广东产业转移，在吸收广东经济技术溢出的同时，实现与本地旅游产业的融合发展，带动贫困人口脱贫致富。

6.2.4 旅游扶贫规模效率分析

基于数据包络分析综合效率、技术效率和规模效率之间的关系：综合效率=技术效率×规模效率，我们利用前文得到的广西“创特县”旅游扶贫综合效率和技术效率值，计算得到2013—2016年广西“创特县”旅游扶贫规模效率值，如表6-10所示。

表6-10 2013—2016年广西“创特县”旅游扶贫规模效率测度值

DMU	2013年	2014年	2015年	2016年	均值
上林	1	1	0.970	0.987	0.989
三江	1	0.979	0.997	0.993	0.992
融水	0.996	0.970	0.914	0.926	0.952
荔浦	0.981	0.990	0.999	1	0.992
靖西	0.863	0.911	0.964	0.995	0.933

表6-10(续)

DMU	2013 年	2014 年	2015 年	2016 年	均值
钦南	0. 992	0. 994	0. 906	0. 979	0. 968
大新	0. 989	1	1	1	0. 997
宜州	0. 979	0. 991	0. 982	0. 934	0. 972
巴马	0. 976	0. 890	0. 885	0. 933	0. 921
龙胜	0. 981	1	0. 999	1	0. 995
凭祥	1	1	0. 998	1	1
金秀	0. 998	0. 993	0. 995	1	0. 996
东兴	0. 999	0. 969	1	1	0. 992
兴安	1	1	1	1	1
阳朔	0. 992	1	0. 983	1	0. 994
昭平	0. 970	0. 977	0. 989	1	0. 984
桂平	1	1	0. 970	1	0. 992
容县	1	1	0. 993	0. 902	0. 974
均值	0. 984	0. 981	0. 975	0. 981	0. 980
有效率县(市、区)个数	6	8	3	10	—

我们从上述结果可以看出：

(1) 从总体来看，2013—2016 年，虽然相对有效率的县（市、区）数量仅增加到 10 个，但是广西“创特县”的旅游扶贫规模效率基本处于较高水平，均值达到 0. 980。在广西创建特色旅游名县验收评价指标体系中明确规定，“创特县”必须保证每年 5 000 万元以上的旅游发展专项资金投入，用于完善旅游服务基础设施，推进旅游项目建设。在实施过程中，龙胜、宜州以及凭祥等县（市、区），旅游发展专项资金投入甚至超过了 1 亿元。各“创特县”在旅游景区、星级酒店建设等方面实现了快速发展，上林县的 A 级及以上旅游景区从没有增加到现在的 7 个，容县的 A 级及以上旅游景区也由原来的 1 个增加到现在的 8 个。因此，从总体来看，广西各“创特县”在旅游发展和旅游扶贫的财力以及物力投入上已经处于较高水平，而且也保持了较高的规模效率。

（2）从发展趋势来看，2013—2016 年，靖西和昭平的旅游扶贫规模效率均实现了不同程度的上升，靖西市由 2013 年的 0.863 上升至 2016 年的 0.995，昭平县则由 2013 年的 0.970 上升至 2016 年的相对有效率状态。但是，也有部分县（市、区）的旅游扶贫规模效率出现了下降趋势，如容县由 2013 年的相对有效率状态下降至 0.902，融水由 2013 年的 0.996 下降至 2016 年的 0.926，巴马和宜州的旅游扶贫规模效率也降至了平均水平以下。这说明，各县区在探索旅游扶贫新模式，追求旅游创新发展的同时，仍不能忽视旅游扶贫资源投入的规模效率，应尽可能减少浪费，提高资源投入的效率。

6.2.5 分解效率的贡献分析

如前文所述，通过综合效率与分解效率之间的相关性分析，可以了解技术效率和规模效率对综合效率的影响大小及差异特征。因此，本部分研究以广西“创特县”的综合效率为横坐标，以技术效率或规模效率为纵坐标，构建二维有序坐标对散点图（见图 6-5）。

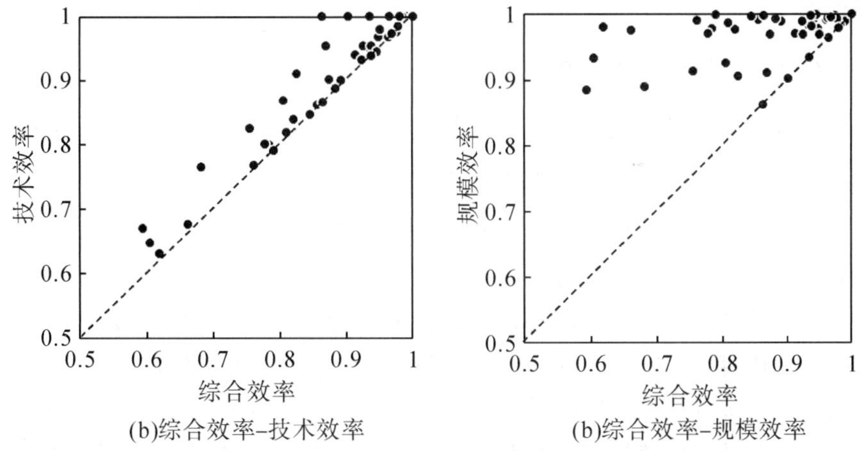

图 6-5　2013—2016 年广西“创特县”旅游扶贫分解效率对综合效率的贡献分析

如图 6-5 所示，图中散点越接近 45°对角线，表示该分解效率对综合效率的相关性越高，影响越大。因此，由图 6-5 可以看出，广西“创特县”的旅游扶贫技术效率与综合效率的相关性更高，即旅游扶贫综合效率主要受技术效率的影响。从偏相关分析可知，广西“创特县”旅游扶贫技术效率和规模效率与综合效率的相关系数分别为 0.865 6 和 0.180 4，也验证了上述结论。这说明，在广西“创特县”旅游扶贫开发的过程中，通过规模投入和资本积累并不能实现扶贫效率的有效提高，只有创新扶贫模式、提高组织管理水平等才是正确的选择。各“创特县”也应在丰富旅游资源以及完善旅游基础设施的同时，积极探索旅游业与其他产业的融合发展，推进不同区域的旅游协调合作，采用现代信息化技术，借助微信、京东等电商平台拓宽旅游发展渠道和旅游扶贫渠道，最终实现贫困人口脱贫致富的目标。

6.3 中国省级、市级、县级旅游扶贫效率比较分析

我们通过前文分析得到了中国市级、县级旅游扶贫效率测度结果，结合第 4 章对中国省级旅游扶贫效率的测度分析，本部分将进一步系统分析中国省级、市级和县级旅游扶贫效率之间的差异特征及规律，并结合旅游扶贫效率评价中的投入和产出指标，深入剖析中国旅游扶贫效率波动背后可能的原因。

6.3.1 效率测度结果对比

为更直观地展现和对比中国省级、市级和县级旅游扶贫效率的变化特征，我们将省级、市级和县级旅游扶贫效率的均值变化曲线绘于同一图内。我们将通过对比相同时期省级、市级和县级旅游扶贫效率均值曲线的变化，了解和阐释中国旅游扶贫效率的变化特征和规律。在前文中，中国省级、市级和县级旅游扶贫效率测度所选择的研究期间不同，分别为 2007—2016 年、2011—2016 年和 2013—2016 年，因此在对它们进行对比分析时存在部分年份无法比较的情况。同时，需要指出的是，由于中国省级、市级和县级旅游扶贫效率是通过各自样本内的相对效率测算而得的，并且根据数据包络分析的理论原理，省级、市级和县级三者之间并不能比较旅游扶贫效率值的大小，但可以对比其变化的趋势及特征。

6.3.1.1 综合效率测度结果对比

我们分别将 2007—2016 年中国省级旅游扶贫综合效率变化曲线、2011—2016 年中国市级旅游扶贫综合效率变化曲线和 2013—2016 年中国县级旅游扶贫综合效率变化曲线绘于同一图中，如图 6-6 所示。

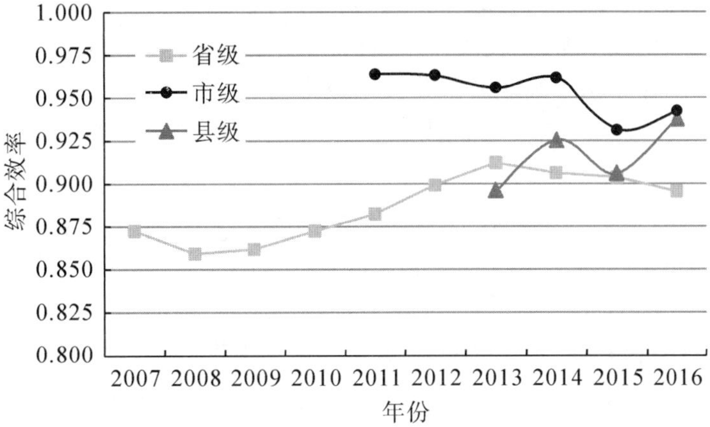

图 6-6　中国省级、市级、县级旅游扶贫综合效率变化趋势对比

从图 6-6 中旅游扶贫综合效率曲线的对比来看，2013—2016 年中国省级和市级旅游扶贫综合效率呈现相似的变化特征，总体均呈下降趋势。省级、市级旅游扶贫综合效率的相似特征，也印证了前文分析中得到的结论：近年中国扶贫政策的变化以及扶贫模式转换期所带来的旅游扶贫效率下降。与此相比，2013—2016 年，中国广西县级旅游扶贫综合效率水平虽然出现了明显波动，但总体仍呈上升趋势。之所以广西县级旅游扶贫综合效率在发展趋势的表现上优于省级、市级旅游扶贫综合效率，从旅游扶贫开发策略的实际实施来看，主要得益于广西“创建特色旅游名县”品牌工程的开展。广西颁布的《广西特色旅游名县评定标准》中共有 10 大项要求，包括开发特色旅游景点线路和特色旅游餐饮购物娱乐、开展特色旅游宣传促销、完善旅游基础设施和公共服务设施以及加强旅游人才培训和行业管理等，从旅游供给上进行创新，提高了广西“创特县”旅游产业的软硬件基础，以满足游客的需求。从县级旅游扶贫综合效率的变化趋势特征来看，广西“创建特色旅游名县”工程不仅实现了各县（市、区）旅游产业的快速健康发展，而且取得了良好的旅游经济效益和社会综合效益。

与 2015 年相比，2016 年中国市级和县级旅游扶贫综合效率水平实现了小幅上升，而省级旅游扶贫综合效率水平仍缓慢下滑。这一差异特征，可能也体现了旅游扶贫模式对精准度的要求。在向精准型扶贫模式转换的过程中，相对于省级来讲，市级、县级的更小区域范围更有利于旅游扶贫项目的推进和实施，在市级、县级区域实施旅游扶贫模式精准度更高、针对性更强，也就更有利于实现旅游扶贫效率的提升。

6.3.1.2 技术效率测度结果对比

我们分别将 2007—2016 年中国省级旅游扶贫技术效率变化曲线、2011—2016 年中国市级旅游扶贫技术效率变化曲线和 2013—2016 年中国县级旅游扶贫技术效率变化曲线绘于同一图中，如图 6-7 所示。

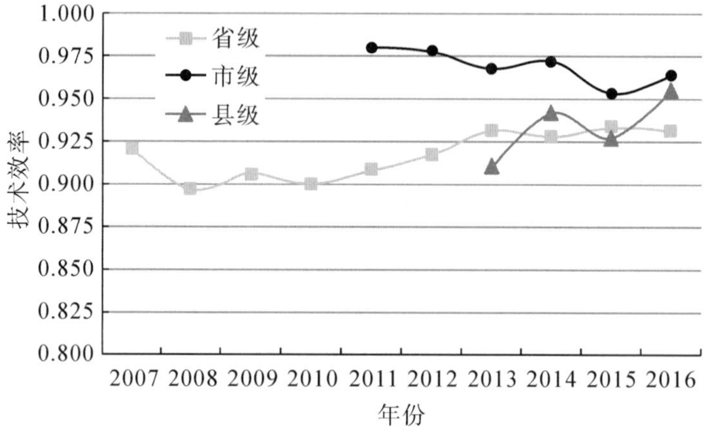

图 6-7 中国省级、市级、县级旅游扶贫技术效率变化趋势对比

从图 6-7 中旅游扶贫综合效率曲线的对比来看，2011—2016 年中国市级旅游扶贫技术效率水平呈逐步下降趋势，但省级旅游扶贫技术效率水平则由逐步上升转为趋于稳定。从原因来看，出现这一差异结果，主要是研究区域范围不同，贫困市在推进旅游扶贫开发过程中，受自身条件的约束，而且很多贫困市仍处于旅游产业发展初期，旅游扶贫资源被更多地分配于旅游基础设施建设或传统的旅游景区开发等环节，在技术创新、旅游模式创新等方面的投入明显不足，这就导致了旅游扶贫技术效率缺乏提升动力。与贫困市相比，省级区域则在旅游扶贫开发中的资源调配和组织管理等方面更有优势，可以更有效地开展旅游扶贫的模式创新和技术投入，因此，省级旅游扶贫开发虽然仍受到扶贫形势以及经济环境的压力，但其旅游扶贫技术效率并没有出现较明显的下滑。

2013—2016 年，中国广西县级旅游扶贫技术效率变化特征与其综合效率变化特征十分相似，即出现较明显波动，但总体仍呈上升趋势。出现波动的原因主要是广西“创建特色旅游名县”工程于 2013 年开始实施，各“创特县”工作仍处于探索阶段，同时部分县（市、区）也存在由原有的旅游发展模式向“特色旅游名县”新模式转换的过程。其总体呈上升趋势也说明，经过一段时间的积累，广西“创建特色旅游名县”工程对于旅游扶贫技术效率的提升具有明显的效果。在推进“创建特色旅游名县”工程中，广西对特色旅游项目以及技术创新投入提出了明确的要求，如鼓励邮轮游艇、康体医疗和养生旅游项目开发，对于星级酒店或主题酒店要求拥有主流 OTA（空中下载技术）平台（Booking、同程、携程、去哪儿网等），同时在星级农家乐、旅游餐厅等场所的 Wi-Fi 服务和信息咨询也有明确要求，这些要求都是有效提升广西“创特县”旅游扶贫技术效率的有效举措。

6.3.1.3 规模效率测度结果对比

我们分别将 2007—2016 年中国省级旅游扶贫规模效率变化曲线、2011—2016 年中国市级旅游扶贫规模效率变化曲线和 2013—2016 年中国县级旅游扶贫规模效率变化曲线绘于同一图中，如图 6-8 所示。

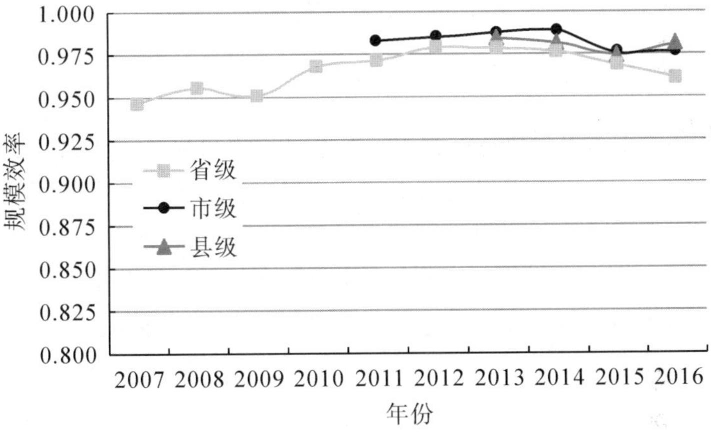

图 6-8 中国省级、市级、县级旅游扶贫规模效率变化趋势对比

从图 6-8 中旅游扶贫综合效率曲线的对比来看，不同于技术效率和技术效率变化趋势的相似特征，中国省级、市级和县级各自的旅游扶贫规模效率与综合效率均存在明显差异，规模效率变化趋势均相对平稳，波动幅度较小。通过前文旅游扶贫分解效率与综合效率相关性分析结果的对比来看，中国省级、市级和县级各自的旅游扶贫技术效率与综合效率的相关性均高于规模效率，同时通过对比图 6-6、图 6-7 和图 6-8 可以看出，中国省级、市级和县级各自的旅游扶贫规模效率均高于技术效率。相关性与规模效率高于技术效率的结果，都体现了中国旅游扶贫的总体情况，说明中国旅游扶贫效率主要受技术效率的影响，中国旅游扶贫开发已基本完成了资本积累的规模收益阶段，今后的规模效率提升空间有限。

通过图6-8可以看出，2013年之后中国省级和市级的旅游扶贫规模效率虽然均处于相对较高水平，但仍然出现了小幅下降。随着中国旅游产业的持续发展，特别是国家推进全域旅游发展战略，各省份在发展旅游业上的投入不断增加，国内旅游和出境旅游人数也不断攀升，但同时旅游产业供需的结构性失衡和错配问题也越来越突出。也就是说，各区域在旅游扶贫开发追求旅游发展规模的同时，如何调配资源投入结构，如何使旅游产出更符合不断发展的需求结构，不仅关系到旅游发展的效率，也影响了旅游扶贫的效率。相较而言，2013年之后中国广西县级旅游扶贫规模效率的下滑趋势并不明显，这得益于在"创建特色旅游名县"项目中的合理规划。广西在进行旅游发展专项资金投入的同时，要求各县（市、区）旅游发展必须挖掘和打造"特色"，如特色村镇、特色美食等，一定程度上提高了广西旅游的品牌竞争力，而且也可以更精准地带动农村贫困人口脱贫致富。

6.3.2 旅游扶贫效率波动原因分析

随着中国扶贫开发进程的推进，剩余贫困人口多分布于西部民族地区或边疆山区，而且部分农村还出现了"老龄化""留守儿童"等问题，都制约了旅游扶贫效率的提升。同时还应注意到，除这些外部环境因素外，各贫困地区在扶贫开发中的资源投入与脱贫产出之间的关系则是影响中国旅游扶贫效率的直接原因。因此，我们依据前文中国省级、市级和县级旅游扶贫效率测度中所构建的评价指标体系的投入指标和产出指标，并结合各样本区理念的统计数据，分析各指标数据对扶贫效率的影响，以解释旅游扶贫效率变化背后更深层的原因，并为中国今后的旅游扶贫开发提供科学参考。具体见表6-11、表6-12、表6-13。

表6-11 省级旅游扶贫效率评价指标统计数据年均值

年份		2007年	2008年	2009年	2010年	2011年	2012年	2013年	2014年	2015年	2016年
投入指标	第三产业固定资产投资比重/%	50.49	49.00	51.48	51.89	51.70	52.21	53.01	53.83	55.46	59.69
	旅游从业者比重/%	0.38	0.37	0.39	0.24	0.26	0.26	0.25	0.34	0.34	0.37
	人均旅行社数/家·万人	1 405	1 507	1 508	1 727	1 811	1 887	1 957	1 988	2 163	2 199
	人均星级酒店床位数/张·万人	23.55	24.62	26.34	21.46	20.94	21.79	22.30	22.84	21.59	22.58
	人均A级及以上旅游景区数/个·万人	29 510	33 160	40 610	47 200	52 620	57 200	58 480	61 280	84 050	82 460

表6-11(续)

年份		2007年	2008年	2009年	2010年	2011年	2012年	2013年	2014年	2015年	2016年
产出指标	人均旅游收入/元	1 307	1 489	1 891	2 387	3 163	3 994	4 803	5 720	6 718	8 425
	人均旅游人次/人次	1. 83	2. 02	2. 47	3. 00	3. 74	4. 56	5. 30	6. 11	6. 90	8. 21
	低保人口占比/%	6. 42	7. 20	7. 60	8. 04	8. 06	8. 02	7. 93	7. 46	6. 89	6. 50
	农村恩格尔系数/%	44. 28	44. 97	41. 69	41. 86	40. 45	39. 19	37. 38	33. 79	32. 91	31. 83
	城镇恩格尔系数/%	37. 55	39. 22	37. 89	36. 83	37. 52	37. 17	35. 72	30. 72	30. 39	29. 82
	城乡收入差距指数	3. 29	3. 25	3. 28	3. 15	3. 03	3. 00	2. 91	2. 85	2. 83	2. 82

表 6-12 市级旅游扶贫效率评价指标统计数据年均值

年份		2011	2012	2013	2014	2015	2016
投入指标	第三产业固定资产投资比重/%	50. 79	53. 12	56. 07	56. 27	59. 36	61. 16
	第三产业从业者比重/%	62. 76	61. 98	59. 58	59. 91	60. 94	60. 69
	人均旅行社数/家·万人	1 012	1 009	1 052	1 071	1 103	1 138
	人均星级饭店数量/家·万人	930	944	947	942	952	964
	人均A级及以上旅游景区数/个·万人	401	427	454	491	541	600
产出指标	人均旅游收入/元·人	2 200	2 838	3 488	4 271	5 442	7 258
	人均旅游人次/人次	3. 35	4. 09	4. 89	5. 71	6. 87	8. 69
	低保人口比重/%	10. 35	10. 33	10. 21	9. 63	8. 31	8. 17
	农村居民恩格尔系数/%	43. 60	40. 70	39. 61	37. 14	36. 07	34. 54
	城镇居民恩格尔系数/%	38. 00	37. 19	35. 77	33. 21	32. 11	30. 63
	城乡收入差距指数	3. 23	3. 20	3. 10	3. 00	2. 94	2. 92

表 6-13 县级旅游扶贫效率评价指标统计数据年均值

年份		2013	2014	2015	2016
投入指标	人均旅游专项投资/元	254. 17	263. 15	257. 31	272. 72
	旅游从业人数比重/%	24. 22	26. 86	30. 78	33. 52
	人均A级及以上旅游景区数量/个·万人	1 105	1 262	2 040	2 263
	人均酒店床位数/张·万人	365. 81	361. 39	394. 66	395. 18
	人均旅行社数/家·万人	2 648	2 613	2 537	2 493

表6-13(续)

年份		2013	2014	2015	2016
产出指标	人均旅游收入/元	7 954	10 676	13 375	17 200
	人均接待游客人次/人次	11.93	14.07	16.36	19.38
	农村人均纯收入/元	7 051	7 866	8 605	10 641
	城镇人均可支配收入/元	22 385	24 382	26 159	27 972
	城乡收入差距指数	3.31	3.24	3.17	2.69
	低保人口占比/%	8.70	8.13	7.06	7.59

如表6-11、表6-12和表6-13所示，通过对比中国省级、市级和县级旅游扶贫效率评价指标统计数据，可以看出中国旅游扶贫效率波动的主要原因有以下三个方面。

6.3.2.1 *旅游人才培养相对滞后*

在中国省级旅游扶贫效率的测评中，22个样本省份的旅游从业者占城镇就业人口比重的均值呈现三个阶段，2007—2009年为0.3%以上，2010—2013年则下降至0.3%以下，2014—2016年又回升至0.3%以上。从总体来看，2007—2016年中国省级旅游从业者比重并没有明显提升，这与2016年旅游产业或旅游扶贫开发的蓬勃发展状况并不一致，说明各省份的旅游人才培养相对滞后于旅游产业的发展速度。随着中国旅游产业的发展，特别是高端旅游市场活力的激发，旅游产业或旅游扶贫开发中的高技能、高素质旅游人才更加短缺。旅游从业人口数量的增加，一定程度上可以提高旅游扶贫规模效率，而高技能、高素质的旅游人才则可以对旅游扶贫的技术效率产生更积极的作用。而且掌握现代知识和技术的高素质旅游人才，更加适应和满足新时代中国旅游发展的需求。旅游发展模式日新月异，如“互联网+”“B2B平台构建”等也逐渐在旅游扶贫开发中得到推广，这些都是旅游扶贫技术效率的重要影响因素。特别是旅游扶贫开发需要贫困人口广泛参与，如何提高贫困人口的旅游组织管理技能、旅游服务水平，也直接影响了旅游扶贫的实际成效。

在中国市级旅游扶贫效率测评中，2015年26个样本市（区）的第三产业从业人数比重的均值出现了较大幅度的上升，变化速度明显快于其他年份，而2016年又出现了小幅下降。从市级旅游扶贫效率均值的变化趋势来看，上述第三产业从业人数比重指标的变动可能是造成2015年市级旅游扶贫效率明显低于其他年份的重要原因。中国贫困人口主要分布在农村地区，在贫困地区实施乡村旅游开发成为旅游扶贫的重要策略，而农村贫困地区的旅游从业者数量存在明显短缺，且从业者在知识和素质等方面也无法满足旅游发展的实际需要。加之贫困市（区）星级饭店在技术投入、营销创新、组织管理等方面不足，都造成了 2011—2016 年市级旅游扶贫技术效率的总体下滑趋势。

6.3.2.2 旅游扶贫的技术投入相对不足

投入指标中，2007—2016 年 22 个样本省份的人均旅行社数量增加了 50%。同样，2007—2016 年 22 个样本省份的人均 A 级及以上旅游景区的数量增加了近 2 倍，但 2016 年比 2015 年略有减少。旅行社和旅游景区作为旅游业发展中的核心组成部分，其数量的变化可以较充分地体现旅游产业发展的规模状况。因此，各样本省份人均旅行社和 A 级及以上旅游景区数量与省级旅游扶贫规模效率呈现出了比较相似的变化趋势。与旅行社和旅游景区数量的变化相比，2007—2016 年 22 个样本省份的人均星级饭店床位数量相对平稳，这也在一定程度上反映了中国酒店业的现实状况。随着生活水平及消费能力的不断提升，人们在旅行中对体验和服务的要求也越来越高，反映在酒店业上则表现为近年高星级酒店大热，低星级、无特色酒店的经营压力增大。同时，人们在旅行中也更加希望体验目的地的文化、生活等，这也为乡村旅游区的住宿业提供了良好的发展机遇，“农家乐”“农家大院”“乡村旅社”等特色住宿形式实现了快速发展。星级饭店指标可以部分地体现旅游扶贫开发中的技术投入，如酒店建设中的技术投入、酒店中的智能设备、网络营销平台的搭建等，所以表 6-11 中星级饭店床位数的变化也一定程度上说明了各样本省份在旅游扶贫开发中技术投入的不足。

6.3.2.3 旅游扶贫策略创新不足

2013—2016 年，中国广西县级旅游扶贫综合效率总体呈上升趋势，这变化特征与省级和市级旅游扶贫综合效率明显不同。广西在推进“创建特色旅游名县”品牌工程中，要求各县（市、区）政府在年度财政预算中安排不低于 5 000 万元的转向资金，用于完善旅游基础服务设施和推进旅游项目建设。广西“创特县”的人均旅游专项投资指标的波动状况与县级旅游扶贫综合效率的变动趋势特征相似，总体上实现了小幅上升。显然，旅游专项投资可以有效地推进“创特县”旅游产业的规模化发展。“创建特色旅游名县”品牌工程的实施，使广西“创特县”的A级及以上旅游景区数量显著增多，2013—2016年的四年时间里，人均A级及以上旅游景区数量增加了近1倍，人均旅游酒店床位数和旅游从业人数比重也实现了不同程度的提升，这也在一定程度上说明了“创特县”在旅游扶贫开发中投资规模扩大的趋势。广西创新推进的“创建特色旅游名县”品牌工程有效地促进了旅游扶贫效率的提升。与县级不同，2013—2016年中国省级与市级的旅游扶贫综合效率总体呈下降趋势，这也说明了各样本省份在旅游扶贫模式创新、特色景区建设方面存在明显不足。

为丰富旅游扶贫效率研究内容，本章对中国市级和县级旅游扶贫的效率分别进行了测度，并与省级扶贫效率做了对比分析。在市级旅游扶贫效率研究中，本章选取26个市（区）为样本区，仍利用数据包络视窗分析方法，结果发现，2011—2016年中国市级旅游扶贫效率总体呈下降趋势，与省级旅游扶贫效率的变化特征存在一定的相似性。从原因上来看，主要受扶贫难度加大及扶贫政策转变的影响。从时间点来看，2011—2014年中国市级旅游扶贫综合效率相对平稳，但在2015年出现明显下降，2016年又实现了小幅提升，说明中国进入“十三五”发展时期，各市（区）根据经济发展形势逐渐调整扶贫策略，也更加注重扶贫效率的提升。从分解效率的对比来看，2011—2016年中国市级旅游扶贫规模效率略高于技术效率，但技术效率与综合效率的相关性更高，即对综合效率的影响更大。在县级旅游扶贫效率测度与分析中，本章选取广西“创特县”为研究样本。通过分析，2013—2016年广西“创特县”的旅游扶贫综合效率总体呈明显上升趋势，说明通过近年广西“创特县”工程的实施，“创特县”的旅游发展和旅游扶贫都取得了显著成效。通过分解效率的对比来看，2013—2016年广西“创特县”的旅游扶贫规模效率仍高于技术效率，但技术效率与综合效率的相关性高于规模效率，这与省级和市级旅游扶贫效率的分析结论基本一致。从中国省级、市级和县级旅游扶贫效率变化特征对比来看，人才培养相对滞后、技术投入不足以及供需结构失衡等是造成中国旅游扶贫效率出现波动的主要原因。

7 旅游扶贫效率的非线性门槛效应分析

从前文的实证分析可知，脱贫攻坚时期中国旅游扶贫效率基本呈上升趋势，这也验证了旅游产业发展对减贫的促进作用。但是从旅游扶贫效率提升的角度来看，区域旅游产业的发展水平是否具有不变的促进作用，或者说区域旅游扶贫效率的提升与旅游发展水平是否存在不变的线性关系，仍然值得探讨。特别是，旅游产业的发展，伴随着生态环境破坏、资源过度消耗以及游客与社区居民发生冲突等问题的频繁发生，这可能在一定程度上也约束了旅游扶贫效率的提升。基于此，本章以旅游产业规模、旅游人口密度、旅游资源禀赋和旅游投资规模等旅游发展水平指标对旅游扶贫效率的影响为出发点，通过构建面板数据门槛回归模型，分析了不同指标对旅游扶贫效率的影响。

7.1 旅游扶贫效率的影响机理

旅游扶贫效率的变化是各方面因素相互作用的结果，在不同的条件下，旅游扶贫可能表现出不同的效率。旅游产业规模、旅游人口密度、旅游资源禀赋以及旅游投资等旅游发展水平指标都可能成为影响旅游扶贫效率提升的门槛变量。通过梳理其背后原理，我们得到如图 7-1 所示的不同指标对旅游扶贫效率的影响机理。

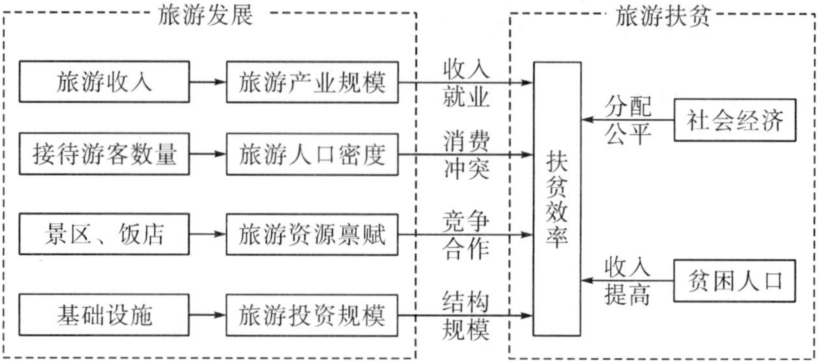

图 7-1　旅游扶贫效率的影响机理

（1）旅游产业规模对旅游扶贫效率的影响。随着旅游产业的不断发展，其在区域产业结构中的地位也逐年提高，而且，凭借其显著的乘数效应和广泛的带动作用，旅游业对区域经济的显著促进作用也已获得普遍认可。旅游产业规模的发展主要从收入和就业两个途径影响旅游扶贫效率的提高。一是随着规模的不断扩大，旅游业可以吸引更多的社会消费，为本地旅游从业者创造更多的增收机会。当旅游产业规模较小时，其知名度以及经济带动作用十分有限，甚至无法满足游客的消费需求，本地居民也很难从旅游业经营中获得较多收益。当旅游产业达到一定规模后，不仅旅游收入增加，也激发了本地的经济活力，提升了区域知名度，提高了居民对旅游产业发展的参与程度。例如，2015 年，四川省参与旅游产业发展的农村居民收入增速高出全省平均水平 2 个百分点，旅游产业人均创收 786 元。二是旅游产业规模的扩大，也必然增加更多的就业岗位。集食、住、行、游、购、娱于一体的旅游产业，与其他产业相比具有更强的就业带动作用。贫困地区旅游产业的发展，有力地促进了贫困人口本地就业、本地创业，吸引了更多的青壮年劳动力留在本地，有效地提升了旅游扶贫效率。并且，随着发展规模的扩大，旅游业在实现创新、产业融合等方面的发展更加深入，从而拓展旅游扶贫的渠道也将更加丰富。但是郭鲁芳等学者也指出，若旅游产业规模过大或某区域的经济发展过于依赖旅游产业，则旅游产业必然会对其他产业产生挤出效应，对其他产业的抑制作用将不利于贫困的减缓[1]。Chao 等学者认为，旅游业是一个长期资本消耗型产业，从短期和中期来看旅游业可以提高人们的福利水平，但从长期来看福利水平可能是下降的[2]。

（2）旅游资源禀赋对旅游扶贫效率的影响。旅游资源是区域开展旅游业的基础条件，包括自然旅游资源和人文旅游资源。当旅游资源非常匮乏时，该区域很难实现旅游产业的发展，更不可能实现旅游扶贫的有效开展。随着区域旅游资源的不断开发，旅游吸引物增加，从而实现本地旅游人数持续增加，带动本地经济快速增长，促进了旅游扶贫效率的提升。因此，在一定程度上，区域旅游资源禀赋的多少可以对旅游扶贫效率的高低产生明显的影响。但是也需要注意到，在区域旅游资源开发、丰富旅游吸引物的过程中，与其他区域旅游资源之间产生的互动关系。当与其他邻近区域旅游资源产生不良竞争关系时，本地旅游资源在吸引游客、创造旅游收入方面可能会面临巨大压力，造成旅游资源严重过剩，进而使得旅游产业的扶贫效应不显著，无法有效实现旅游扶贫策略的目标。当与其他邻近区域旅游资源可以形成互补合作时，本地与邻近区域的旅游资源开发将有助于旅游产业的共同繁荣，区域经济实现联动发展。区域之间旅游发展相互促进，旅游收入以及游客数量也可实现跨越式增长，旅游扶贫效应更加显著，旅游扶贫效率提升更快。作为中国旅游扶贫的重点区域，西部民族地区先天拥有丰富的自然资源和人文资源，但是在旅游扶贫开发中如何实现区域之间以及区域内的旅游资源互补，如何实现旅游产业的联动发展，都关系到旅游扶贫的效率水平，是需要各扶贫主体重点关注的关键问题。

（3）旅游人口密度对旅游扶贫效率的影响。旅游人口密度，是指某一旅游目的地在某一时期接待游客数量与本地居民数量的比例关系。某一区域要实现旅游业的快速发展，必然需要先吸引更多的游客光顾。游客数量的增加，是旅游产业发展的必然途径。随着游客数量的增加，旅游消费也不断增加，从而带动旅游经济收入提高。在旅游收入提高、旅游产业规模扩大的过程中，本地居民积极参与到旅游企业经营中，最终提升了自身的收入水平。因此，从旅游产业的发展过程来看，在一定的条件下，旅游人

---

① 郭鲁芳，李如友. 旅游减贫效应的门槛特征分析及实证检验：基于中国省际面板数据的研究 [J]. 商业经济与管理，2016（6）：81-91.

② CHAO C C，HAZARI B R，LAFFARGUE J P，et al. Tourism，dutch disease and welfare in an open dynamic economy [J]. Japanese economic review，2010，57（4）：501-515.

口密度的增加，可以促进旅游扶贫效率的快速提升。但同时也应认识到，由于区域空间范围、资源环境等条件有限，不可能满足旅游人口密度的无限制扩张，当超过某一范围时，就会导致游客挤占当地基础设施、当地生活资源过度消耗，甚至出现游客与本地居民发生冲突等问题。在这种情况下，并不能实现旅游扶贫工作的科学有效开展，最终表现出旅游扶贫的无效率状态。20 世纪 60 年代，国外学者便提出了“旅游环境容量”的概念，以此来说明旅游者过多可能对旅游发展造成的负面影响。Mathieson 等学者指出，旅游环境容量是在特定的时间和特定的区域内，在保证不降低游客的旅游体验和不破坏资源环境的前提下，旅游区所能接待的最大游客数量①。根据其含义，在贫困区域开展旅游活动的过程中，如果旅游人口密度过高即超过了当地的旅游环境容量，此时便会对旅游发展造成不利影响，从而降低旅游经济和旅游扶贫效率。所以，只有在充分利用现有旅游资源禀赋的条件下，实现旅游产业的有序发展，才能真正实现当地居民生活水平的提高，使当地居民真正得到旅游产业发展带来的利益，进而提升旅游扶贫效率。

（4）旅游投资规模对旅游扶贫效率的影响。要想实现旅游产业的发展，财力、物力等资源的投入不可或缺，从旅游基础设施建设，到旅游人才培养、旅游营销宣传，都构成了旅游投资的一部分。只有积极开展旅游产业投资，才能促进区域旅游发展，为实施旅游扶贫战略创造条件。学者们通过相关研究也印证了投资对旅游发展效率的积极作用。如王坤等学者通过对长三角地区的 25 个城市的实证分析，认为固定资产投入可以正向有效促进区域旅游效率的提升②。也就是说，随着旅游产业投资的推进，本地区旅游基础设施不断完善、旅游吸引物增多以及旅游服务水平大幅提升，旅游知名度也不断提高，游客数量和旅游收入随之快速增长。贫困地区在实施旅游扶贫模式的过程中，旅游发展效率的提升最终将转化为旅游扶贫效率的提升。但上述学者主要是基于旅游产业投资与旅游发展效率线性关系的假设而进行的分析，部分学者则认为产业投资对旅游发展效率的影响可能是非线性的。如赵小芸研究发现，旅游投资对中国西部旅游扶贫

---

① MATHIESON A, WALL G. Tourism economic, physical and social impacts [M]. New York: Longman, 1982.

② 王坤，黄震方，陶玉国，等. 区域城市旅游效率的空间特征及溢出效应分析：以长三角为例 [J]. 经济地理，2013 (4)：161-167.

的效用呈现不断弱化的趋势[①]；路琪和石艳也认为旅游投资在旅游人口密度、产业结构调整等方面可能会对区域综合能耗、环境质量等方面造成不利的改变，从而降低旅游发展的乘数效应[②]。因此，并不是旅游产业投资规模越大越好，旅游投资与资源利用效率以及本地基础条件密切相关。只有在充分考虑本地区资源特色和经济结构的基础上，充分协调旅游投资速度和规模，才能有利于本地区经济与社会的协调发展，从而实现带动贫困人口脱贫的目标。同时，还应合理把握旅游产业的投资结构。只有实现旅游景区、旅游饭店以及旅游人才培养等环节的协调发展，才能真正达到扶贫减贫的目的，并促进旅游扶贫效率的提升。

7.2 模型设定

从前文各旅游发展水平指标对旅游扶贫效率的影响机理分析可知，在一定时期内，旅游产业规模、旅游人口密度、旅游资源禀赋和旅游投资规模等旅游发展水平指标与旅游扶贫效率并不一定是不变的线性关系，随着旅游产业的不断发展以及经济环境的变化，它们对旅游扶贫效率的作用也可能在不断变化，即与旅游扶贫效率的相关性可能是非线性的。因此，本研究基于旅游发展水平指标与旅游扶贫效率的非线性假设，采用门槛面板回归模型，分析旅游产业规模、旅游人口密度、旅游资源禀赋和旅游投资规模等对旅游扶贫效率的影响或作用可能存在的变化特征。门槛回归（threshold variable）模型，是分析变量间可能存在的非线性关系的有效方法，已被国内外学者广泛地应用于各类经济问题研究中。1999 年，Hansen 首先提出了面板数据的门槛回归模型[③④]

$$\begin{cases} y_{it} = \mu_i + \beta_1' x_{it} + \varepsilon_{it}, & \text{若 } q_{it} \leqslant \gamma \\ y_{it} = \mu_i + \beta_2' x_{it} + \varepsilon_{it}, & \text{若 } q_{it} > \gamma \end{cases} \tag{7.1}$$

---

① 赵小芸. 旅游投资在西部旅游扶贫中的效用分析 [J]. 旅游学刊, 2004 (1): 16-20.

② 路琪, 石艳. 生态文明视角下旅游投资效益评估体系的构建 [J]. 宏观经济研究, 2013 (7): 39-48.

③ HANSEN B E. Threshold effects in non-dynamic panels: Estimation, testing, and inference [J]. Journal of econometrics, 1999, 93 (2): 345-368.

④ 陈强. 高级计量经济学及 Stata 应用 [M]. 北京: 高等教育出版社, 2014: 505-508.

其中，y_{it} 为被解释变量，x_{it} 为解释变量，μ_i 为个体截距项，q_{it} 为门槛变量，γ 为待估计的门槛值，扰动项 ε_{it} 为独立同分布。

在模型（7.1）中，γ 将门槛变量分为两个区间：当门槛变量 $q_{it} \leqslant \gamma$ 时，解释变量 x_{it} 的系数为 β'_1；当门槛变量 $q_{it} > \gamma$ 时，解释变量 x_{it} 的系数为 β'_2。

使用示性函数 $1(\cdot)$，可以将上述模型表达式修改为

$$y_{it} = \mu_i + \beta_1' x_{it} \cdot 1(q_{it} \leqslant \gamma) + \beta_2' x_{it} \cdot 1(q_{it} > \gamma) + \varepsilon_{it} \quad (7.2)$$

对于是否存在门槛效应，可以检验原假设

$$H_0: \beta'_1 = \beta'_2$$

当接受原假设时，即 $\beta'_1 = \beta'_2$，原模型即 $y_{it} = \mu_i + \beta_1' x_{it} + \varepsilon_{it}$，解释变量与被解释变量之间为线性关系，此时不存在门槛效应。

当拒绝原假设时，即 $\beta'_1 \neq \beta'_2$，表示不同的样本区间内解释变量与被解释变量之间的关系存在显著变化，即存在门槛效应，门槛值为 γ。

模型（7.1）和模型（7.2）均是仅存在一个门槛值时的情形，当存在两个门槛值时，即双重门槛（double-threshold）回归模型为

$$\begin{aligned} y_{it} = \mu_i &+ \beta_1' x_{it} \cdot 1(q_{it} \leqslant \gamma_1) + \beta_2' x_{it} \cdot 1(\gamma_1 < q_{it} \leqslant \gamma_2) + \\ &\beta_3' x_{it} \cdot 1(q_{it} > \gamma_2) + \varepsilon_{it} \end{aligned} \quad (7.3)$$

其中，γ_1 和 γ_2 为待估计的两个门槛值，且 $\gamma_2 > \gamma_1$。在模型（7.3）中，γ_1 和 γ_2 将门槛变量分为三个区间：当门槛变量 $q_{it} \leqslant \gamma_1$ 时，解释变量 x_{it} 的系数为 β'_1；当门槛变量 $\gamma_1 < q_{it} \leqslant \gamma_2$ 时，解释变量 x_{it} 的系数为 β'_2；当门槛变量 $q_{it} > \gamma_2$ 时，解释变量 x_{it} 的系数为 β'_3。参照模型（7.2）和模型（7.3）的形式，可以推广到多重门槛（multi-threshold）回归模型。

根据模型的基本理论，门槛回归的基本思路是：首先，设定门槛变量，进行门槛效应检验。利用自抽样方法，检验单一门槛、双重门槛和三重门槛假设下模型的显著性水平，从而确定门槛个数。其次，进行门槛模型估计，确定门槛估计值，并根据门槛值进行样本区间划分。最后，估计不同样本区间内解释变量对被解释变量的作用系数值，并分析系数估计值的变化特征及原因。因此，从门槛回归的原理来看，估计得到门槛值将总样本划分为不同的子样本，然后分别对子样本进行回归分析，以此对比子样本间模型系数的差异变化。在门槛回归中，解释变量和门槛变量可以为同一变量，此时即表示随着解释变量的发展变化，当超过某一水平（门槛值）时，其对被解释变量的作用或影响会发生显著变化，以此分析被解释

变量对解释变量的非线性门槛效应。

本研究根据门槛回归模型的基本原理和思想，参考李如友①、韩增林②等学者的研究，同时借鉴 Hansen 门槛模型的设计思路，根据研究的目的及需要来内生地划分区间，即分别以旅游产业规模（Scale）、旅游资源禀赋（Resource）、旅游人口密度（Density）和旅游投资规模（Invest）为门槛变量，并且分别同时设为解释变量，以分析旅游产业规模、旅游资源禀赋、旅游人口密度和旅游投资规模对旅游扶贫效率影响的非线性门槛效应。因此，将上述四个门槛分别与被解释变量构建如下多重门槛面板回归模型③

$$\text{Efficiency}_{it} = \mu_i + \beta_1 q_{it} \cdot 1(q_{it} \leqslant \gamma_1) + \beta_2 q_{it} \cdot 1(\gamma_1 < q_{it} \leqslant \gamma_2) + \cdots + \alpha_n q_{it} \cdot 1(\gamma_{n-1} < q_{it} \leqslant \gamma_n) + \beta_{n+1} q_{it} \cdot 1(q_{it} > \gamma_n) + \varepsilon_{it} \tag{7.4}$$

其中，Efficiency_{it}为被解释变量，表示旅游扶贫效率；q_{it} 为门槛变量，本研究中分别为旅游产业规模（Scale）、旅游资源禀赋（Resource）、旅游人口密度（Density）和旅游投资规模（Invest）；γ_1，…，γ_n为待估计门槛值；β_{it}为待估计系数；μ_i 为个体截距项；ε_{it} 为扰动项且为独立同分布。

7.3 变量说明及数据来源

7.3.1 变量说明

（1）被解释变量。本章的研究目的是分析旅游产业规模、旅游人口密度等旅游发展水平指标对旅游扶贫效率的影响，因此以“旅游扶贫效率”（Efficiency）为被解释变量。在前文的分析中，通过构建评价指标体系，利用 DEA 视窗分析方法定量测度了 2007—2016 年全国 22 个样本省份旅游扶贫的综合效率水平。本研究以测度所得的 2007—2016 年全国 22 个样本省份旅游扶贫综合效率值为被解释变量的取值。

---

① 李如友，黄常州. 中国交通基础设施对区域旅游发展的影响研究：基于门槛回归模型的证据［J］. 旅游科学，2015（2）：1-13.

② 韩增林，吴爱玲，彭飞，等. 基于非期望产出和门槛回归模型的环渤海地区生态效率［J］. 地理科学进展，2018（2）：255-265.

③ 郭鲁芳，李如友. 旅游减贫效应的门槛特征分析及实证检验：基于中国省际面板数据的研究［J］. 商业经济与管理，2016（6）：81-91.

（2）门槛变量和解释变量。本章门槛回归模型中的门槛变量和解释变量为同一变量。旅游资源、游客数量和投资规模是旅游发展的重要影响因素，因此分别选择“旅游产业规模”“旅游资源禀赋”“旅游人口密度”和“旅游投资规模”为门槛变量，以考察它们对旅游扶贫效率的影响。其中，旅游产业规模（Scale），其取值为区域旅游总收入占地方 GDP 比重；旅游资源禀赋（Resource），用旅游目的地的人均 A 级及以上旅游景区数量表示；旅游人口密度（Density），用旅游目的地接待游客总人次占当地年末人口数量的比重表示；旅游投资规模（Invest），由于无法获取各样本省份连续完整的旅游投资规模相关数据，本研究借鉴马晓龙①、李姝姝②和李占风③等学者的研究，以第三产业固定资产投资占全社会固定资产投资比重来代替，表示旅游发展过程中的资金等投入的相对规模。

7.3.2 数据来源及描述性分析

该部分研究仍以前文选择的全国 22 个样本省份为实证样本，选择 2007—2016 年面板数据为数据基础。旅游扶贫效率数据由前文计算而得，其他数据来源于历年《中国旅游统计年鉴》、各省份历年统计年鉴、国民经济和社会发展统计公报，以及中经网、国泰安等经济数据库。

表 7-1 给出了门槛回归模型中各主要变量的描述性统计结果。被解释变量 Efficiency 的均值为 0. 886，标准差为 0. 130，说明样本内旅游扶贫效率具有较明显的差异。旅游产业规模的最小值和最大值为 3. 367 和 42. 690，差异性比较明显。在其他门槛变量中，Density 和 Resource 的均值分别为 441. 352 和 54. 657，标准差分别为 282. 964 和 39. 648，说明样本期内旅游人口密度和旅游资源禀赋也存在较大变化。通过描述性统计结果也可以看出，本研究变量的选择均适合进行计量模型回归分析。

① 马晓龙. 中国主要城市旅游效率及其全要素生产率评价：1995—2005［D］. 广州：中山大学，2008.

② 李姝姝，邢夫敏，章玲玲. 旅游产业集聚对区域旅游业效率的影响研究：基于中国省际面板数据的实证分析［J］. 世界地理研究，2017（3）：134-146.

③ 李占风，叶银丹，高嘉男. 我国旅游业效率评价和集聚特征分析［J］. 统计与决策，2017（1）：139-141.

表 7-1　主要变量的描述性统计

变量	样本量	均值	标准差	最小值	最大值
Efficiency	220	0. 886	0. 130	0. 505	1. 000
Scale	220	12. 441	6. 362	3. 367	42. 690
Density	220	441. 352	282. 964	76. 846	1 493. 671
Resource	220	54. 657	39. 648	9. 843	321. 017
Invest	220	52. 875	12. 231	23. 400	91. 189

7.4　实证结果及分析

7.4.1　门槛效应检验

在旅游扶贫效率的门槛效应分析中，依据门槛回归的基本原理，我们首先需对门槛效应进行检验，以确定门槛类型。基于 Stata 分析工具，我们设置自抽样（bootstrap）次数为 600 次，分别获得单一门槛、双重门槛和三重门槛假设下的 F 值和 p 值。如表 7-2 所示，当旅游产业规模为门槛变量时，其对旅游扶贫效率的双重门槛效应通过了 1%的显著水平检验，而单一门槛效应和三重门槛效应均不显著；当旅游人口密度为门槛变量时，其对旅游扶贫效率的单一门槛效应和双重门槛效应均通过了 5%的显著水平检验，而三重门槛效应不显著；当旅游资源禀赋为门槛变量时，其对旅游扶贫效率的双重门槛效应通过了 1%的显著水平检验，但单一门槛效应和三重门槛效应并不显著；最后，在旅游投资规模为门槛变量的条件下，其对旅游扶贫效率的单一门槛效应和双重门槛效应都通过了 1%的显著水平检验，但三重门槛效应仍不显著。从检验结果总体来看，旅游产业规模、旅游人口密度、旅游资源禀赋和旅游投资规模等旅游发展变量对旅游扶贫效的影响均呈现显著的双重门槛特征，而三重门槛特征并不显著。因此，本研究将在双重门槛特征的条件下，分别分析旅游产业规模、旅游人口密度、旅游资源禀赋和旅游投资规模等变量对旅游扶贫效率影响的差异性。

表 7-2 门槛效应检验结果

类型	旅游产业规模		旅游人口密度		旅游资源禀赋		旅游投资规模	
	F 值	p 值	F 值	p 值	F 值	p 值	F 值	p 值
单一门槛	2.966	0.207	10.708**	0.040	4.618	0.222	13.320***	0.002
双重门槛	28.999***	0.000	9.390**	0.023	13.385***	0.008	22.492***	0.000
三重门槛	0.000	0.250	0.000	0.207	0.000	1.000	0.000	0.188

注：*、** 和 *** 分别表示 10%、5%和 1%的显著水平。

如表 7-3 所示，通过双重门槛模型估计，我们获得了各门槛变量的门槛估计值，且均通过了一致性检验。其中，旅游产业规模的第一门槛值、第二门槛值分别为 11.547 和 16.513，旅游人口密度的第一门槛值、第二门槛值分别为 486.109 和 705.104，旅游资源禀赋的第一门槛值、第二门槛值分别为 29.606 和 123.203，旅游投资规模的第一门槛值、第二门槛值分别为 43.772 和 77.780。

表 7-3 各门槛变量的门槛估计值及其置信区间

名称	旅游产业规模		旅游人口密度		旅游资源禀赋		旅游投资规模	
	门槛估计值	95%置信区间	门槛估计值	95%置信区间	门槛估计值	95%置信区间	门槛估计值	95%置信区间
第一门槛	11.547	[5.527, 27.004]	486.109	[381.998, 563.642]	29.606	[23.669, 33.217]	43.772	[39.894, 59.332]
第二门槛	16.513	[11.538, 16.944]	705.104	[167.619, 1 479.203]	123.203	[29.606, 131.393]	77.780	[77.780, 77.780]

7.4.2 旅游产业规模对旅游扶贫效率的影响

7.4.2.1 实证结果分析

根据门槛面板回归模型（7.4），当旅游产业规模（Scale）为门槛变量时，模型估计结果表示为旅游产业规模指标对旅游扶贫效率的总体影响。由表 7-3 可知，旅游产业规模对旅游扶贫效率的影响呈现显著的双重门槛特征，门槛值分别为 11.547 和 16.513。样本区间划分以及对应的估计系数值如表 7-4 所示。

表 7-4　旅游产业规模为门槛变量下的模型估计结果

类型	样本区间划分	系数估计值	t 值
双重门槛	Scale≤11.547	0.005 7	1.50
	11.547<Scale≤16.513	0.000 3	0.13
	Scale>16.513	0.005 5***	3.45

注：*、** 和 *** 分别表示 10%、5%和 1%的显著水平。

上述门槛模型估计结果显示，旅游产业规模对旅游扶贫效率具有显著的影响，但是该影响具有非线性特征。该特征具体表现为：当旅游产业规模指标值小于门槛值 11.547 时，旅游产业规模对旅游扶贫效率的影响并不显著。而且，当旅游产业规模指标值增加到 11.547 和 16.513 两个门槛值之间时，旅游产业规模对旅游扶贫效率的影响虽有变化但仍不显著。这说明，在这一时期，旅游业仍处于初级积累阶段，旅游扶贫处于战略实施初期，旅游发展的扶贫减贫效果并不明显。当旅游产业规模指标值大于门槛值 16.513 时，旅游产业规模对旅游扶贫效率的促进作用明显增强，且在 1%水平上显著，说明当完成初期的积累并发展到一定规模后，旅游业积极的减贫作用才能得到充分释放。但是，当旅游产业规模指标值超过门槛值 16.513 后，并没有出现新的门槛值，说明此时中国旅游扶贫仍处于良好的实施阶段，旅游扶贫效率仍有提升空间。

上述估计结果与人们的传统认识存在一定的差异。在旅游扶贫策略实施中，人们一般认为只要增加旅游产业投资，扩大了旅游产业规模，就可以带动更多的就业，更快地实现脱贫致富，减贫效率会更高。但是表 7-4 的结果显示，当旅游产业的规模较小时，提高旅游产业规模并不能提高旅游扶贫效率，只有在旅游产业规模超过了一定门槛水平后，扩大旅游产业规模才能显著地提高旅游扶贫效率。从原因来看，当旅游产业规模较小时，旅游资源开发与旅游基础设施建设相对不完善，旅游知名度及对游客的吸引力较弱，旅游业所创造的收入以及对就业的带动作用十分有限。而且，当旅游产业规模较小时，与其他产业相比，旅游产业没有明显的发展优势，还有可能会受到其他产业发展的抑制，贫困地区居民也缺乏参与旅游扶贫开发的热情，完全依靠发展旅游业来实现脱贫致富十分困难。当达到一定规模后，旅游基础设施、服务配套设施更加完善，旅游资源开发、旅游产品类型更加丰富，旅游知名度及产业地位提高，此时发展旅游业不仅可以促进居民收入水平提高，而且可以带动更多就业，表现出很强的乘数效应。同时，贫困地区的产业结构得到优化，贫困人口依托自身的资源、区位优势，以开展乡村旅游、“农家乐”等方式积极参与到旅游扶贫开发中，旅游扶贫效率也得到快速提升。旅游扶贫已经成为中国扶贫攻坚工程的重要战略之一，上述分析结果也提醒各贫困区域在旅游扶贫进程中不应该急于追求减贫效果，而忽视了旅游产业发展的积累过程。只有当旅游业发展到一定规模时，其减贫效应才能明显地显现出来，才能促进扶贫效率的提高。

7.4.2.2 样本对比分析

由上述分析结果可知，在不同的样本区间，旅游产业规模对旅游扶贫效率的影响存在明显差异，呈现出显著的双重门槛特征，即在旅游产业规模较小的省份，旅游产业规模对旅游扶贫效率的促进作用并不显著；在旅游产业规模中等的省份，旅游产业规模对旅游扶贫效率的促进作用有所上升但仍不显著；在旅游产业规模较大的省份，旅游产业规模才表现出对旅游扶贫效率显著的促进作用。

在图 7-2 中，列出了本研究中 22 个样本省份 2007 年和 2016 年的产业规模情况。从各样本省份的对比可以看出，2007 年，在 22 个样本省份中，只有贵州省的旅游产业规模指标值超过了第二个门槛值，此时贵州省通过扩大旅游产业规模可以进一步提升旅游扶贫效率。辽宁、海南、四川、云南和西藏 5 个省份的旅游产业规模指标值虽然在 2007 年超过了第一个门槛值，但此时旅游产业规模对旅游扶贫效率的促进作用并不显著，这几个省份仍需进一步扩大旅游产业规模。2016 年，旅游产业规模指标值超过第二个门槛值的省份为山西、辽宁、吉林、安徽、江西、广西、四川、贵州、云南、西藏、陕西和甘肃，共 12 个省份，其中贵州的旅游产业规模指标值仍最高，这些省份可以通过扩大旅游产业规模策略促进旅游扶贫效率的提升。此外，2016 年，河北、内蒙古、河南、湖北、湖南、海南、重庆、青海、宁夏和新疆 10 个省份的旅游产业规模指标值仍未超过第二个门槛水平，说明这些省份旅游产业规模仍然相对较小，旅游扶贫仍存在较大的发展空间。2007—2016 年，与其他省份相比，海南、青海和宁夏的旅游产业规模增加相对缓慢，从前文测度得到的旅游扶贫综合效率的变化来看，海南省 2007—2016 年的旅游扶贫综合效率明显低于其他样本省份，青海省的旅游扶贫综合效率也出现了明显下滑，这可能都与两省份的旅游产业规模较小有一定的关系。从总体来看，各样本省份的旅游产业规模均呈扩大趋势，而且过半的样本省份都超过了第二个门槛水平。但是，从门槛面板回归模型的估计结果来看，该时期还未出现旅游产业规模过大而对旅游扶贫效率的促进作用下降，或者旅游产业规模与旅游扶贫效率呈负相关关系的样本区间，说明中国的旅游产业规模仍处于扩张阶段，旅游产业发展仍有较大的提升空间，旅游扶贫模式仍是中国扶贫减贫工作的有效选择。

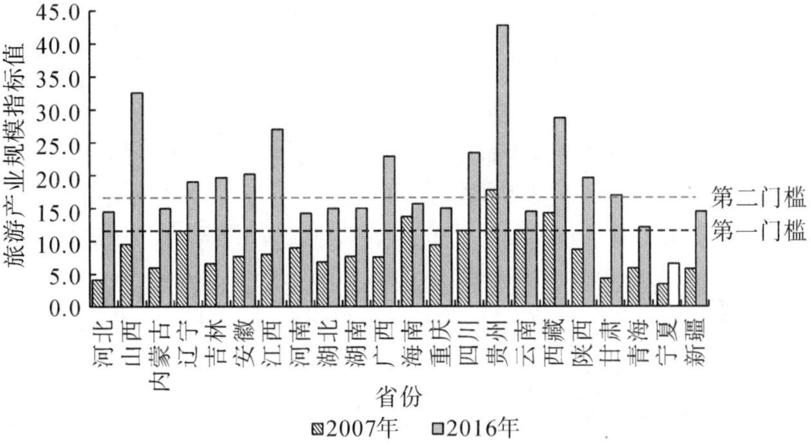

图 7-2 2007 年和 2016 年 22 个样本省份旅游产业规模对比

7.4.3 旅游人口密度对旅游扶贫效率的影响

7.4.3.1 实证结果分析

根据门槛面板回归模型（7.4），当旅游人口密度（Density）为门槛变量时，模型估计结果表示为旅游人口密度变量对旅游扶贫效率的总体影响。由表 7-3 可知，旅游人口密度对旅游扶贫效率的影响呈现显著的双重门槛特征，第一门槛值为 486. 109，第二门槛值为 705. 104，样本区间划分以及对应的估计系数值如表 7-5 所示。可以看出不同的样本区间内旅游人口密度对旅游扶贫效率的影响表现出了较明显的差异和变化。

表 7-5 旅游人口密度为门槛变量下的模型估计结果

类型	样本区间划分	系数估计值	t 值
双重门槛	Density≤486. 109	0. 000 7	0. 35
	486. 109<Density≤705. 104	0. 004 2***	2. 95
	Density>705. 104	0. 002 0*	1. 81

注：*、** 和 *** 分别表示 10%、5%和 1%的显著水平。

近年来，随着旅游业的持续发展，中国各地区旅游人口密度呈现显著上升趋势。特别是在“五一节”“十一黄金周”等假期，中国国内旅游出行人数众多，各旅游景区爆满。而且，中国全域旅游发展战略的推广，也进一步推动了旅游产业规模的扩大，贫困地区的旅游产业也得到了大力发展，接待游客数量逐年攀升。从表 7-5 的门槛面板回归模型的估计结果可以看出，旅游人口密度对旅游扶贫效率的作用也呈现出显著的非线性特征。具体表现为：当旅游人口密度指标值小于门槛值 486.109 时，旅游人口密度对旅游扶贫效率并没有显著的促进作用，说明当游客数量比较少时，对目的地居民收入水平提高的作用十分有限。当旅游人口密度指标取值介于门槛值 486.109 和 705.104 之间时，旅游人口密度对旅游扶贫效率的影响系数为 0.004 2，且在 1%的水平上显著，说明在这一子样本区间内，随着旅游目的地接待游客数量的增加，旅游人口密度不断提升，旅游扶贫效率也随之提高。当旅游人口密度指标的取值超过门槛值 705.104 时，旅游人口密度对旅游扶贫效率的影响系数下降为 0.002 0，且仅在 10%的水平上显著，说明在这一子样本区间内，随着旅游人口密度的提高，其对旅游扶贫效率的促进作用出现下降。

旅游人口密度的高低反映了旅游目的地接待游客数量的多少，也是体现区域旅游产业发展状况的重要指标之一。当旅游产业处于发展初期时，旅游目的地会积极追求提高游客接待数量，即旅游人口密度也相应地增大。随着旅游产业的发展，旅游目的地的旅游人口密度不断提高，但并不意味着越高越好，过多的游客数量可能会造成资源负担过重、当地生活空间被挤压以及环境质量下降等问题。若贫困地区在扶贫开发中旅游业接待游客数量过多，同样也会对当地的经济、社会和生态发展造成不利影响，进而影响旅游业的可持续发展，阻碍旅游扶贫效率的提升。由表 7-5 可知，旅游人口密度对旅游扶贫效率的影响呈现双重门槛特征，即对旅游扶贫效率的影响由不显著变为显著的正向作用，其后，超过第二个门槛值后正向作用减弱、显著水平降低。从原因来看，对于某一旅游目的地而言，只有吸引更多的游客光顾才能实现旅游产业的发展。但是，旅游目的地的空间、资源等都是有限的，当游客数量较少即旅游人口密度较低时，本地居民能够从旅游业中获得收益，而且游客也没有挤占当地居民的生活空间及公共设施。此时，居民对发展旅游业持积极乐观的态度，旅游发展自然可以通过带动创收和就业促进扶贫效率的提升。但是，当游客数量过多，旅游人口密度过大时，目的地当地居民的生活空间、公共设施被挤占，周围生态环境可能也出现污染现象。此时，居民对发展旅游业的态度逐渐转向消极甚至抵制，旅游扶贫效果自然会打折扣，旅游发展对旅游扶贫效率的促进作用也可能出现下降。因此，在通过发展旅游业实施扶贫战略时，应充分考虑扶贫地区的可容纳空间等基本条件，合理控制游客数量，实现旅游产业的可持续发展，促进扶贫效率的最大化提升。

7.4.3.2　样本对比分析

在门槛效应分析中，本研究选取的是前文旅游扶贫效率测度的22个样本省份，模型估计结果也显示：旅游人口密度较低的省份，旅游人口密度并不能显著地促进旅游扶贫效率的提高；旅游人口密度中等（超过第一个门槛值）的省份，旅游人口密度可以显著地促进旅游扶贫效率的提高；旅游人口密度较高（超过第二个门槛值）的省份，旅游人口密度对旅游扶贫效率的促进作用及显著水平均下降。具体如图7-3所示。

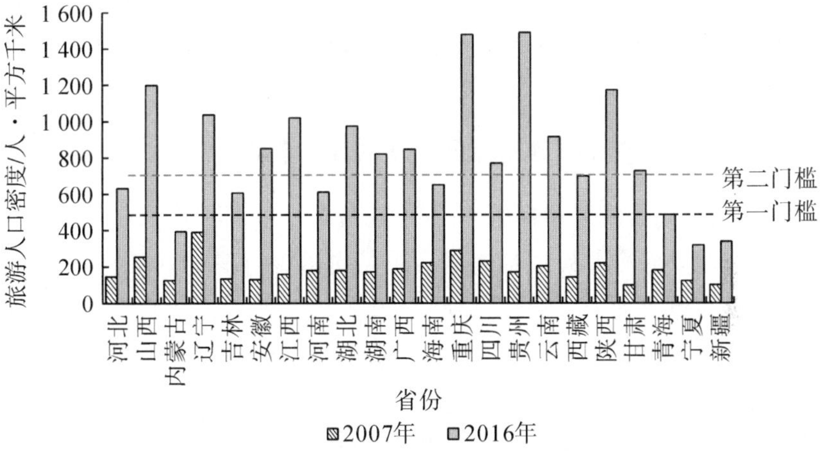

图7-3　2007年和2016年22个样本省份旅游人口密度对比

由图7-3可以看出，相较于2007年，2016年22个样本省份的旅游人口密度均实现了较大幅度提升，其中重庆和贵州的旅游人口密度最高。2007年，22个样本省份的旅游人口密度处于相对较低水平，其指标值均未超过第一门槛值，此时旅游人口密度的提高并不能显著提升旅游扶贫效率。这也说明，这一时期各样本省份的旅游产业发展仍不够充分，仍有较大的发展空间。由于接待游客数量不足，旅游资源、基础服务设施等未得到充分利用，依靠旅游带动就业、促进经济水平提高而实现脱贫目标的效果十分有限。旅游业经过近十年的快速发展，2016 年多数样本省份的旅游人口密度指标值超过了第一个门槛水平，而且山西、辽宁、安徽、江西、湖北、湖南、广西、重庆、四川、贵州、云南、陕西和甘肃 13 个省份的旅游人口密度指标值超过了第二个门槛水平，说明这些样本省份的旅游产业实现了较快发展，而且仍可以依靠增加游客数量、提高旅游人口密度的途径促进旅游扶贫效率的提升。与上述样本省份相比，2016 年，内蒙古、宁夏和新疆 3 个省份的旅游人口密度指标值仍未超过第一个门槛，这 3 个省份仍需通过创新旅游发展模式、拓宽营销渠道等有效措施进一步推进旅游发展，尽快推动旅游人口密度跨越第一个门槛水平，这样才有利于旅游扶贫效率的提升。但仍需指出的是，虽然旅游人口密度可以有效反映区域旅游产业的发展规模，却无法体现旅游需求的结构性状况，而且这可能会对上述结果带来一定的误差。中国旅游发展的供需结构性问题日益突出，如节假日旅游拥挤、高端度假旅游供给不足等，都无法从旅游人口密度指标中体现出来，所以虽然较高的旅游人口密度可以对旅游扶贫效率产生正向的促进作用，但是如果旅游供需结构失衡或错配，过高的旅游人口密度可能会带来不利的影响。

7.4.4 旅游资源禀赋对旅游扶贫效率的影响

7.4.4.1 实证结果分析

旅游资源是旅游业发展的基础，也是实施旅游扶贫策略的前提条件，丰富的资源禀赋有助于旅游目的地扩大旅游产业规模，带动更高的旅游收入。门槛面板模型的回归结果显示，旅游资源禀赋指标也存在两个门槛值，并将样本分为三个区间，在不同的区间内，旅游资源禀赋对旅游扶贫效率的影响也存在明显差异，如表 7-6 所示。

表 7-6 旅游资源禀赋为门槛变量下的模型估计结果

类型	样本区间划分	系数估计值	t 值
双重门槛	Resource≤29.606	0.009 5***	4.85
	29.606<Resource≤123.203	0.004 0***	2.90
	Resource>123.203	−0.001 7	−0.84

注：*、** 和 *** 分别表示 10%、5%和 1%的显著水平。

如表 7-6 门槛面板回归模型的估计结果所示，旅游资源禀赋对旅游扶贫效率可以产生显著的影响，而且这种影响呈现出非线性特征。当旅游资源禀赋指标值小于第一门槛值 29.606 时，旅游资源禀赋对旅游扶贫的效率的影响系数为 0.009 5，且在 1%的水平上显著，即增加旅游资源禀赋可以显著地促进旅游扶贫效率的提升。当旅游资源禀赋指标介于两个门槛值 29.606 和 123.303 之间时，旅游资源禀赋对旅游扶贫效率的影响系数下降至 0.004 0，但仍在 1%的水平上显著，即随着旅游资源禀赋的增加，其对旅游扶贫效率的正向促进作用减弱。这说明当旅游资源禀赋较少时，旅游目的地或贫困地区通过开发建设新的旅游景区、旅游项目，推广新的旅游产品，可以完善自身旅游产业结构，提高旅游产业竞争力和综合实力，从而吸引更多的游客，带动更多的就业和经济收入，最终实现旅游扶贫效率的提升。但是，当旅游资源禀赋指标值超过第二门槛值 1 223.03 后，旅游资源禀赋并不能显著影响旅游扶贫效率。这说明，在这一子样本区间内，当旅游目的地的旅游资源过多时，无法通过增加旅游资源禀赋来提高旅游扶贫效率。

旅游资源禀赋对旅游扶贫效率的影响，呈现上述非线性特征的原因主要是：一方面，当旅游目的地旅游资源禀赋相对较少时，旅游资源能够较好地体现当地主要特色，而且与周边其他目的地形成显著差异，从而对游客产生较大吸引力。这种差异也促进了不同旅游目的地之间的互补和协同发展，促进区域旅游合作，实现共同富裕，提升了旅游扶贫的效果。另一方面，当目的地为吸引更多游客而规划建设过多旅游景点或接待设施时，可能会造成与周边目的地资源雷同，形成竞争关系，从而削弱了自身的旅游发展能力。同时，过多的景点或旅游设施建设也会占用更多的土地等资源。若旅游业发展达不到预期效果，则造成巨大的资源浪费，旅游扶贫成效自然也就十分有限。此外，贫困地区或旅游目的地的旅游资源或旅游产品的供给结构，也会影响旅游发展的质量和旅游扶贫的效率。随着旅游业的发展，旅游需求也出现了新的趋势，逐渐向高端度假或体验型的旅游模式转变。作为旅游产品的供给方，旅游日的地应该及时合理地调整供给结构，适应和满足游客新的需求。在贫困地区在旅游扶贫开发中，如果不能转变发展思路，在未来的发展过程中则会出现旅游产业不景气、失业增多以及收入减少等问题，旅游扶贫效率也将随之下降。因此，在旅游扶贫开发中，应合理规划旅游景区建设，科学实施旅游发展策略，在推进旅游发展的同时，努力保障旅游扶贫的效率提升。

7.4.4.2 样本对比分析

由上述实证结果可知，在不同的样本区间，旅游资源禀赋对旅游扶贫效率的影响存在明显差异，呈现出显著的双重门槛特征，即旅游资源禀赋较少的省份，旅游资源禀赋对旅游扶贫效率产生显著的正向促进作用；旅游资源禀赋中等的省份，旅游资源禀赋对旅游扶贫效率的促进作用有所减弱；旅游资源禀赋较多的省份，旅游资源禀赋对旅游扶贫效率的影响并不显著。具体如图 7-4 所示。

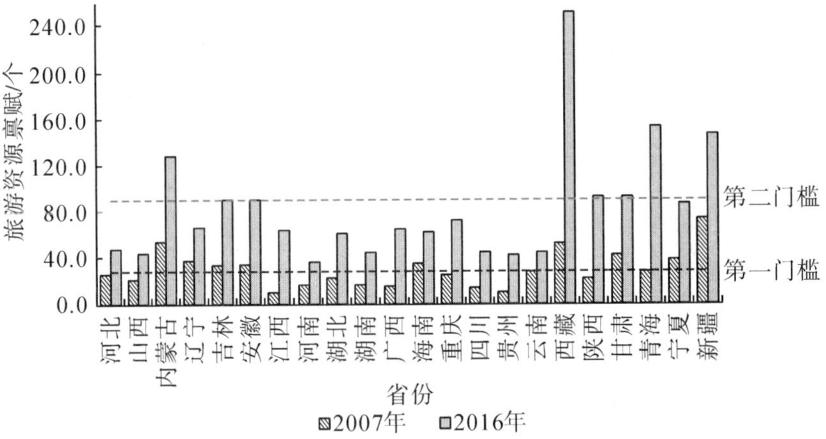

图 7-4　2007 年和 2016 年 22 个样本省份旅游资源禀赋对比

在门槛面板回归模型估计中，本研究利用各样本省份的人均 A 级及以上旅游景区数量表示各样本省份的旅游资源禀赋。通过图 7-4 中 22 个样本省份的旅游资源禀赋对比可以看出，22 个样本省份的旅游资源禀赋状况存在较明显的差异，2016 年，西藏的旅游资源禀赋最多，其次为青海、新疆和内蒙古。2007 年，22 个样本省份的旅游资源禀赋指标值均未超过第二个门槛水平，说明在这一时期，贫困地区在旅游扶贫中通过开发新的旅游资源或研发新的旅游产品等，可以促进旅游产业快速发展，带动贫困人口就业，提高贫困地区的经济与社会发展水平，进而有利于旅游扶贫效率的提升。2016 年，虽然 22 个样本省份旅游资源禀赋指标值都超过了第一个门槛水平，此时旅游资源禀赋对旅游扶贫效率的正向促进作用有所下降，但多数样本省份仍未超过第二个门槛水平，提高旅游资源禀赋仍是这些省份提升旅游扶贫效率的有效途径。但是在 2016 年，内蒙古、西藏、青海和新疆 4 个省份的旅游资源禀赋水平明显超过了第二个门槛水平，而且陕西、甘肃和安徽等省份也基本达到了第二个门槛水平，它们在今后的旅游扶贫中应进一步规范旅游资源开发行为。

旅游资源禀赋状况反映了各省份的旅游供给水平，虽然其可以为各省份的旅游发展提供有效的参考，但仍不能忽视中国旅游业供需的结构性失衡或错配等问题。也就是说，门槛面板回归模型仅能估计旅游资源禀赋的规模效应，而无法反映旅游资源的结构状况对旅游扶贫效率的作用。如节假日旅游景区游客"潮涌现象"，与节假日过后的惨淡状况形成强烈反差，虽然总体规模已达到了一定的水平，但是在产品类型、时空分配等方面的结构性问题都可能会阻碍旅游扶贫的有效开展。因此，贫困地区在旅游扶贫开发中不能一味扩大旅游产业规模，而应根据游客需求，创新旅游产品，优化旅游供给结构，从而提高旅游经济效益，提升旅游扶贫效率。

7.4.5 旅游投资规模对旅游扶贫效率的影响

7.4.5.1 实证结果分析

旅游产业投资是促进旅游发展的必然选择，也是实施旅游扶贫战略的重要举措。旅游产业投资规模的不同，也可从结构和效率等方面影响旅游扶贫的效率。当旅游投资规模为门槛变量时，门槛面板回归模型的估计结果表示的是旅游投资规模对旅游扶贫效率的影响，如表 7-7 所示。

表 7-7 旅游投资规模为门槛变量下的模型估计结果

类型	样本区间划分	系数估计值	t 值
双重门槛	Invest≤43.772	0.011 2***	5.07
	43.772<Invest≤77.780	0.005 1***	4.09
	Invest>77.780	-0.003 0	-1.48

注：*、** 和 *** 分别表示 10%、5%和 1%的显著水平。

任何一个产业的发展都离不开投资，中国的全域旅游发展战略以及扶贫开发中的乡村旅游发展策略等都需要持续的投资进行推进。中国政府和学者近年提出的旅游供给侧结构性改革，同样涉及旅游产业的投资问题。但是，在旅游扶贫开发中，并不是说投资越多越好，还需考虑投资规模和投资效率的平衡问题。从上述门槛回归模型的估计结果可知，旅游投资规模对旅游扶贫效率的影响同样呈显著的双重门槛特征。第一门槛值为

43.772，第二门槛值为77.780，这两个门槛值将研究总样本分为三个样本区间，在不同的样本区间内旅游投资规模对旅游扶贫效率的影响表现出明显差异。如表7-7所示，随着旅游产业投资规模的不断扩大，旅游投资规模对旅游扶贫效率的影响系数反而有所下降。当旅游投资规模指标值低于第一门槛值43.772时，旅游投资规模对旅游扶贫效率的影响系数为0.011 2，在1%的水平上显著，说明在这一阶段，通过扩大投资发展旅游业可以显著提升旅游扶贫的效率。当旅游投资规模指标值介于两个门槛值43.772和77.780之间时，旅游投资规模仍旧能够在1%的显著水平上促进旅游扶贫效率的提高，但影响系数已下降至0.005 1。当旅游投资规模继续扩大，其指标取值超过第二个门槛值77.780时，旅游投资规模对旅游扶贫效率的影响则变为不显著，说明在这一阶段，并不适合通过扩大旅游产业投资规模推进旅游扶贫开发战略的实施。

从原因来看，经过长期的快速发展，旅游产业已经成长为中国战略性支柱产业，产业规模也已发展壮大，产业地位得到极大提升。在这样的基础上，如果再进行较大规模的旅游产业投资，反而可能会造成资源浪费、投资效率不高等问题。因此，当旅游产业投资规模较小时，此时的产业投资主要用于农村乡村旅游发展，或调整旅游产业供给结构，投资的针对性更强，而且优化产业结构的同时提高了旅游投资效率，进而也有利于旅游扶贫效率的提升。中国旅游产业的发展主要是供需结构的不合理、不对称问题，在旅游产业投资上已经积累了较大的规模基础，旅游产业的去产能、去库存也已经被提上议事日程，如何优化要素配置，以及如何实现有效供给，关系到未来中国旅游产业的可持续健康发展。在这一形势下，如再进一步扩大旅游产业投资规模，则无疑会使旅游产业发展问题加剧，而不利于旅游产业健康发展，影响其减贫效应，阻碍旅游扶贫效率的提升。因此，只有合理控制旅游产业投资规模，才能实现通过旅游发展提升扶贫效率的目的。

7.4.5.2 样本对比分析

在门槛面板模型分析中，本研究以前文中国省级旅游扶贫效率测度中的22个省份为样本，通过比较它们旅游投资规模的水平及差异，可以为各省份今后的旅游扶贫开发及效率提升提供可靠依据。如上述旅游投资规模为门槛变量下的门槛效应结果，旅游投资规模较小的省份，其旅游投资规模对旅游扶贫效率的提升可以产生显著的正向促进作用；旅游投资规模中等的省份，其旅游投资规模仍然可以促进旅游扶贫效率的提升，但作用有所下降；旅游投资规模较大的省份，其旅游投资规模与旅游扶贫效率的相关关系变为不显著。

从图 7-5 中各样本省份的旅游投资规模对比可以看出，2007 年多数样本省份已接近或超过第一个门槛水平，西藏甚至超过了第二个门槛水平，说明在这一时期，随着各样本省份旅游投资规模的扩大，旅游投资规模对旅游扶贫效率的作用已出现下滑趋势。2007 年，四川、内蒙古、山西、青海、宁夏和新疆 6 个省份的旅游投资规模仍低于第一个门槛水平，这些省份提高旅游投资规模仍是促进旅游扶贫效率提升的有效途径。在 2007—2016 年的 10 年时间里，湖南、广西等部分省份的旅游投资规模的增加幅度并不大，一方面可能是由于近年中国旅游产业的产能过剩、产业供需结构不合理等问题突出，迫使各省份的旅游经济发展从“数量导向”逐渐向以减产能、调结构为目标的“效率导向”转移；另一方面可能是在旅游扶贫开发中，旅游投资规模对旅游扶贫效率促进作用的下滑趋势也迫使各省份更积极地去探索新的途径和方法以实现提高旅游扶贫效率的目标。2016 年，多数样本省份的旅游投资规模指标值基本介于两个门槛值之间，旅游投资规模对旅游扶贫效率的促进作用也有所下降，说明各样本省份应更加合理地规划旅游投资，明确投资目标，优化投资结构，这样才能有利于旅游产业的健康发展，才能进一步提高旅游扶贫效率。2016 年，22 个样本省份中只有海南省的旅游投资规模超过了第二个门槛水平，云南省基本达到了第二个门槛水平，说明这两个省份在今后的旅游扶贫开发中无法通过扩大旅游投资规模来提高旅游扶贫效率。综合对比分析结果，也反映了中国旅游产业发展的现实状况。在旅游扶贫开发过程中，各省份应更加关注旅游投资结构和扶贫资源的调配等问题。扩大投资规模并不一定会带来旅游扶贫效率的提升，只有在旅游扶贫中更加倾向于贫困地区和贫困人口，选择正确的投资项目和投资产品，才符合旅游扶贫的目标，才有助于实现旅游扶贫效率的最大化提升。

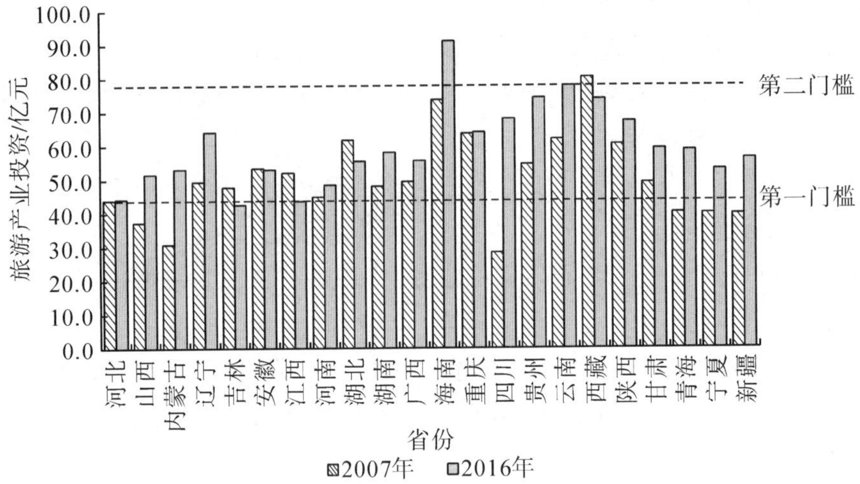

图 7-5 2007 年和 2016 年 22 个样本省份旅游投资规模对比

本章通过构建门槛面板回归模型，分别选取旅游产业规模、旅游资源禀赋、旅游人口密度和旅游产业投资为门槛变量，实证验证了各旅游发展水平指标对旅游扶贫效率的影响。结果表明，旅游产业规模、旅游资源禀赋、旅游人口密度和旅游产业投资对旅游扶贫效率的影响均呈现出双门槛特征。其中，在旅游产业规模为门槛变量时，在起初阶段旅游产业规模并不能显著地促进旅游扶贫效率的提升，但当其达到一定水平时，旅游产业规模对旅游扶贫效率的促进作用变得非常显著。在旅游人口密度为门槛变量时，当旅游人口密度达到一定水平时，其对旅游扶贫效率的促进作用由不显著变为非常显著，随着旅游人口密度的进一步增大且超过一定程度后，旅游人口密度对旅游扶贫效率的促进作用下降，且显著性降低。在旅游资源禀赋和旅游产业投资为门槛变量时，它们对旅游扶贫效率的影响呈现相似的特征：在起初时期旅游资源禀赋或旅游产业投资对旅游扶贫效率呈显著的正向促进作用，随着旅游资源禀赋或者旅游产业投资的不断增加，促进作用下降，当旅游资源禀赋或旅游产业投资超过一定程度后，这两个变量并不能促进旅游扶贫效率的提升。门槛面板模型的分析结论，也为中国推进旅游发展，实施旅游扶贫战略提供了科学依据。

8 中国旅游扶贫效率提升的障碍及对策

从前文分析可知，中国旅游扶贫技术效率仍然偏低，而且随着区域旅游产业的发展，旅游扶贫效率也存在明显的门槛效应。因此，本章在前文分析研究的基础上，系统分析了中国旅游扶贫开发中影响扶贫效率的主要障碍，并据此提出了提升中国旅游扶贫效率、推进旅游扶贫攻坚的可靠对策。

8.1 中国旅游扶贫效率提升的主要障碍

8.1.1 旅游扶贫技术投入不足，技术效率有待提高

我们通过前文对中国旅游扶贫效率的测度和分析结果可以看出，经过扶贫开发战略的实施，中国旅游扶贫规模效率已经处于较高的水平，但是旅游扶贫技术效率仍然普遍偏低。根据数据包络分析理论，旅游扶贫效率受规模效率和技术效率的综合影响。其中，旅游扶贫规模效率主要体现了中国在旅游扶贫开发中的财力、物力以及人力等资本的积累成果，是扶贫开发工作初期的主要方式。经过多年的扶贫开发工作，中国已走过了可以单纯依靠资本积累促进社会经济增长从而带动区域扶贫脱贫的阶段。特别是中国进入扶贫攻坚阶段后，剩余贫困人口贫困程度更深、帮扶难度更大，更加彰显出了依靠规模积累的扶贫空间和动力的有限，而技术创新、组织管理等途径则展现出了更大的扶贫效率提升前景。

我们通过前文结果也可以看出，中国旅游扶贫规模效率非常接近相对

有效率状态，而技术效率明显低于规模效率。造成这一结果的原因，一方面可能是中国传统的工业经济发展方式的影响，在相当长的时期内，中国仍是粗放型的生产方式，主要依靠财力、人力等资本的投入来提高生产效率，这一生产方式也在旅游扶贫开发工作中得到延续；另一方面，中国大多数乡村地区在开展旅游扶贫的过程中，必须经历前期的基础设施建设、旅游资源规划建设等资本积累过程，只有完成了前期的积累阶段才能为旅游扶贫建立坚实的基础。较低水平的技术效率，不仅造成旅游扶贫人力、财力的极大浪费，而且较低的创新水平也极易造成区域旅游业的同质化发展，不利于良性竞争和协同合作，同时也不利于中国脱贫攻坚和全面脱贫目标的实现。

8.1.2 追求规模效益，忽略了旅游扶贫的可持续发展

贫困地区经济、社会和生态环境的可持续协调发展，是扶贫开发工作的内在要求。作为重要的扶贫模式之一，旅游扶贫开发同样应在注重贫困地区发展旅游产业、帮助贫困人口脱贫致富的同时，注意保护当地生态环境、提高经济发展质量、维护社会和谐稳定，以实现全面可持续发展。但是在旅游扶贫开发中，部分地区一味扩大旅游扶贫投入规模，忽视了可持续发展问题，如在旅游产业发展初期，有的贫困地区没有经过科学合理的旅游产业发展规划，自然生态风景区被过度开发，生态环境破坏严重，有的水库景区开发还造成了严重的水污染事故。随着经济水平的提高，生活条件的改善，在旅游扶贫开发过程中，部分民族聚居地区传统的民族文化、习俗反而被遗忘或被破坏了。在旅游产业经营中，部分村民在参与旅游经营活动时乱搭乱建，无秩序现象严重，而且在旅游旺季时，还出现游客拥挤、游客与居民发生冲突等突出问题，不仅损害了当地旅游形象，还严重影响了旅游扶贫开发的后续发展。

在旅游扶贫开发中，贫困地区思想意识引导不到位，部分居民抱着“挣钱走人”的态度，不顾后续发展，过度耗费生态资源，导致“开发前光鲜亮丽，开发后一片狼藉”的后果，这也不符合扶贫开发的基本政策原则。可见，中国旅游扶贫开发中的可持续发展问题十分突出。在全面脱贫总目标的指引下，如何规范旅游扶贫开发行为，如何促进旅游产业的健康发展，如何引导旅游扶贫参与主体的生态保护意识，值得深入思考。

8.1.3 贫困人口参与不充分，各旅游扶贫主体权责不清晰

企业、政府和贫困人口等构成了中国旅游扶贫开发的核心主体，各主体在扶贫开发中合理分配职责，合理分工，才能实现旅游产业的快速发展，才能最大限度地提高中国旅游扶贫效率。但是不少贫困地区在旅游扶贫开发过程中各扶贫主体的权责不清晰现象仍十分普遍。作为旅游扶贫主体之一、扶贫开发工作的推动者，政府行政部门在旅游扶贫攻坚中起主导作用，但是，政府行政部门的主导作用并不意味着大包大揽，也不代表其具有绝对的话语权。而部分贫困地区的政府行政部门没有认清自身权责关系，对旅游扶贫项目、旅游扶贫资金等实行完全的控制，不仅造成了扶贫开发项目的实施不合理，扶贫资金使用、分配不规范，也严重制约了旅游扶贫效率的提高。

同时，部分贫困地区也忽视了贫困人口的核心主体地位，在旅游扶贫开发中没有建立健全贫困人口参与机制，没有合理引导贫困人口在扶贫开发中进行就业与创业，从而出现了脱离贫困人口的扶贫开发现象。这一问题不仅不利于实现贫困地区真正脱贫致富，降低了旅游扶贫的精准度，而且也无法带动贫困地区的经济和社会和谐发展。作为社会经济发展的主要参与者，企业也不能忽视其扶贫的社会责任。在旅游扶贫开发过程中，部门贫困地区企业只图分得一杯羹，只顾眼前利益，而不顾贫困人口的合理利益和诉求，这就违背了中国政府扶贫开发的基本宗旨，企业也无法实现长远发展。

8.1.4 旅游人才培养相对滞后，扶贫模式创新不足

中国旅游扶贫效率评价指标的统计数据显示，2007—2016 年旅游从业人口比重并未出现明显增长，而且 2010—2013 年的旅游从业人口比重还出现了显著下滑。与此不同的是，在此期间，人均旅游收入和人均游客接待数量均实现了多倍的增长，旅游从业人口数量的变化与旅游收入和旅游人次形成了显著差异。这说明中国旅游人才培养明显滞后于中国旅游产业的发展速度。而且，在旅游扶贫开发中同样需要旅游人才的支持。如旅游扶贫政策的制定与实施需要旅游专业人才。贫困地区在实施旅游产业发展过程中，应首先进行旅游业的宏观规划，以保证旅游发展建设的科学合理。旅游酒店等企业也需要技能型旅游服务人才，旅游景区、旅行社等需要导

游、计划、调度等旅游人才，并且随着新技术在旅游产业发展中的广泛应用，掌握新技术的旅游人才同样将促进旅游创新发展，能够有效推进旅游扶贫的顺利开展。因此，在中国旅游产业蓬勃发展、旅游扶贫开发持续推进的背景下，旅游从业人口数量的增长停滞以及旅游人才培养的相对滞后，已严重制约了中国旅游发展效率和旅游扶贫效率的有效提升。

8.2 中国旅游扶贫效率提升的对策

8.2.1 创新扶贫模式，提高旅游扶贫技术效率

我们从前文的测度分析可知，中国旅游扶贫规模效率非常接近相对有效率状态，但是技术效率偏低，仍有较大的提升空间。这说明，中国旅游扶贫已基本完成了依靠资本积累等提升效率的阶段，通过技术创新、改革组织管理模式等途径才能实现中国旅游扶贫效率的进一步提升。

（1）积极探索“旅游+”的扶贫开发模式，通过旅游产业与其他产业的融合发展，在提升旅游发展水平、优化产业结构的同时，增强贫困地区的经济增长动力，培育更多新的产业形态。如“旅游+农业”的扶贫模式，在充分利用和开发贫困地区原有农业资源的基础上，突出当地旅游特色，开展农业体验旅游、乡村民俗风情旅游等项目，不仅可以实现贫困地区特色农业的快速发展，而且可以提高当地居民收入水平，增加当地居民就业与创业机会。

（2）进一步推进“互联网+旅游”的扶贫新模式。随着科技水平的不断提高，互联网已成为人们生活必不可少的工具。但是在很多贫困地区，互联网的发展仍十分落后，存在广阔的普及空间。借助互联网技术，我们可以为贫困地区的旅游发展提供有力的宣传促销手段，这些技术具有成本低、效率高而且传播广的优势；还可以与淘宝、京东等互联网企业合作，构建扶贫优农平台，丰富贫困人口的农产品和旅游产品的销售渠道，增加贫困人口的收入来源。

（3）基于贫困地区自身的资源特色，打造优势旅游产业。中国贫困人口主要分布于西南民族聚居区及边疆地区，这些地区拥有丰富的民族文化资源、山地资源及边境旅游资源，为它们创新旅游扶贫模式提供了先天条件，如山岳旅游、边境旅游或民族风情文化旅游等。要紧紧抓住当地特色

和优势，进行旅游扶贫创新，打造优势旅游产业。

8.2.2 注重生态保护和人才培养，促进旅游扶贫可持续发展

只有实现了旅游扶贫的可持续发展，才能保障贫困地区经济与社会的健康发展，才能保证贫困人口真正脱贫致富并且杜绝返贫现象。因此，我们认为，需从以下方面实施和促进旅游扶贫的可持续发展策略：

8.2.2.1 保护生态环境，避免旅游资源被过度开发

旅游资源和生态环境是发展旅游业、开展旅游扶贫的基础条件。优良的生态环境以及丰富独特的自然和人文旅游资源，不仅可以为人们提供健康的生活环境，而且可以为人们创造财富，提高收入水平。第一，只有生态环境和旅游资源得到了良好的保护，才能保障贫困地区旅游扶贫的顺利开展。贫困地区在实施旅游扶贫战略初期，应对本地区的自然旅游资源和人文旅游资源进行科学合理的规划，形成合理的旅游功能布局。并且制定详细的旅游产业发展蓝图，实施渐进式的开发策略，避免全盘式的过度开发。在旅游规划中，还应充分考虑贫困地区旅游资源的优势与特色，与周边区域的旅游业相互促进、协同发展。第二，应建立完善的生态环境监督保障体系，在通过法律法规维护旅游资源不受破坏的同时，鼓励社会组织、居民等行使对环境保护的监督权利。在旅游扶贫开发中，也应制定完善的生态环境保护政策，维护扶贫地区的社会和生态环境的可持续发展。第三，贫困地区在开展旅游扶贫开发的过程中，应注重优化产业结构，主动淘汰高污染、高耗能的落后产能，引进节能、环保的产业形态；还应积极与科研单位、高校等机构合作，提升科技水平，主动进行环境治理和维护，为开发旅游产业建立良好的环境和基础条件。在旅游扶贫开发过程中，应严令禁止旅游经营企业对旅游资源的破坏，如餐饮企业的污水排放、景区内违规建设、景区周边的噪声污染等，都会破坏旅游产业的发展，不利于旅游产业的可持续发展。

8.2.2.2 实施技能培训和人才培养，提升居民就业与创业能力

在贫困地区实施技能培训和人才培养计划，是实现当地贫困人口脱贫致富的重要途径，能够保障贫困人口彻底摆脱能力贫困问题。只有让贫困人口掌握一定的知识和技能，才能保证当地贫困人口在没有扶贫帮助的情况下仍能够创造收入，自给自足，实现贫困地区的经济增长和社会可持续发展。这也是扶贫工作的主要目标之一。

因此，一方面，在贫困地区实施旅游扶贫开发的过程中，应鼓励并吸纳职业院校对贫困人口进行定点帮扶，实施职业技术技能教育培训计划。政府行政部门还应充分调动社会各界力量和资源，与社会组织、企业等实施专项专题技能培训，如旅游服务技能、互联网应用技术等，既提高了贫困人口的知识水平，也提升了他们的就业与创业能力，激发了贫困地区的就业市场活力。另一方面，对贫困地区本地的劳动力实施激励政策，鼓励外出务工人员回乡就业与创业，将本地区的劳动群众培养成为旅游产业发展的核心力量。同时，留住年轻劳动力在本地区工作就业，提升年轻劳动力参与旅游扶贫开发的动力和意愿，以增强社会经济活力、优化劳动力市场结构，保障本地区旅游产业的可持续健康发展。此外，在旅游扶贫开发过程中还应制定相应政策，鼓励企业在旅游扶贫开发过程中更多地吸收贫困地区的劳动力，在增加当地贫困人口就业、提高当地贫困人口收入的同时，也促进企业的本地化发展。

8.2.3 健全旅游扶贫多元主体协同机制，提升组织管理效率

中国扶贫开发呈现出主体多元化态势，政府、企业、社会组织和扶贫对象等共同组成了旅游扶贫的主体。在中国实施扶贫开发战略初期，主要由政府行政机构行使帮扶职责，形式单一，而且帮扶效果十分有限。多元主体的扶贫结构，可以广泛调动社会各界力量，丰富扶贫模式，提高扶贫减贫速度，提升扶贫减贫效率。但是，中国旅游扶贫的多元主体结构仍存在诸多问题，如政府行政部门在行使其主导职责时存在权责不清晰现象，以及贫困人口的扶贫开发参与权利被忽视及利益分享机制不健全等问题，都不利于各扶贫主体的协同合作，也影响了旅游扶贫开发的成效。

因此，从改善对策来看，首先，政府行政部门应主动厘清其在扶贫开发进程中的主导作用和监管职责。扶贫实践已经证明，政府主导才能保证旅游扶贫开发的顺利开展，才能保障贫困人口的利益最大化。政府的主导作用主要体现在：①政府行政部门应做好贫困地区扶贫开发以及社会经济发展的总体规划，合理规划安排区域产业布局。挖掘自身优势产业，培育节能产业和高技术产业，推进产业结构的优化升级。②政府行政部门还需完善旅游扶贫开发政策，出台相应激励政策，鼓励企业、社会组织等各行各业加入扶贫攻坚的行动中，履行其扶贫义务。政府还应适时制定旅游扶贫行动方案，科学合理推动扶贫攻坚工作。③政府的主导作用还体现在对

旅游扶贫资源的分配管理上。政府应成立专门的扶贫机构，负责协调扶贫资源的使用和调配，实现资源利用的合理化和效率最大化。同时，还应做好扶贫资金的使用保障工作，严格管理资金的使用。④政府行政部门还应履行对扶贫开发项目建设的监管职责，协助企业等其他主体开展扶贫工作，同时对旅游扶贫开发中的不合理或违法行为进行规范和惩戒。

其次，企业和社会组织应积极主动履行其扶贫义务和扶贫责任。中国扶贫开发进入攻坚阶段后，需要政府、社会组织和企业等协同推进。其中，企业和社会组织在扶贫开发中起着关键作用。企业的成长离不开政府和大众的广泛支持，饮水思源、回报社会是企业应尽的社会责任。①企业应依靠自身的技术、资源和渠道等发展优势，为贫困地区的旅游产品销售、旅游形象宣传搭建平台，扩大产品销售渠道，提升旅游知名度，吸引更多游客。②企业在生产经营中，应积极吸纳贫困人口就业，帮助解决贫困地区的就业难题。企业还可以为贫困人口提供技能培训，提升贫困人口知识水平，帮助贫困人口就业与创业。③企业在旅游扶贫开发中，不能只顾眼前经济利益而仅仅追求自身利益的最大化，应将解决贫困难题、帮助贫困地区社会经济发展作为首要目标。企业应更加注重自身的长远发展，主动承担社会责任，关注社会公平与公正，为缩小社会贫富差距尽心尽力。④社会组织也是旅游扶贫开发的重要力量。作为扶贫开发的“组织倡导者”，社会组织可以借助其自身优势搭建信息共享平台，为旅游扶贫开发提供协助。社会组织还可以积极发展会员，引导更多的资源投入扶贫开发，不断壮大旅游扶贫攻坚力量。

最后，作为旅游扶贫的核心主体，贫困人口也应成为扶贫攻坚的重要力量。中国扶贫开发已由原来的救济式转变为开放式，贫困人口不应“坐享其成”，而是应主动探索脱贫致富的方式，积极参与到扶贫开发的工作中。一方面，贫困人口可以依托所拥有的土地等资源，以股份的形式成立农村合作社，投资乡村旅游开发和经济建设。农村合作社的扶贫模式，不仅可以维护贫困人口的主体性、调动贫困人口的积极性，而且可以实现农村土地资源的规模化经营，提高经济效率。另一方面，贫困人口还可以以就业或创业的形式参与到旅游扶贫开发中。随着旅游扶贫项目建设以及旅游产业的持续发展，本地居民可以从事旅游服务、旅游产品生产等工作，还可以通过经营农家旅舍或者旅行社等企业进行创业，实现脱贫致富。如民族贫困地区，当地居民可以依托自身的农业基础，创办农业休闲园、“农家乐”等旅游项目，掌握一定手艺活、手工技术的居民可以通过生产特色手工产品、旅游纪念品等进行销售创业，增加经济收入。同时，政府行政机构、企业等主体应为贫困人口参与扶贫开发搭建平台，创造有利条件，在促进贫困人口就业和创业的同时，提高他们的收入，帮助其摆脱贫困。

8.2.4 完善法律法规体系，保障扶贫资源合理使用

中国扶贫开发与乡村振兴已进入常态化发展时期，但是仍缺乏完整的法律或法规体系来保障扶贫工作的持续健康开展，以及保护扶贫主体各方的基本利益。积极制定相关的扶贫法规，不仅可以保证依法扶贫，规范扶贫秩序和行为，还有利于保障贫困人口的合法权益，监督行政机构或企业的扶贫行为，避免扶贫开发的盲目性或随意性。因此，在旅游扶贫开发中，一方面需完善中央到地方的扶贫法规或相关政策文件，规范扶贫主体的权利范围，约束行政机构的扶贫管理行为。对于政府行政单位在扶贫开发中的监督管理权利进行合理约束，制定详细的扶贫资金、土地等资源的使用和分配办法，保障资源使用的规范化和合法化。另一方面，在贫困地区积极普及法律法规知识，为贫困人口提供法律援助。由于贫困地区人口的思想文化水平仍存在较大差距，法律法规的普及程度十分有限，这也造成了当地贫困人口的自身利益受到损害时，很难找到合法的解决途径。作为扶贫开发的一部分，法律扶贫仍必不可少。从对策来看，在扶贫开发中可以组建法律援助队伍，定期到贫困地区开展法律知识宣讲、法律咨询以及法律纠纷处理等活动，在扶贫地区创造良好的法制环境，帮助贫困人口了解在就业与创业过程中可能遇到的法律问题，规范贫困人口在企业经营管理中的市场行为，维护他们的合法权益。而且还可以借助“互联网+”的手段，提供网络法律扶贫服务，不仅节省时间和人力，还有效地提高了扶贫效率。

8.2.5 优化产业结构，提高旅游产业竞争力

在扶贫开发过程中，注重优化产业结构，不断促进区域经济向合理化和高级化方向发展，不仅可以协调区域产业关系，提高经济增长质量，还有助于推进社会发展与人们的生活需求相适应，提高旅游扶贫的效率。虽

然旅游扶贫开发模式主要依托旅游产业而发展，但并不意味着旅游产业可以完全替代其他产业。通过前文旅游扶贫效率的门槛效应分析结果可以看出，某一区域的旅游产业发展超过一定规模后，旅游发展与旅游扶贫效率呈负相关关系，会阻碍旅游扶贫效率的提升。因此，优化产业结构，提高区域产业结构的整体合理性，不仅有助于促进区域扶贫效率的提升，而且可以带动提升产业竞争力，形成区域发展优势。

对于贫困地区来讲，首先，应继续支持自身已有的优势产业，将其做强做优，依托自身的优势资源和基础，促进优势产业的技术化、节能化和深层次发展，以优势产业带动区域经济增长和社会就业，为其他产业发展奠定良好的基础。其次，在旅游扶贫开发中，还应积极实施全域旅游战略，提升旅游产业竞争力。将全域旅游的概念贯穿于旅游资源开发建设中，推进“旅游+”的发展模式，促进旅游产业与其他产业融合发展。推进旅游产业供给侧结构性改革，创新旅游产业新业态，满足新时代的社会旅游需求，提高产业竞争力和未来发展动力。最后，贫困地区还需积极探索新兴产业的发展路径，并努力实现与旅游产业的融合发展。电子信息、海洋、新能源等新型产业代表了社会经济的未来发展方向，只有重视新兴市场的培育，并与旅游扶贫开发相结合，才能实现和保障区域经济与旅游扶贫开发的可持续发展。

在扶贫开发中，还应制定合理的奖惩制度，严惩违法犯罪行为。在以往的扶贫开发中，已经出现了多起违法违纪行为，如骗取扶贫补贴、侵占农村扶贫资源等。因此，完善的奖惩制度、健全的法律法规体系是保障旅游扶贫开发顺利开展的坚实基础。

本章分析了中国旅游扶贫效率提升的主要障碍，并提出了有效的解决对策。中国扶贫开发进入了攻坚时期，但旅游扶贫战略在实施过程中仍存在诸多亟待解决的问题。一方面，中国旅游人才培养相对滞后，扶贫策略创新仍不足。同时，旅游扶贫的技术效率也有待提高。经过前期的扶贫积累，中国旅游扶贫效率主要受技术创新、主体管理水平等方面的影响。如何实现扶贫模式创新，以及如何提高资源利用效率，也应引起扶贫参与主体的广泛关注。另一方面，旅游扶贫开发中的不可持续发展行为以及参与主体的权责不清晰等问题也制约了旅游扶贫的有效开展。如何规范主体行为、如何增强主体的生态环保意识，也值得深入思考。

在对策分析中，本章提出应从以下方面进行改进：第一，通过创新旅游扶贫模式等途径，进一步提升扶贫精准度，提高旅游扶贫效率；第二，应注重在旅游扶贫开发的过程中，加强贫困地区的生态环境保护，避免旅游资源被过度开发，同时，加强贫困人口的技能培训和人才培养，提升当地贫困人口的扶贫开发参与能力。第三，应健全旅游扶贫多元主体协同机制，厘清政府行政机构、企业、社会组织和贫困人口在扶贫开发中的权利和义务。第四，完善的法律法规体系也是保障旅游扶贫开发顺利开展的坚实基础，应从法律援助、法律知识普及等方面开展法律扶贫。优化产业结构，提高旅游产业竞争力，促进旅游扶贫效率提升。

9 研究结论与展望

9.1 研究结论

旅游扶贫模式依托旅游产业发展中的带动就业、促进区域经济增长等作用，在减贫脱贫工作中取得了显著成就。该模式也成为许多贫困地区实现脱贫致富的积极选择。本研究采用 DEA 视窗分析方法系统测算和分析了中国省级、市级和县级旅游扶贫的效率，并结合 GIS 方法分析了中国省级旅游扶贫效率的时空分布差异。同时，借助门槛面板回归模型，分析了旅游产业规模、旅游人口密度、旅游资源禀赋和旅游投资规模等旅游发展水平指标对旅游扶贫效率的影响的非线性门槛效应。最后，本研究提出提升中国旅游扶贫效率的有效对策。本研究主要得到如下结论：

第一，中国旅游扶贫效率总体呈上升趋势，但 2013 年后出现了小幅下滑。我们通过测度发现，2007—2016 年中国省级旅游扶贫综合效率总体呈上升趋势，说明在中国旅游扶贫开发推进过程中，这一时期扶贫资源的优化配置以及合理的组织管理有效促进了中国省级旅游扶贫效率的提高。但 2013 年后中国省级旅游扶贫综合效率出现小幅下滑，主要是中国扶贫政策的变化以及扶贫难度的增大，约束了旅游扶贫效率的提升。中国市级旅游扶贫效率的测度结果表现出与省级相似的变化特征，即 2013 年后市级旅游扶贫综合效率出现缓慢下滑，这也验证了上述分析结论。

第二，在空间分布上，中国旅游扶贫效率存在明显的空间差异，西部民族聚居地区及边疆地区的效率与东部和中部地区存在一定差距，但差距呈逐年缩小趋势。我们采用 GIS 方法，通过对 2007—2016 年中国省级旅游扶贫效率的空间分析状况和变化趋势分析发现，在起初阶段各省份的旅游扶贫效率存在明显的区域差异，西部民族聚居地区及边疆地区的旅游扶贫效率明显低于中部和东部地区。造成这一差距的主要原因是西部民族聚居地区及边疆地区贫困程度更深，加之其自然条件更加恶劣、基础设施更加落后，进一步增大了扶贫难度，旅游扶贫效率提升受到极大约束。但随着时间的推移，国家对西部地区的扶贫投入增加，基础条件逐渐改善，西部各省份通过积极探索扶贫新模式，不断缩小与东部和中部地区旅游扶贫效率的差距。

第三，中国旅游扶贫效率主要受技术效率的影响，规模效率的作用较小。从技术效率和规模效率的对比来看，中国省级、市级和县级旅游扶贫技术效率均呈现出与综合效率相似的变化特征，且技术效率与综合效率的相关性更高，说明中国旅游扶贫效率主要受技术效率的影响。在策略选择上，技术创新、提高组织管理水平等应是今后推进中国旅游扶贫效率提升的更合理途径。与技术效率相比，中国省级、市级和县级旅游扶贫规模效率已十分接近相对有效率状态，且波动不明显，这说明中国旅游扶贫开发已经基本完成依靠资本积累、规模效益提升效率的阶段，中国正由传统的粗放型扶贫模式向精准型扶贫模式转变。广西通过实施“创建特色旅游名县”品牌工程，2013 年后各县（区、市）的旅游扶贫综合效率总体呈上升趋势，这与省级、市级的测度结果存在明显差异，也进一步说明了旅游扶贫模式创新等策略对促进扶贫综合效率提升的有效性。

第四，旅游产业规模、旅游人口密度、旅游资源禀赋和旅游投资规模等旅游发展水平指标对旅游扶贫效率的影响呈现出显著的双重门槛特征。我们通过旅游扶贫效率的门槛效应分析发现，2007—2016 年不同的旅游发展水平指标与旅游扶贫效率均存在显著的非线性关系。其中，旅游产业规模在起初阶段并不能显著提高旅游扶贫效率，但超过一定门槛水平后，其对旅游扶贫效率的提升作用变得非常显著；随着旅游人口密度的持续增大，旅游人口密度对旅游扶贫效率的影响由不显著变为非常显著，随后促进作用渐小且显著水平降低；旅游资源禀赋和旅游投资规模对旅游扶贫效率的影响呈现相似的状况，在起初阶段，它们均能显著地促进旅游扶贫效率的提升，但超过一定门槛水平后促进作用下降，随后促进作用又变得不显著。门槛效应的分析结论，为中国旅游扶贫开发实施提供了科学的理论依据。

第五，我们通过对中国旅游扶贫效率的测评及非线性门槛效应的分析发现，旅游扶贫技术投入不足、过度追求规模效益而忽略了可持续发展、贫困人口参与不充分以及旅游人才培养相对滞后等是中国旅游扶贫效率提升的主要障碍。基于此，我们提出采取创新扶贫模式、注重人才培养、提高组织管理效率、保障资源合理利用以及提高旅游产业竞争力等措施来推动中国旅游扶贫效率的进一步提升。

9.2 研究展望

本研究在对国内外相关研究及中国旅游扶贫状况进行分析的基础上，利用 DEA 视窗分析方法对中国旅游扶贫效率进行了测度，并结合门槛面板模型研究了旅游人口密度、旅游资源禀赋等发展变量对旅游扶贫效率的非线性影响。贫困本来就是全球性的复杂难题，旅游扶贫也涉及诸多研究领域，因此有关旅游扶贫的部分相关问题仍未被包含在本研究的研究框架内，这也为我们今后进一步的拓展研究提供了方向：

（1）旅游扶贫中的路径依赖特征及其对扶贫效率的影响。本研究通过案例分析对中国旅游扶贫的情况和特征进行了基本总结，但对于旅游扶贫中可能存在的路径依赖特征以及成因并没有进行深入分析。基于路径依赖理论，科学评价旅游扶贫中路径依赖模式的优劣及对扶贫效率的影响，将是一个有益的探索内容。

（2）旅游扶贫效率的波动性及风险管理。本研究利用 DEA 视窗分析法测度了中国旅游扶贫的效率，但并未涉及各决策单元在同一时期不同窗口内的效率波动性及原因分析，这种波动性可能会带来效率下降的风险。因此，在扶贫效率评价的基础上，揭示其背后可能存在的波动性并探索波动风险的控制路径，对推进旅游助力乡村振兴具有一定的参考价值。

（3）中国东部、中部和西部地区旅游扶贫效率差异的深入分析。基于旅游扶贫效率的测度结果，本研究借助 GIS 方法分析了中国旅游扶贫效率的空间分布，但对于东部、中部和西部地区的旅游扶贫模式差异、效率差异以及成因差异并没有深入探讨。这些内容不仅有利于全面地正确认识中国旅游扶贫的区域差异，也可以为旅游助力乡村振兴的政策制定以及提高农旅融合的区域适用性提供科学的依据。

（4）经济水平、产业结构等因素与旅游扶贫效率的非线性关系分析。在旅游扶贫效率的门槛效应研究中，本研究仅分析了旅游产业规模、旅游人口密度、旅游资源禀赋和旅游投资规模等对旅游扶贫效率的影响。但是贫困地区的经济发展水平以及产业结构等因素同样可能会对旅游扶贫效率产生重要的影响，这些都有待今后做进一步的研究。

参考文献

一、中文文献

[1] 边恕，黎蔺娴，孙雅娜. 中国农村精准扶贫的动态测度 [J]. 统计与决策，2017 (22)：94-99.

[2] 曹务坤，辛纪元. 民族村寨社区参与旅游扶贫的法律机制完善 [J]. 云南社会科学，2014 (6)：130-133.

[3] 陈丽琴. 少数民族村寨旅游精准扶贫中的多维排斥与化解之道 [J]. 黔南民族师范学院学报，2017 (3)：80-84.

[4] 陈强. 高级计量经济学及 Stata 应用 [M]. 北京：高等教育出版社，2014.

[5] 陈希勇. 山区产业精准扶贫的困境与对策：来自四川省平武县的调查 [J]. 农村经济，2016 (5)：87-90.

[6] 陈潇阳. 我国农村扶贫对象动态甄别机制的构建路径 [J]. 河北大学学报（哲学社会科学版），2014 (1)：38-41.

[7] 陈小丽. 基于多层次分析法的湖北民族地区扶贫绩效评价 [J]. 中南民族大学学报（人文社会科学版），2015 (3)：76-80.

[8] 陈小宁，郭进，李俊松，等. 基于大数据的旅游精准扶贫信息系统设计研究 [J]. 科技展望，2016 (36)：7.

[9] 陈友华. 我国旅游扶贫模式转型升级新思路 [J]. 资源开发与市场，2014，30 (6)：717-721.

[10] 陈友莲，向延平. 旅游扶贫绩效评价概念、类型、流程与重要性分析 [J]. 湖南商学院学报，2012 (4)：78-80.

[11] 陈宗胜，沈扬扬，周云波. 中国农村贫困状况的绝对与相对变动：

兼论相对贫困线的设定［J］. 管理世界，2013（1）：67-75.

［12］成刚. 数据包络分析方法与 MaxDEA 软件［M］. 北京：知识产权出版社，2014.

［13］党红艳，金媛媛. 旅游精准扶贫效应及其影响因素消解：基于山西省左权县的案例分析［J］. 经济问题，2017（6）：108-113.

［14］邓小海，曾亮，罗明义，等. 云南乌蒙山片区所属县旅游扶贫效应分析［J］. 生态经济，2015（2）：134-138.

［15］邓小海，曾亮，罗明义. 产业链视域下旅游扶贫问题诊断及对策研究［J］. 当代经济管理，2014（11）：56-59.

［16］邓小海，曾亮，肖洪磊. 旅游精准扶贫的概念、构成及运行机理探析［J］. 江苏农业科学，2017（2）：265-269.

［17］邓小海. 旅游扶贫精准帮扶探析［J］. 新疆大学学报（哲学·人文社会科学版），2015（6）：21-27.

［18］丁焕峰. 国内旅游扶贫研究述评［J］. 旅游学刊，2004，19（3）：32-36.

［19］丁煜，李啸虎. 基于 DEA 和 Malmquist 指数的旅游扶贫效率评价研究：以新疆和田地区为例［J］. 新疆财经大学学报，2017（4）：56-65.

［20］方澜. "互联网+" 视域下茶乡乡村生态旅游精准扶贫模式研究［J］. 福建茶叶，2017（5）：105-106.

［21］冯伟林，陶聪冲. 西南民族地区旅游扶贫绩效评价研究：以重庆武陵山片区为调查对象［J］. 中国农业资源与区划，2017（6）：157-163.

［22］冯伟林. 重庆武陵山片区旅游扶贫中贫困人口受益模式研究［J］. 改革与开放，2016（3）：45-47.

［23］冯瑛. 贫困定义的演化及对中国贫困问题的思考［J］. 经济研究导刊，2010（18）：6-8.

［24］高兴. 我国旅游精准扶贫公正性问题论析［J］. 湖南社会科学，2017（2）：124-132.

［25］高雪莲，丁文广. 甘肃陇东南地区旅游扶贫效率的实证分析［J］. 北京邮电大学学报（社会科学版），2017（3）：85-92.

［26］耿宝江，庄天慧，彭良琴. 四川藏区旅游精准扶贫驱动机制与微观机理［J］. 贵州民族研究，2016（4）：157-160.

［27］龚艳，李如友. 有限政府主导型旅游扶贫开发模式研究［J］. 云

南民族大学学报（哲学社会科学版），2016（6）：115-121.

［28］谷丽萍，方天堃. 旅游扶贫开发新论［J］. 云南财贸学院学报（社会科学版），2006（3）：94-95.

［29］郭君平，张斌，吴国宝. 宗教信仰、宗教参与影响农民主观贫困和福利吗?：来自全国5省1 000个农户调查的证据［J］. 经济与管理评论，2016（3）：14-24.

［30］郭鲁芳，李如友. 旅游减贫效应的门槛特征分析及实证检验：基于中国省际面板数据的研究［J］. 商业经济与管理，2016（6）：81-91.

［31］郭舒. 基于产业链视角的旅游扶贫效应研究方法［J］. 旅游学刊，2015（11）：31-39.

［32］国务院. 国务院关于促进旅游业改革发展的若干意见［J］. 辽宁省人民政府公报，2014（18）：12-20.

［33］韩增林，吴爱玲，彭飞，等. 基于非期望产出和门槛回归模型的环渤海地区生态效率［J］. 地理科学进展，2018（2）：255-265.

［34］郝冰冰，罗盛锋，黄燕玲，等. 国内外旅游扶贫效应文献量化分析与研究综述（2000—2016年）［J］. 中国农业资源与区划，2017（9）：190-198.

［35］何格，欧名豪. 城镇建设用地效率时空分异研究：以青岛为例［J］. 商业研究，2007（10）：123-127.

［36］何茜灵，宋亮凯. 旅游扶贫试点村背景下旅游精准扶贫调查研究：以葫芦岛市建昌县玉带湾村为例［J］. 国土与自然资源研究，2015（6）：81-83.

［37］胡柳. 乡村旅游精准扶贫研究［D］. 武汉：武汉大学，2016.

［38］胡强，沈晖. 旅游扶贫如何更精准［J］. 人民论坛，2016（25）：92-93.

［39］胡锡茹. 云南旅游扶贫的三种模式［J］. 经济问题探索，2003（5）：109-111.

［40］胡祥勇，范永忠. 中国农村扶贫资金使用效率实证分析［J］. 中南林业科技大学学报（社会科学版），2014（3）：76-80.

［41］黄承伟，王萍萍，吴国宝，等. 中国扶贫开发报告（2016）［M］. 北京：社会科学文献出版社，2016.

［42］黄文宇. 产业扶贫项目主体行为及其运行机制的优化：基于P

县“万亩有机茶园”项目的考察［J］. 湖南农业大学学报（社会科学版），2017，18（1）：56-61.

［43］姜国强. 权利贫困、收入分配失衡及其矫正对策［J］. 社会科学家，2013（10）：48-51.

［44］姜开宏，陈江龙，陈雯. 比较优势理论与区域土地资源配置：以江苏省为例［J］. 中国农村经济，2004（12）：16-21.

［45］蒋莉，黄静波. 罗霄山区旅游扶贫效应的居民感知与态度研究：以湖南汝城国家森林公园九龙江地区为例［J］. 地域研究与开发，2015（4）：99-104.

［46］卞茜燕. 精准扶贫视野下的社区参与旅游扶贫研究：基于大理双廊村的调查［J］. 旅游研究，2017（1）：74-82.

［47］蓝舒. 实行全面改革 振兴山区经济［J］. 求实，1986（3）：48-50.

［48］冷志明，游俊，丁建军. 中国连片特困区研究（2013—2016）［M］. 北京：社会科学文献出版社，2017.

［49］黎巧荣，杨效忠. 基于DEA模型的安徽省大别山贫困片区旅游扶贫效率［J］. 皖西学院学报，2017，33（2）：119-124.

［50］李光明，马磊. 旅游精准扶贫效率测度及空间分异研究：以新疆阿勒泰地区为例［J］. 新疆社科论坛，2016（5）：22-28.

［51］李会琴，侯林春，杨树旺，等. 国外旅游扶贫研究进展［J］. 人文地理，2015（1）：26-32.

［52］李会琴，李晓琴，侯林春. 黄土高原生态环境脆弱区旅游扶贫效应感知研究：以陕西省洛川县谷咀村为例［J］. 旅游研究，2012（3）：1-6.

［53］李会琴. 基于社区参与的鄂西旅游扶贫开发模式研究：以湖北省襄樊市襄阳区为例［J］. 国土资源科技管理，2011（1）：91-95.

［54］李佳，田里. 连片特困民族地区旅游扶贫效应差异研究：基于四川藏区调查的实证分析［J］. 云南民族大学学报（哲学社会科学版），2016，33（6）：96-102.

［55］李捷，罗庆华，郑昭峰，等. 张家界市大鲵产业扶贫的调查与思考［J］. 资源开发与市场，2015，31（8）：999-1002.

［56］李菊霞，林翔. 当前西部旅游开发热潮下的冷思考［J］. 旅游科学，2000（3）：5-7.

［57］李敏，张凤华，李荣. 安庆市旅游扶贫模式研究［J］. 宿州学院

学报，2017，32（2）：38-44.

［58］李荣梅. 精准扶贫背景下产业扶贫的实践模式及经验探索［J］. 青岛农业大学学报（社会科学版），2016，28（4）：1-4，20.

［59］李如友，黄常州. 中国交通基础设施对区域旅游发展的影响研究：基于门槛回归模型的证据［J］. 旅游科学，2015（2）：1-13.

［60］李姝姝，邢夫敏，章玲玲. 旅游产业集聚对区域旅游业效率的影响研究：基于中国省际面板数据的实证分析［J］. 世界地理研究，2017（3）：134-146.

［61］李喜梅. 全域旅游视角下旅游精准扶贫研究［J］. 江西农业，2017（7）：128-129.

［62］李烨. 中国乡村旅游业扶贫效率研究［J］. 农村经济，2017（5）：72-78.

［63］李永华. "旅游+"精准扶贫，产业空间巨大［J］. 金融经济（市场版），2016（12）：39-40.

［64］李占风，叶银丹，高嘉男. 我国旅游业效率评价和集聚特征分析［J］. 统计与决策，2017（1）：139-141.

［65］联合国. 千年发展目标：2015 年报告［R］. 2015：15.

［66］梁晨. 产业扶贫项目的运作机制与地方政府的角色［J］. 北京工业大学学报（社会科学版），2015（5）：7-15.

［67］梁树广，黄继忠. 基于贫困含义及测定的演进视角看我国的贫困［J］. 云南财经大学学报，2011（1）：55-61.

［68］林移刚，杨文华. 我国乡村旅游精准扶贫困境与破解研究：基于生产要素视角［J］. 云南民族大学学报（哲学社会科学版），2017（2）：121-127.

［69］刘剑. 内生增长理论：综合分析与简要评价［J］. 审计与经济研究，2005（2）：67-72.

［70］刘军林. 我国精准扶贫政策分析：基于公平与效率角度［J］. 合作经济与科技，2017（4）：163-166.

［71］柳颖. 积极福利视角下民族地区反贫困模式选择：以内蒙古兴安盟为例［J］. 湖南工程学院学报（社会科学版），2015，25（1）：73-78.

［72］龙江智，段浩然. 旅游扶贫的优势、困境和策略［J］. 大连民族大学学报，2016，18（4）：364-369.

[73] 龙祖坤，杜倩文，周婷. 武陵山区旅游扶贫效率的时间演进与空间分异 [J]. 经济地理，2015 (10)：210-217.

[74] 龙祖坤，罗栋，任红丹. 基于扶贫效率的旅游精准扶贫机制构建：以韶山新湖村为例 [J]. 湖南财政经济学院学报，2017 (1)：63-69.

[75] 陆益龙. 农村的个体贫困、连片贫困与精准扶贫 [J]. 甘肃社会科学，2016 (4)：7-13.

[76] 路琪，石艳. 生态文明视角下旅游投资效益评估体系的构建 [J]. 宏观经济研究，2013 (7)：39-48.

[77] 罗玲，张祥翠，朱乐君. DEA 视窗分析在技术创新效率评价中的应用 [J]. 商场现代化，2009 (35)：3-4.

[78] 罗盛锋，代新洋，黄燕玲. 生态旅游扶贫研究动态及展望 [J]. 桂林理工大学学报，2015，35 (3)：642-648.

[79] 吕奔，温亚利. 生态旅游对农户家庭收入影响研究：基于倾向得分匹配法的实证分析 [J]. 中国人口·资源与环境，2016 (10)：152-160.

[80] 马晓龙，金远亮. 张家界城市旅游发展的效率特征与演进模式 [J]. 旅游学刊，2015 (2)：24-32.

[81] 马晓龙. 基于绩效差异的中国主要城市旅游发展阶段演化 [J]. 旅游学刊，2009，24 (6)：25-30.

[82] 马晓龙. 中国主要城市旅游效率及其全要素生产率评价：1995—2005 [D]. 广州：中山大学，2008.

[83] 马用浩. 消除能力贫困：解决城市贫困问题的新视角 [J]. 理论与改革，2003 (2)：113-116.

[84] 马占新，马生昀，包斯琴高娃. 数据包络分析及其应用案例 [M]. 北京：科学出版社，2013.

[85] 毛峰. 乡村旅游扶贫模式创新与策略深化 [J]. 中国农业资源与区划，2016，37 (10)：212-217.

[86] 毛焱，梁滨. PPT 战略：基于人口发展的旅游扶贫观 [J]. 求索，2009 (6)：65-67.

[87] 齐绍洲，严雅雪. 基于面板门槛模型的中国雾霾 (PM_2.5) 库兹涅茨曲线研究 [J]. 武汉大学学报 (哲学社会科学版)，2017，70 (4)：80-90.

[88] 饶勇，徐圆. 旅游扶贫开发背景下的村民直选、社区增权与联合

治理机制研究：以广东省新丰县利坑村为例［J］. 中国集体经济，2016（1）：10-12.

［89］世界旅游及旅行理事会. 旅游和旅行：2017 年对经济的影响（全球/区域）［R］. 2017：2.

［90］孙猛，刘娜，张政，等. 基于低碳经济背景下的低碳旅游扶贫模式构建研究：以莫莫格国家级自然保护区为例［J］. 经济研究导刊，2011（14）：101-104.

［91］覃建雄，张培，陈兴. 旅游产业扶贫开发模式与保障机制研究：以秦巴山区为例［J］. 西南民族大学学报（人文社会科学版），2013（7）：134-138.

［92］唐丹，胡卫卫，田富俊，等. 福建扶贫开发重点县生态扶贫的问题及其对策［J］. 中南林业科技大学学报（社会科学版），2016，10（4）：28-31.

［93］田菲，孙怡，邢志勤. 帕累托改进还是卡尔多改进：论旅游扶贫视角下京津冀旅游产业链协同发展［J］. 经济研究导刊，2015（17）：100-101.

［94］万海远. 为什么争当贫困县？［J］. 南风窗，2014（5）：29-31.

［95］王春萍. 福利与贫困：贫困的内涵及其概念基础的演变［J］. 商业研究，2007（4）：108-110.

［96］王京传，李天元. 包容性旅游增长的概念内涵、实现机制和政策建议［J］. 旅游科学，2011（5）：10-22.

［97］王坤，黄震方，陶玉国，等. 区域城市旅游效率的空间特征及溢出效应分析：以长三角为例［J］. 经济地理，2013（4）：161-167.

［98］王丽. 基于系统论的旅游扶贫动力机制分析［J］. 商业经济，2008（9）：111-112.

［99］王琦. 科学把握精准扶贫的三个阶段［N］. 光明日报，2016-06-15.

［100］王淑娟，李国庆. 环京津贫困带旅游扶贫困境分析：基于旅游产业链的视角［J］. 河北经贸大学学报，2015（6）：121-124.

［101］王淑娟，赵海涛. 旅游扶贫视角下环京津贫困带休闲旅游发展研究［J］. 农村经济与科技，2015（3）：71-73，162.

［102］王婷婷. 基于机制设计理论的我国旅游扶贫机制调适［J］. 旅游纵览（下半月），2015（4）：55.

［103］王武林，黄晓燕，曹小曙. 1980—2010 年中国集中连片特困地

区公路可达性演化研究［J］. 地理科学，2016（1）：29-38.

［104］王小林. 贫困测量：理论与方法［M］. 北京：社会科学文献出版社，2012.

［105］王玉玲，汪惠萍. 深化农村土地制度改革背景下旅游扶贫及其配套机制建设［J］. 安徽农学通报，2014（Z2）：8-9.

［106］魏君英，何蒲明. 城乡居民收入差距对农村居民消费影响的实证研究［J］. 农业技术经济，2011（3）：84-88.

［107］吴国琴. 大别山区旅游扶贫生态绩效的实证分析：以豫南4个旅游扶贫村为例［J］. 信阳师范学院学报（自然科学版），2016（3）：376-380.

［108］吴华增，兰庆高. 基于面板门槛模型的农村金融发展扶贫效应检验［J］. 统计与决策，2017（23）：172-175.

［109］吴睿，王德祥. 教育与农村扶贫效率关系的实证研究［J］. 中国人力资源开发，2010（4）：5-9.

［110］吴旭晓. 经济大省物流业效率动态演化及其影响因素［J］. 中国流通经济，2015（3）：24-31.

［111］鲜祖德，王萍萍，吴伟. 中国农村贫困标准与贫困监测［J］. 统计研究，2016，33（9）：3-12.

［112］徐宝贵. 要正确分析效率与效能的关系［J］. 组织人事学研究，1994（3）：48.

［113］许光洪. 重庆市黔江地区的旅游扶贫［J］. 国土与自然资源研究，1998（4）：39-41.

［114］杨德进，白长虹，牛会聪. 民族地区负责任旅游扶贫开发模式与实现路径［J］. 人文地理，2016（4）：119-126.

［115］杨德进，白长虹. 我国旅游扶贫生态效率的提升路径［J］. 旅游学刊，2016，31（9）：12-14.

［116］杨国涛，周慧洁，李芸霞. 贫困概念的内涵、演进与发展述评［J］. 宁夏大学学报（人文社会科学版），2012（6）：139-143.

［117］杨建，韩宗伟，张翊红. 旅游精准扶贫的作用机理和推进策略［J］. 云南社会科学，2016（6）：52-56.

［118］杨秋宁. 贫困地区女性居民对旅游扶贫效应感知研究［D］. 南宁：广西大学，2016.

［119］杨伟智．“用绣花的功夫实施精准扶贫”：学习习近平关于精准扶贫精准脱贫的重要论述［J］．党的文献，2017（6）：47-53．

［120］杨颖．中国农村反贫困研究［M］．北京：光明日报出版社，2011．

［121］殷红梅，徐燕．贵州省贫困地区乡村旅游产业化扶贫建设模式探讨［J］．贵州农业科学，2011（10）：197-200．

［122］于素云．提高贫困主体的发展能力是扶贫攻坚的一项根本措施：吕梁地区调查报告［J］．中国贫困地区，1998（8）：45-49．

［123］张春美，黄红娣，曾一．乡村旅游精准扶贫运行机制、现实困境与破解路径［J］．农林经济管理学报，2016（6）：625-631．

［124］张春美，黄红娣．农村居民对乡村旅游精准扶贫政策的满意度及影响因素：基于婺源旅游地搬迁移民和原住居民的调查［J］．江苏农业科学，2017，45（13）：311-314．

［125］张广海，冯英梅．我国旅游产业效率测度及区域差异分析［J］．商业研究，2013（5）：101-107．

［126］张岚，田雅翔．连片特困地区旅游创业企业扶贫绩效评价：以FH县为例［J］．商，2016（6）：265-266．

［127］张乐．供给侧改革背景下旅游精准扶贫基本理论分析［J］．时代经贸，2016（34）：36-38．

［128］张琦，冯丹萌．我国减贫实践探索及其理论创新：1978—2016年［J］．改革，2016（4）：27-42．

［129］张全红，张建华．中国农村贫困变动：1981—2005：基于不同贫困线标准和指数的对比分析［J］．统计研究，2010（2）：28-35．

［130］张伟，张建春，魏鸿雁．基于贫困人口发展的旅游扶贫效应评估：以安徽省铜锣寨风景区为例［J］．旅游学刊，2005，20（5）：43-49．

［131］张伟，张建春．国外旅游与消除贫困问题研究评述［J］．旅游学刊，2005（1）：90-96．

［132］张笑薇．西部地区旅游扶贫机制选择与绩效评价［J］．改革与战略，2016（11）：101-106．

［133］张遵东，章立峰．贵州民族地区乡村旅游扶贫对农民收入的影响研究：以雷山县西江苗寨为例［J］．贵州民族研究，2011（6）：66-71．

［134］章杰宽，姬梅，朱普选．国外旅游可持续发展研究进展述评［J］．中国人口·资源与环境，2013（4）：139-146．

［135］赵伦，李丹妮，苟文峰. 扶贫模式变迁视域下旅游扶贫的机制演化［J］. 开发研究，2017（2）：30-34.

［136］赵霞. 旅游扶贫的原则与实施策略探析［J］. 旅游纵览（下半月），2016（10）：183-185.

［137］赵小芸. 旅游投资在西部旅游扶贫中的效用分析［J］. 旅游学刊，2004（1）：16-20.

［138］《中国扶贫开发年鉴》编委会. 中国扶贫开发年鉴（2015）［M］. 北京：团结出版社，2015.

［139］《中国扶贫开发年鉴》编委会. 中国扶贫开发年鉴（2016）［M］. 北京：团结出版社，2017.

二、英文文献

［1］AB HADI M Y, RODDIN R, RAZZAQ A R A, et al. Poverty Eradication through Vocational Education（Tourism）among Indigenous People Communities in Malaysia: Pro-poor Tourism Approach（PPT）［J］. Procedia - social and behavioral sciences, 2013（93）: 1840-1844.

［2］ADAM Y O, ELTAYEB A M. Forestry decentralization and poverty alleviation: A review［J］. Forest policy and economics, 2016（73）: 300-307.

［3］ALKIRE S, APABLAZA M, CHAKRAVARTY S, et al. Measuring chronic multidimensional poverty［J］. Journal of policy modeling, 2017, 39（6）: 983-1006.

［4］ASHLEY C, ROE D, GOODWIN H. Pro-poor tourism strategies: making tourism work for the poor: A review of experience［Z］. 2001: 1-64.

［5］ASMILD M, PARADI J C, AGGARWALL V, et al. Combining DEA window analysis with the malmquist index approach in a study of the Canadian banking industry［J］. Journal of productivity analysis, 2004, 21（1）: 67-89.

［6］ATELA J O, QUINN C H, MINANG P A. Are REDD projects pro-poor in their spatial targeting? Evidence from Kenya［J］. Applied geography, 2014（52）: 14-24.

［7］CHAO C C, HAZARI B R, LAFFARGUE J P, et al. Tourism, dutch disease and welfare in an open dynamic economy［J］. Japanese economic review, 2010, 57 (4): 501-515.

[8] CHARNES A, COOPER W W, RHODES E. Measuring the efficiency of decision making units [J]. European journal of operational research, 1978, 2 (6): 429-444.

[9] CROES R, RIVERA M. Tourism's potential to benefit the poor: A social accounting matrix model applied to Ecuador [J]. Tourism economics, 2017, 23 (1): 29-48.

[10] DAVIDSON L, SAHLI M. Foreign direct investment in tourism, poverty alleviation, and sustainable development: a review of the Gambian hotel sector [J]. Journal of sustainable tourism, 2015, 23 (2): 167-187.

[11] FERREORA F H G, CHEN S, DABALEN A, et al. A global count of the extreme poor in 2012: data issues, methodology and initial results [J]. Journal of economic inequality, 2016, 14 (2): 141-172.

[12] GASCON J. Pro-poor tourism as a strategy to fight rural poverty: A critique, 2015 [M]. Wiley-Blackwell, 111 River ST, Hoboken 07030-5774, NJ, USA, 2015.

[13] GHASEMI M, HAMZAH A. An investigation of the appropriateness of tourism development paradigms in rural areas from main tourism stakeholders' point of view [J]. Procedia - social and behavioral sciences, 2014 (144): 15-24.

[14] HANSEN B E. Threshold effects in non-dynamic panels: Estimation, testing, and inference [J]. Journal of econometrics, 1999, 93 (2): 345-368.

[15] KIM N, SONG H, PYUN J H. The relationship among tourism, poverty, and economic development in developing countries [J]. Tourism economics, 2016, 22 (6): 1174-1190.

[16] KING R, DINKOKSUNG S. Agriculture and tourism linkage constraints in the Siem Reap-Angkor region of Cambodia [J]. Tourism geographies, 2014, 16 (4): 687-703.

[17] KLOPP, ALLAN G. The analysis of the efficiency of productive systems with multiple inputs and outputs [R]. Engineering industrial, 1985: 1-25.

[18] KOENS K, THOMAS R. "You know that's a rip-off": policies and

practices surrounding micro-enterprises and poverty alleviation in South African township tourism [J]. Journal of sustainable tourism, 2016, 24 (10-12): 1-14.

[19] LI P, RYAN C, CAVE J. Chinese rural tourism development: Transition in the case of Qiyunshan, Anhui, 2008—2015 [J]. Tourism management, 2016 (55): 240-260.

[20] LIU Y, LIU J, ZHOU Y. Spatio-temporal patterns of rural poverty in China and targeted poverty alleviation strategies [J]. Journal of rural studies, 2017 (52): 66-75.

[21] LLORCA-RODRIGUEZ C M, CASAS-JURADO A C, GARCIA-FERNANDEZ R M. Tourism and poverty alleviation: An empirical analysis using panel data on Peru's departments [J]. International journal of tourism research, 2017, 19 (6): 746-756.

[22] MANWA H, MANWA F. Poverty alleviation through pro-poor tourism: The role of Botswana forest reserves [J]. Sustainability, 2014, 6 (9): 5697-5713.

[23] MATHIESON A, WALL G. Tourism economic, physical and social impacts [M]. New York: Longman, 1982.

[24] MEDINA-MUNOZ D R, GUTIERREZ-PEREZ F J. A sustainable development approach to assessing the engagement of tourism enterprises in poverty alleviation [J]. Sustainable development, 2016, 24 (4): 220-236.

[25] MEDINAMUNOZ D R, GUTIERREZPEREZ F J. The impacts of tourism on poverty alleviation: an integrated research framework [J]. Journal of sustainable tourism, 2016, 24 (2): 270-298.

[26] MINGIONE E. Urban poverty and the underclass: A reader [M]. New Jersey UK: Wiley & Sons Inc., 1996: 1-40.

[27] PILLAY M, ROGERSON C M. Agriculture-tourism linkages and pro-poor impacts: The accommodation sector of urban coastal KwaZulu-Natal, South Africa [J]. Applied geography, 2013 (36): 49-58.

[28] SEN A. Development as freedom [M]. London: Oxford University Press, 2001.

[29] SHARP, MIREE A, REGISTER, et al. Economics of social issues

[M]. New York: McGraw-Hill Higher Education, 2012.

[30] SOFIELD T, DE LACY T, LIPMAN G, et al. Sustainable tourism - eliminating poverty: An overview [R]. 2004: 1-65.

[31] THOMAS F. Addressing the measurement of tourism in tterms of poverty reduction: Tourism value chain analysis in Lao PDR and Mali [J]. International journal of tourism research, 2014, 16 (4): 368-376.

[32] TRUONG V, HALL C, GARRY T. Tourism and poverty alleviation: perceptions and experiences of poor people in Sapa, Vietnam [J]. Journal of sustainable tourism, 2014, 22 (7): 1071-1089.

[33] VLONTZOS G, PARDALOS P M. Assess and prognosticate green house gas emissions from agricultural production of EU countries, by implementing, DEA window analysis and artificial neural networks [J]. Renewable and sustainable energy reviews, 2017 (76): 155-162.

[34] WANG K, YU S, ZHANG W. China's regional energy and environmental efficiency: A DEA window analysis based dynamic evaluation [J]. Mathematical and computer modelling, 2013, 58 (5-6): 1117-1127.

[35] WANG X, ZHEN F, ZHANG J, et al. Exploring factors influencing residents' satisfaction with tourism development in poverty-stricken areas: A case study of five poor villages in China [J]. Asia pacific journal of tourism research, 2014, 19 (5): 517-537.

[36] WINTERS P, CORRAL L, MORA A. Assessing the role of tourism in poverty alleviation: A research agenda [J]. Development policy review, 2013, 31 (2): 177-202.

[37] YANG X, HUNG K. Poverty alleviation via tourism cooperatives in China: the story of Yuhu [J]. International journal of contemporary hospitality management, 2014, 26 (6): 879-906.

[38] ZAPATA M, HALL C, LINDO P, et al. Can community-based tourism contribute to development and poverty alleviation? Lessons from Nicaragua [J]. Current issues in tourism, 2011, 14 (8): 725-749.

[39] ZARANDIAN N, SHALBAFIAN A, RYAN C, et al. Islamic pro-poor and volunteer tourism — The impacts on tourists: A case study of Shabake

Talayedaran Jihad, Teheran — A research note [J]. Tourism management perspectives, 2016 (19): 165-169.

[40] ZENG B, RYAN C. Assisting the poor in China through tourism development: A review of research [J]. Tourism management, 2012, 33 (2): 239-248.

附录

附表 1　中国省级旅游扶贫综合效率 DEA 视窗分析结果（视窗宽度=3）

省份	窗口	年份									
		2007	2008	2009	2010	2011	2012	2013	2014	2015	2016
安徽	window_1	1	0. 923	0. 920							
	window_2		0. 813	0. 783	0. 764						
	window_3			0. 769	0. 765	0. 947					
	window_4				0. 762	0. 834	0. 975				
	window_5					0. 791	0. 848	0. 988			
	window_6						0. 821	0. 954	0. 885		
	window_7							0. 858	0. 837	0. 917	
	window_8								0. 803	0. 858	0. 875
	average	1	0. 868	0. 824	0. 764	0. 857	0. 882	0. 933	0. 842	0. 887	0. 875
甘肃	window_1	0. 875	1	1							
	window_2		1	1	1						
	window_3			1	0. 994	1					
	window_4				0. 954	0. 972	1				
	window_5					0. 973	1	1			
	window_6						1	1	1		
	window_7							1	1	1	
	window_8								1	1	0. 959
	average	0. 875	1	1	0. 983	0. 982	1	1	1	1	0. 959

附表1(续)

省份	窗口	年份									
		2007	2008	2009	2010	2011	2012	2013	2014	2015	2016
广西	window_1	0. 839	0. 795	0. 813							
	window_2		0. 865	0. 852	0. 870						
	window_3			0. 875	0. 859	0. 812					
	window_4				0. 849	0. 799	0. 750				
	window_5					0. 803	0. 752	0. 862			
	window_6						0. 698	0. 848	0. 890		
	window_7							0. 848	0. 887	0. 913	
	window_8								0. 879	0. 895	0. 891
	average	0. 839	0. 830	0. 847	0. 859	0. 805	0. 734	0. 853	0. 885	0. 904	0. 891
贵州	window_1	1	1	1							
	window_2		1	1	1						
	window_3			1	1	1					
	window_4				1	1	1				
	window_5					1	1	1			
	window_6						1	1	1		
	window_7							1	1	1	
	window_8								1	0. 989	1
	average	1	1	1	1	1	1	1	1	0. 995	1
海南	window_1	0. 514	0. 520	0. 532							
	window_2		0. 552	0. 558	0. 566						
	window_3			0. 564	0. 540	0. 620					
	window_4				0. 538	0. 592	0. 593				
	window_5					0. 582	0. 569	0. 600			
	window_6						0. 517	0. 547	0. 577		
	window_7							0. 547	0. 577	0. 552	
	window_8								0. 572	0. 540	0. 536
	average	0. 514	0. 536	0. 551	0. 548	0. 598	0. 560	0. 565	0. 575	0. 546	0. 536

附表1(续)

省份	窗口	年份									
		2007	2008	2009	2010	2011	2012	2013	2014	2015	2016
河北	window_1	0. 965	0. 929	0. 861							
	window_2		0. 910	0. 856	1						
	window_3			0. 856	1	0. 868					
	window_4				1	0. 865	0. 880				
	window_5					0. 876	0. 893	0. 933			
	window_6						0. 847	0. 876	0. 976		
	window_7							0. 882	0. 976	0. 999	
	window_8								0. 971	0. 994	1
	average	0. 965	0. 919	0. 858	1	0. 870	0. 873	0. 897	0. 974	0. 996	1
河南	window_1	1	1	1							
	window_2		1	1	1						
	window_3			1	1	1					
	window_4				1	1	1				
	window_5					1	1	1			
	window_6						0. 953	1	1		
	window_7							1	1	1	
	window_8								1	1	1
	average	1	1	1	1	1	0. 984	1	1	1	1
湖北	window_1	0. 743	0. 728	0. 731							
	window_2		0. 684	0. 651	0. 859						
	window_3			0. 668	0. 768	0. 927					
	window_4				0. 723	0. 802	0. 945				
	window_5					0. 777	0. 898	1			
	window_6						0. 855	0. 971	0. 928		
	window_7							0. 898	0. 864	0. 886	
	window_8								0. 831	0. 816	0. 894
	average	0. 743	0. 706	0. 683	0. 783	0. 835	0. 899	0. 957	0. 874	0. 851	0. 894

附表1(续)

省份	窗口	年份									
		2007	2008	2009	2010	2011	2012	2013	2014	2015	2016
湖南	window_1	0.964	0.797	0.800							
	window_2		0.822	0.826	0.916						
	window_3			0.872	0.941	0.888					
	window_4				1	0.927	0.879				
	window_5					0.964	0.886	0.881			
	window_6						0.854	0.824	0.885		
	window_7							0.827	0.881	0.872	
	window_8								0.875	0.860	0.880
	average	0.964	0.809	0.833	0.953	0.927	0.873	0.844	0.881	0.866	0.880
吉林	window_1	0.924	0.905	0.941							
	window_2		0.841	0.882	0.962						
	window_3			0.879	0.953	0.996					
	window_4				0.944	0.989	1				
	window_5					1	1	1			
	window_6						1	1	1		
	window_7							1	1	1	
	window_8								1	1	1
	average	0.924	0.873	0.901	0.953	0.995	1	1	1	1	1
江西	window_1	1	0.980	0.830							
	window_2		1.000	0.851	1						
	window_3			1	1	1					
	window_4				1	0.998	0.994				
	window_5					1	1	1			
	window_6						1	1	1		
	window_7							1	1	1	
	window_8								1	0.947	1
	average	1	0.990	0.894	1	0.999	0.998	1	1	0.973	1

附表1(续)

省份	窗口	年份									
		2007	2008	2009	2010	2011	2012	2013	2014	2015	2016
辽宁	window_1	0.864	1	1							
	window_2		0.886	0.988	1						
	window_3			0.984	1	1					
	window_4				0.953	0.964	1				
	window_5					0.927	0.993	1			
	window_6						0.982	1	1		
	window_7							1	1	0.899	
	window_8								0.934	0.851	0.799
	average	0.864	0.943	0.991	0.984	0.964	0.992	1	0.978	0.875	0.799
内蒙古	window_1	1.000	0.952	1							
	window_2		0.932	1	1						
	window_3			1	1	1					
	window_4				1	1	1				
	window_5					1	1	1			
	window_6						1	1	1		
	window_7							1	1	0.959	
	window_8								1	0.891	0.813
	average	1	0.942	1	1	1	1	1	1	0.925	0.813
宁夏	window_1	0.848	0.918	0.965							
	window_2		0.928	0.987	0.941						
	window_3			1	0.950	0.816					
	window_4				0.981	0.863	0.907				
	window_5					0.871	0.915	0.992			
	window_6						0.856	0.923	0.909		
	window_7							0.924	0.910	1	
	window_8								0.910	1	1
	average	0.848	0.923	0.984	0.958	0.850	0.893	0.946	0.909	1	1

附表1（续）

省份	窗口	年份									
		2007	2008	2009	2010	2011	2012	2013	2014	2015	2016
青海	window_1	0.987	0.969	1							
	window_2		0.936	0.905	0.712						
	window_3			0.889	0.699	0.781					
	window_4				0.685	0.766	0.797				
	window_5					0.764	0.797	0.875			
	window_6						0.755	0.813	0.661		
	window_7							0.819	0.664	0.686	
	window_8								0.665	0.685	0.678
	average	0.987	0.952	0.931	0.698	0.771	0.783	0.836	0.663	0.686	0.678
山西	window_1	1	0.925	0.960							
	window_2		0.963	0.970	0.987						
	window_3			0.956	0.949	1					
	window_4				0.956	0.945	1				
	window_5					0.949	1	1			
	window_6						0.947	1	1		
	window_7							1	1	1	
	window_8								1	0.982	1
	average	1	0.944	0.962	0.964	0.965	0.982	1	1	0.991	1
陕西	window_1	0.820	0.798	0.795							
	window_2		0.799	0.772	0.811						
	window_3			0.772	0.776	0.894					
	window_4				0.794	0.882	0.981				
	window_5					0.887	0.955	0.918			
	window_6						0.874	0.864	0.889		
	window_7							0.825	0.849	0.944	
	window_8								0.812	0.890	0.893
	average	0.820	0.799	0.780	0.794	0.888	0.936	0.869	0.850	0.917	0.893

附表1(续)

省份	窗口	年份									
		2007	2008	2009	2010	2011	2012	2013	2014	2015	2016
四川	window_1	1	1	1							
	window_2		1	1	1						
	window_3			1	1	1					
	window_4				1	1	1				
	window_5					1	1	1			
	window_6						1	1	1		
	window_7							1	1	1	
	window_8								1	1	1
	average	1	1	1	1	1	1	1	1	1	1
西藏	window_1	0. 534	0. 517	0. 635							
	window_2		0. 494	0. 557	0. 531						
	window_3			0. 528	0. 499	0. 579					
	window_4				0. 491	0. 573	0. 631				
	window_5					0. 569	0. 624	0. 669			
	window_6						0. 618	0. 675	0. 748		
	window_7							0. 670	0. 755	0. 795	
	window_8								0. 792	0. 804	0. 766
	average	0. 534	0. 505	0. 574	0. 507	0. 574	0. 624	0. 672	0. 765	0. 799	0. 766
新疆	window_1	0. 833	0. 747	0. 756							
	window_2		0. 747	0. 757	0. 869						
	window_3			0. 760	0. 882	0. 925					
	window_4				0. 892	0. 943	1				
	window_5					0. 943	1	0. 896			
	window_6						1	0. 865	0. 866		
	window_7							0. 877	0. 878	0. 857	
	window_8								0. 886	0. 857	0. 848
	average	0. 833	0. 747	0. 758	0. 881	0. 937	1	0. 879	0. 877	0. 857	0. 848

附表1(续)

省份	窗口	年份									
		2007	2008	2009	2010	2011	2012	2013	2014	2015	2016
云南	window_1	0.685	0.792	0.761							
	window_2		0.737	0.693	0.708						
	window_3			0.684	0.671	0.634					
	window_4				0.672	0.623	0.730				
	window_5					0.626	0.731	0.748			
	window_6						0.848	0.858	0.880		
	window_7							0.902	0.908	0.851	
	window_8								0.960	0.857	0.862
	average	0.685	0.765	0.713	0.684	0.628	0.769	0.836	0.916	0.854	0.862
重庆	window_1	0.791	0.884	0.998							
	window_2		0.798	0.863	1						
	window_3			0.759	0.839	1					
	window_4				0.800	0.974	1				
	window_5					0.935	1	1			
	window_6						0.988	1	1		
	window_7							0.939	0.957	1	
	window_8								0.870	0.930	1
	average	0.791	0.841	0.873	0.880	0.970	0.996	0.980	0.942	0.965	1

附表 2　中国省级旅游扶贫技术效率 DEA 视窗分析结果(视窗宽度=3)

省份	窗口	年份									
		2007	2008	2009	2010	2011	2012	2013	2014	2015	2016
安徽	window_1	1	0.924	0.931							
	window_2		0.843	0.818	0.781						
	window_3			0.829	0.789	0.948					
	window_4				0.799	0.886	0.976				
	window_5					0.888	0.878	0.992			
	window_6						0.869	0.961	0.889		
	window_7							0.901	0.857	0.917	
	window_8								0.857	0.898	0.897
	average	1	0.884	0.859	0.790	0.907	0.908	0.951	0.868	0.908	0.897
甘肃	window_1	0.919	1	1							
	window_2		1	1	1						
	window_3			1	1	1					
	window_4				0.956	0.976	1				
	window_5					0.979	1	1			
	window_6						1	1	1		
	window_7							1	1	1	
	window_8								1	1	1
	average	0.919	1	1	0.985	0.985	1	1	1	1	1
广西	window_1	0.852	0.819	0.845							
	window_2		0.872	0.896	0.884						
	window_3			0.899	0.872	0.813					
	window_4				0.870	0.803	0.758				
	window_5					0.818	0.755	0.862			
	window_6						0.775	0.854	0.890		
	window_7							0.868	0.888	0.915	
	window_8								0.898	0.895	0.893
	average	0.852	0.846	0.880	0.875	0.811	0.763	0.861	0.892	0.905	0.893

附表2(续)

省份	窗口	年份									
		2007	2008	2009	2010	2011	2012	2013	2014	2015	2016
贵州	window_1	1	1	1							
	window_2		1	1	1						
	window_3			1	1	1					
	window_4				1	1	1				
	window_5					1	1	1			
	window_6						1	1	1		
	window_7							1	1	1	
	window_8								1	1	1
	average	1	1	1	1	1	1	1	1	1	1
海南	window_1	0. 665	0. 669	0. 564							
	window_2		0. 612	0. 575	0. 572						
	window_3			0. 583	0. 551	0. 650					
	window_4				0. 547	0. 608	0. 623				
	window_5					0. 591	0. 576	0. 608			
	window_6						0. 573	0. 566	0. 577		
	window_7							0. 566	0. 577	0. 552	
	window_8								0. 574	0. 540	0. 575
	average	0. 665	0. 640	0. 574	0. 557	0. 616	0. 591	0. 580	0. 576	0. 546	0. 575
河北	window_1	1	0. 971	0. 987							
	window_2		0. 937	0. 940	1						
	window_3			0. 900	1	1					
	window_4				1	1	1				
	window_5					0. 893	0. 908	1			
	window_6						0. 868	0. 880	1		
	window_7							0. 884	1	1	
	window_8								1	1	1
	average	1	0. 954	0. 943	1	0. 964	0. 925	0. 921	1	1	1

附表2(续)

省份	窗口	年份									
		2007	2008	2009	2010	2011	2012	2013	2014	2015	2016
	window_1	1	1	1							
	window_2		1	1	1						
	window_3			1	1	1					
	window_4				1	1	1				
河南	window_5					1	1	1			
	window_6						1	1	1		
	window_7							1	1	1	
	window_8								1	1	1
	average	1	1	1	1	1	1	1	1	1	1
	window_1	0.870	0.891	0.930							
	window_2		0.860	0.807	0.987						
	window_3			0.709	0.819	1					
	window_4				0.736	0.895	1				
湖北	window_5					0.777	0.913	1			
	window_6						0.855	1	1		
	window_7							1	1	1	
	window_8								0.979	0.923	1
	average	0.870	0.875	0.815	0.847	0.891	0.923	1	0.993	0.961	1
	window_1	1	0.875	0.889							
	window_2		0.888	0.894	1						
	window_3			0.894	0.999	0.976					
	window_4				1	0.950	0.913				
湖南	window_5					0.968	0.886	0.892			
	window_6						0.910	0.850	0.893		
	window_7							0.868	0.881	0.883	
	window_8								0.876	0.862	0.881
	average	1	0.882	0.892	1.000	0.965	0.903	0.870	0.883	0.872	0.881

附表2（续）

省份	窗口	年份									
		2007	2008	2009	2010	2011	2012	2013	2014	2015	2016
吉林	window_1	1	1	1							
	window_2		1	1	1						
	window_3			1	1	1					
	window_4				1	1	1				
	window_5					1	1	1			
	window_6						1	1	1		
	window_7							1	1	1	
	window_8								1	1	1
	average	1	1	1	1	1	1	1	1	1	1
江西	window_1	1	1	1							
	window_2		1	0. 961	1						
	window_3			1	1	1					
	window_4				1	1	1				
	window_5					1	1	1			
	window_6						1	1	1		
	window_7							1	1	1	
	window_8								1	0. 954	1
	average	1	1	0. 987	1	1	1	1	1	0. 977	1
辽宁	window_1	1	1	1							
	window_2		0. 951	1	1						
	window_3			1	1	1					
	window_4				0. 966	1	1				
	window_5					1	1	1			
	window_6						1	1	1		
	window_7							1	1	1	
	window_8								1	0. 933	1
	average	1	0. 975	1	0. 989	1	1	1	1	0. 967	1

附表2(续)

省份	窗口	年份									
		2007	2008	2009	2010	2011	2012	2013	2014	2015	2016
内蒙古	window_1	1	0.965	1							
	window_2		0.942	1	1						
	window_3			1	1	1					
	window_4				1	1	1				
	window_5					1	1	1			
	window_6						1	1	1		
	window_7							1	1	1	
	window_8								1	1	0.864
	average	1	0.953	1	1	1	1	1	1	1	0.864
宁夏	window_1	0.884	0.939	1							
	window_2		0.940	1	1						
	window_3			1	1	0.894					
	window_4				1	0.864	0.915				
	window_5					0.873	0.917	1			
	window_6						0.885	0.927	1		
	window_7							0.927	1	1	
	window_8								0.938	1	1
	average	0.884	0.940	1	1	0.877	0.906	0.951	0.979	1	1
青海	window_1	1	0.980	1							
	window_2		0.938	1	0.797						
	window_3			0.989	0.721	0.840					
	window_4				0.685	0.766	0.914				
	window_5					0.779	0.817	1			
	window_6						0.770	1	0.662		
	window_7							0.940	0.665	0.762	
	window_8								0.667	0.696	0.894
	average	1	0.959	0.996	0.734	0.795	0.834	0.980	0.665	0.729	0.894

附表2(续)

省份	窗口	年份									
		2007	2008	2009	2010	2011	2012	2013	2014	2015	2016
山西	window_1	1	0.980	1							
	window_2		0.981	1	1						
	window_3			0.999	1	1					
	window_4				1	1	1				
	window_5					0.967	1	1			
	window_6						0.998	1	1		
	window_7							1	1	1	
	window_8								1	0.988	1
	average	1	0.980	1.000	1	0.989	0.999	1	1	0.994	1
陕西	window_1	1	1	1							
	window_2		0.872	1	1						
	window_3			0.910	0.858	1					
	window_4				0.847	1	1				
	window_5					1	1	1			
	window_6						1	0.875	1		
	window_7							0.826	0.918	1	
	window_8								0.829	0.953	1
	average	1	0.936	0.970	0.902	1	1	0.900	0.916	0.977	1
四川	window_1	1	1	1							
	window_2		1	1	1						
	window_3			1	1	1					
	window_4				1	1	1				
	window_5					1	1	1			
	window_6						1	1	1		
	window_7							1	1	1	
	window_8								1	1	1
	average	1	1	1	1	1	1	1	1	1	1

附表2(续)

省份	窗口	年份									
		2007	2008	2009	2010	2011	2012	2013	2014	2015	2016
	window_1	0. 535	0. 535	0. 638							
	window_2		0. 516	0. 578	0. 552						
	window_3			0. 577	0. 540	0. 590					
	window_4				0. 537	0. 588	0. 694				
西藏	window_5					0. 600	0. 633	0. 778			
	window_6						0. 620	0. 749	0. 907		
	window_7							0. 703	0. 840	1	
	window_8								0. 792	1	0. 767
	average	0. 535	0. 526	0. 598	0. 543	0. 593	0. 649	0. 743	0. 846	1	0. 767
	window_1	0. 857	0. 749	0. 811							
	window_2		0. 749	0. 796	1						
	window_3			0. 778	0. 963	1					
	window_4				0. 953	0. 975	1				
新疆	window_5					0. 961	1	0. 916			
	window_6						1	0. 866	0. 874		
	window_7							0. 884	0. 890	0. 875	
	window_8								0. 897	0. 875	0. 855
	average	0. 857	0. 749	0. 795	0. 972	0. 979	1	0. 888	0. 887	0. 875	0. 855
	window_1	0. 694	0. 798	0. 764							
	window_2		0. 764	0. 722	0. 726						
	window_3			0. 730	0. 712	0. 635					
	window_4				0. 712	0. 632	0. 734				
云南	window_5					0. 639	0. 742	0. 754			
	window_6						0. 875	0. 868	0. 944		
	window_7							0. 925	0. 952	0. 853	
	window_8								0. 961	0. 859	0. 863
	average	0. 694	0. 781	0. 739	0. 717	0. 635	0. 784	0. 849	0. 952	0. 856	0. 863

附表2(续)

省份	窗口	年份									
		2007	2008	2009	2010	2011	2012	2013	2014	2015	2016
重庆	window_1	0. 968	0. 910	1							
	window_2		0. 798	0. 893	1						
	window_3			0. 763	0. 855	1					
	window_4				0. 824	1	1				
	window_5					0. 935	1	1			
	window_6						0. 991	1	1		
	window_7							1	0. 973	1	
	window_8								0. 906	0. 951	1
	average	0. 968	0. 854	0. 885	0. 893	0. 978	0. 997	1	0. 960	0. 976	1

附表 3 中国市级旅游扶贫综合效率 DEA 视窗分析结果（视窗宽度=3）

市（区）	窗口	年份						市（区）	窗口	年份					
		2011	2012	2013	2014	2015	2016			2011	2012	2013	2014	2015	2016
安康	window_1	1	0. 972	0. 930				保定	window_1	1	1	1			
	window_2		0. 927	0. 882	0. 952				window_2		0. 982	0. 984	1		
	window_3			0. 843	0. 908	0. 963			window_3			0. 977	1	1	
	window_4				0. 835	0. 862	0. 902		window_4				1	1	1
	average	1	0. 950	0. 885	0. 898	0. 913	0. 902		average	1	0. 991	0. 987	1	1	1
汉中	window_1	0. 867	0. 869	0. 932				赣州	window_1	0. 924	0. 943	0. 984			
	window_2		0. 838	0. 897	0. 912				window_2		0. 913	0. 963	0. 956		
	window_3			0. 845	0. 856	0. 884			window_3			0. 948	0. 937	0. 884	
	window_4				0. 795	0. 830	0. 836		window_4				0. 903	0. 843	0. 880
	average	0. 867	0. 853	0. 891	0. 854	0. 857	0. 836		average	0. 924	0. 928	0. 965	0. 932	0. 863	0. 880
郴州	window_1	1	0. 970	1				吉安	window_1	1	1	1			
	window_2		0. 951	0. 987	1				window_2		1	1	1		
	window_3			0. 984	1	1			window_3			1	0. 980	1	
	window_4				1	0. 998	1		window_4				0. 955	0. 969	1
	average	1	0. 960	0. 990	1	0. 999	1		average	1	1	1	0. 978	0. 984	1
铜仁	window_1	1	1	0. 988				巴中	window_1	0. 966	0. 989	1			
	window_2		1	0. 987	1				window_2		0. 980	1	1		
	window_3			1	1	0. 929			window_3			1	1	1	
	window_4				1	0. 892	1		window_4				1	1	1
	average	1	1	0. 992	1	0. 911	1		average	0. 966	0. 984	1	1	1	1

附表3（续）

市（区）	窗口	年份						市（区）	窗口	年份					
		2011	2012	2013	2014	2015	2016			2011	2012	2013	2014	2015	2016
黔东南	window_1	1	1	1				达州	window_1	1	1	1			
	window_2		1	1	1				window_2		1	1	1		
	window_3			1	1	1			window_3			1	0. 985	1	
	window_4				1	0. 940	1		window_4				1	1	1
	average	1	1	1	1	0. 970	1		average	1	1	1	0. 995	1	1
遵义	window_1	0. 977	1	1				大同	window_1	1	1	1			
	window_2		1	1	1				window_2		1	0. 991	1		
	window_3			1	1	1			window_3			0. 996	1	1	
	window_4				1	0. 917	1		window_4				1	1	1
	average	0. 977	1	1	1	0. 959	1		average	1	1	0. 996	1	1	1
毕节	window_1	1	1	1				忻州	window_1	1	1	1			
	window_2		1	1	1				window_2		1	0. 989	1		
	window_3			1	1	1			window_3			0. 811	0. 785	0. 894	
	window_4				1	1	1		window_4				0. 791	0. 879	0. 948
	average	1	1	1	1	1	1		average	1	1	0. 933	0. 859	0. 887	0. 948
普洱	window_1	1	1	1				临汾	window_1	1	1	1			
	window_2		1	1	1				window_2		1	1	1		
	window_3			1	1	0. 974			window_3			1	0. 998	1	
	window_4				1	0. 955	0. 990		window_4				1	1	0. 957
	average	1	1	1	1	0. 964	0. 990		average	1	1	1	0. 999	1	0. 957

附表3（续）

市（区）	窗口	年份						市（区）	窗口	年份					
		2011	2012	2013	2014	2015	2016			2011	2012	2013	2014	2015	2016
保山	window_1	0. 849	0. 870	0. 867				安庆	window_1	0. 869	0. 920	0. 953			
	window_2		0. 843	0. 842	0. 962				window_2		0. 837	0. 860	1		
	window_3			0. 821	0. 933	0. 973			window_3			0. 823	1	0. 881	
	window_4				0. 904	0. 934	0. 937		window_4				0. 973	0. 816	0. 992
	average	0. 849	0. 856	0. 843	0. 933	0. 953	0. 937		average	0. 869	0. 878	0. 879	0. 991	0. 848	0. 992
临沧	window_1	0. 964	1	1				洛阳	window_1	1	1	1			
	window_2		1	0. 916	1				window_2		1	0. 982	1		
	window_3			0. 912	1	0. 930			window_3			0. 949	0. 981	1	
	window_4				1	0. 925	0. 982		window_4				0. 959	0. 988	1
	average	0. 964	1	0. 943	1	0. 928	0. 982		average	1	1	0. 977	0. 980	0. 994	1
崇左	window_1	1	0. 957	0. 887				十堰	window_1	0. 920	0. 936	1			
	window_2		0. 944	0. 878	0. 912				window_2		0. 892	0. 978	0. 994		
	window_3			0. 853	0. 876	0. 892			window_3			0. 949	0. 967	0. 836	
	window_4				0. 873	0. 840	0. 724		window_4				0. 882	0. 746	0. 803
	average	1	0. 950	0. 873	0. 887	0. 866	0. 724		average	0. 920	0. 914	0. 976	0. 948	0. 791	0. 803
河池	window_1	0. 843	0. 934	0. 886				黄冈	window_1	0. 986	0. 915	0. 946			
	window_2		0. 926	0. 866	0. 871				window_2		0. 929	0. 888	1		
	window_3			0. 841	0. 834	0. 736			window_3			0. 887	1	1	
	window_4				0. 826	0. 711	0. 730		window_4				1	1	0. 99053
	average	0. 843	0. 930	0. 865	0. 844	0. 724	0. 730		average	0. 986	0. 922	0. 907	1	1	0. 99053

附表3（续）

市（区）	窗口	年份						市（区）	窗口	年份					
		2011	2012	2013	2014	2015	2016			2011	2012	2013	2014	2015	2016
张家口	window_1	0.902	0.935	1				固原	window_1	0.997	1	1			
	window_2		0.917	1	1				window_2		1	1	1		
	window_3			0.869	0.849	0.854			window_3			1	1	1	
	window_4				0.852	0.843	0.822		window_4				0.993	0.902	1
	average	0.902	0.926	0.956	0.901	0.849	0.822		average	0.997	1	1	0.998	0.951	1

附表 4 中国市级旅游扶贫技术效率 DEA 视窗分析结果(视窗宽度=3)

市(区)	窗口	年份						市(区)	窗口	年份					
		2011	2012	2013	2014	2015	2016			2011	2012	2013	2014	2015	2016
安康	window_1	1	0.979	0.931				保定	window_1	1	1	1			
	window_2		0.963	0.903	0.967				window_2		1	1	1		
	window_3			0.864	0.916	1.000			window_3			1	1	1	
	window_4				0.875	0.871	0.910		window_4				1	1	1
	average	1	0.971	0.899	0.919	0.935	0.910		average	1	1	1	1	1	1
汉中	window_1	0.884	0.872	0.937				赣州	window_1	1	1	0.990			
	window_2		0.858	0.900	0.913				window_2		1	0.993	0.981		
	window_3			0.873	0.865	0.889			window_3			0.975	0.956	0.894	
	window_4				0.851	0.835	0.843		window_4				0.966	0.896	0.925
	average	0.884	0.865	0.903	0.876	0.862	0.843		average	1	1	0.986	0.968	0.895	0.925
郴州	window_1	1	0.989	1				吉安	window_1	1	1	1			
	window_2		0.987	0.998	1				window_2		1	1	1		
	window_3			0.997	1	1			window_3			1	0.987	1	
	window_4				1	1	1		window_4				0.981	0.977	1
	average	1	0.988	0.998	1	1	1		average	1	1	1	0.990	0.988	1

附表4(续)

市(区)	窗口	年份						市(区)	窗口	年份					
		2011	2012	2013	2014	2015	2016			2011	2012	2013	2014	2015	2016
铜仁	window_1	1	1	1				巴中	window_1	0.972	0.994	1			
	window_2		1	1	1				window_2		0.981	1	1		
	window_3			1	1	0.986			window_3			1	1	1	
	window_4				1	0.894	1		window_4				1	1	1
	average	1	1	1	1	0.940	1		average	0.972	0.987	1	1	1	1
黔东南	window_1	1	1	1				达州	window_1	1	1	1			
	window_2		1	1	1				window_2		1	1	1		
	window_3			1	1	1			window_3			1	1	1	
	window_4				1	0.940	1		window_4				1	1	1
	average	1	1	1	1	0.970	1		average	1	1	1	1	1	1
遵义	window_1	0.991	1	1				大同	window_1	1	1	1			
	window_2		1	1	1				window_2		1	0.998	1		
	window_3			1	1	1			window_3			1	1	1	
	window_4				1	0.937	1		window_4				1	1	1
	average	0.991	1	1	1	0.969	1		average	1	1	0.999	1	1	1
毕节	window_1	1	1	1				忻州	window_1	1	1	1			
	window_2		1	1	1				window_2		1	0.989	1		
	window_3			1	1	1			window_3			0.813	0.796	1	
	window_4				1	1	1		window_4				0.797	0.880	1
	average	1	1	1	1	1	1		average	1	1	0.934	0.865	0.940	1

附表4（续）

市（区）	窗口	年份						市（区）	窗口	年份					
		2011	2012	2013	2014	2015	2016			2011	2012	2013	2014	2015	2016
普洱	window_1	1	1	1				临汾	window_1	1	1	1			
	window_2		1	1	1				window_2		1	1	1		
	window_3			1	1	1			window_3			1	1	1	
	window_4				1	0.956	1		window_4				1	1	1
	average	1	1	1	1	0.978	1		average	1	1	1	1	1	1
保山	window_1	0.887	0.886	0.880				安庆	window_1	0.939	0.960	0.987			
	window_2		0.858	0.853	0.968				window_2		0.930	0.939	1		
	window_3			0.848	0.951	1			window_3			0.862	1	0.882	
	window_4				0.909	0.946	0.949		window_4				1	0.840	0.998
	average	0.887	0.872	0.860	0.943	0.973	0.949		average	0.939	0.945	0.929	1	0.861	0.998
临沧	window_1	0.990	1	1				洛阳	window_1	1	1	1			
	window_2		1	0.955	1				window_2		1	0.986	1		
	window_3			0.954	1	1			window_3			0.958	0.984	1	
	window_4				1	0.930	1		window_4				0.975	0.992	1
	average	0.990	1	0.970	1	0.965	1		average	1	1	0.982	0.986	0.996	1
崇左	window_1	1	0.969	0.903				十堰	window_1	1	0.982	1			
	window_2		0.999	0.912	0.923				window_2		0.968	1	1		
	window_3			0.881	0.905	0.920			window_3			0.996	0.981	0.925	
	window_4				0.909	0.906	0.762		window_4				0.945	0.894	0.919
	average	1	0.984	0.899	0.913	0.913	0.762		average	1	0.975	0.999	0.976	0.910	0.919

附表4（续）

市（区）	窗口	年份						市（区）	窗口	年份					
		2011	2012	2013	2014	2015	2016			2011	2012	2013	2014	2015	2016
河池	window_1	0. 906	0. 952	0. 910				黄冈	window_1	1	0. 930	0. 952			
	window_2		0. 949	0. 915	0. 922				window_2		0. 958	0. 935	1		
	window_3			0. 884	0. 870	0. 775			window_3			0. 906	1	1	
	window_4				0. 882	0. 771	0. 748		window_4				1	1	1
	average	0. 906	0. 951	0. 903	0. 891	0. 773	0. 748		average	1	0. 944	0. 931	1	1	1
张家口	window_1	0. 925	0. 938	1				固原	window_1	1	1	1			
	window_2		0. 939	1	1				window_2		1	1	1		
	window_3			0. 932	0. 952	1			window_3			1	1	1	
	window_4				0. 904	0. 929	1		window_4				1	0. 911	1
	average	0. 925	0. 939	0. 977	0. 952	0. 964	1		average	1	1	1	1	0. 955	1

附表 5　中国县级旅游扶贫综合效率 DEA 视窗分析结果（视窗宽度=3）

县（市、区）	窗口	2013	2014	2015	2016	县（市、区）	窗口	2013	2014	2015	2016
上林	window_ 1	1	1	0.798		龙胜	window_ 1	0.933	1	1	
	window_ 2		1	0.755	0.809		window_ 2		1	0.889	1
	average	1	1	0.777	0.809		average	0.933	1	0.944	1
三江	window_ 1	1	0.959	0.870		凭祥	window_ 1	1	1	1	
	window_ 2		0.936	0.818	0.882		window_ 2		1	0.873	1
	average	1	0.948	0.844	0.882		average	1	1	0.936	1
融水	window_ 1	0.938	0.905	0.751		金秀	window_ 1	0.864	0.924	1	
	window_ 2		0.920	0.757	0.804		window_ 2		0.838	0.925	1
	average	0.938	0.912	0.754	0.804		average	0.864	0.881	0.962	1
荔浦	window_ 1	0.618	0.959	1		东兴	window_ 1	0.789	0.943	1	
	window_ 2		0.886	0.949	1		window_ 2		0.906	1	1
	average	0.618	0.923	0.974	1		average	0.789	0.925	1	1
靖西	window_ 1	0.863	0.875	0.995		兴安	window_ 1	1	1	1	
	window_ 2		0.861	0.934	0.968		window_ 2		1	1	1
	average	0.863	0.868	0.964	0.968		average	1	1	1	1
钦南	window_ 1	0.855	1	0.854		阳朔	window_ 1	0.960	1	1	
	window_ 2		0.883	0.795	0.979		window_ 2		1	0.966	1
	average	0.855	0.941	0.824	0.979		average	0.960	1	0.983	1
大新	window_ 1	0.989	1	1		昭平	window_ 1	0.874	0.833	0.912	
	window_ 2		1	1	1		window_ 2		0.805	0.869	1
	average	0.989	1	1	1		average	0.874	0.819	0.891	1
宜州	window_ 1	0.783	0.759	1		桂平	window_ 1	1	1	1	
	window_ 2		0.761	0.874	0.934		window_ 2		1	0.900	1
	average	0.783	0.760	0.937	0.934		average	1	1	0.950	1
巴马	window_ 1	0.661	0.725	0.612		容县	window_ 1	1	1	1	
	window_ 2		0.638	0.574	0.604		window_ 2		1	0.954	0.902
	average	0.661	0.681	0.593	0.604		average	1	1	0.977	0.902

附表 6　中国县级旅游扶贫技术效率 DEA 视窗分析结果（视窗宽度 = 3）

县区	窗口	年份				县区	窗口	年份			
		2013	2014	2015	2016			2013	2014	2015	2016
上林	window_ 1	1	1	0. 807		龙胜	window_ 1	0. 951	1	1	
	window_ 2		1	0. 795	0. 819		window_ 2		1	0. 891	1
	average	1	1	0. 801	0. 819		average	0. 951	1	0. 945	1
三江	window_ 1	1	0. 960	0. 874		凭祥	window_ 1	1	1	1	
	window_ 2		0. 977	0. 820	0. 888		window_ 2		1	0. 876	1
	average	1	0. 968	0. 847	0. 888		average	1	1	0. 938	1
融水	window_ 1	0. 942	0. 954	0. 875		金秀	window_ 1	0. 866	0. 930	1	
	window_ 2		0. 927	0. 775	0. 868		window_ 2		0. 845	0. 935	1
	average	0. 942	0. 940	0. 825	0. 868		average	0. 866	0. 887	0. 967	1
荔浦	window_ 1	0. 630	0. 961	1		东兴	window_ 1	0. 790	1	1	
	window_ 2		0. 903	0. 951	1		window_ 2		0. 908	1	1
	average	0. 630	0. 932	0. 976	1		average	0. 790	0. 954	1	1
靖西	window_ 1	1. 000	0. 954	1		兴安	window_ 1	1	1	1	
	window_ 2		0. 953	1	0. 972		window_ 2		1	1	1
	average	1. 000	0. 954	1	0. 972		average	1	1	1	1
钦南	window_ 1	0. 862	1	1		阳朔	window_ 1	0. 968	1	1	
	window_ 2		0. 895	0. 820	1		window_ 2		1	1	1
	average	0. 862	0. 947	0. 910	1		average	0. 968	1	1	1
大新	window_ 1	1	1	1		昭平	window_ 1	0. 901	0. 842	0. 919	
	window_ 2		1	1	1		window_ 2		0. 836	0. 883	1
	average	1	1	1	1		average	0. 901	0. 839	0. 901	1
宜州	window_ 1	0. 800	0. 768	1		桂平	window_ 1	1	1	1	
	window_ 2		0. 767	0. 907	1		window_ 2		1	0. 959	1
	average	0. 800	0. 768	0. 954	1		average	1	1	0. 980	1
巴马	window_ 1	0. 677	0. 788	0. 690		容县	window_ 1	1	1	1	
	window_ 2		0. 744	0. 651	0. 647		window_ 2		1	0. 968	1
	average	0. 677	0. 766	0. 670	0. 647		average	1	1	0. 984	1